索 · 恩

THORN BIRD

忘 掉 地 平 线

Writer, Sailor, Soldier, Spy: Ernest Hemingway's Secret Adventures, 1935-1961

By Nicholas Reynolds

Copyright © 2017 by Nicholas Reynolds

Published in agreement with The Ross Yoon Agency, through The Grayhawk Agency Ltd.

作家 WRITER 水手 SAILOR 士兵 SOLDIER 间谍 SPY

欧内斯特·海明威的秘密历险记 1935-1961

by Nicholas Reynolds

〔美〕尼古拉斯·雷诺兹 /著

马睿 /译

社会科学文献出版社
SOCIAL SCIENCES ACADEMIC PRESS (CHINA)

尼古拉斯·雷诺兹在《作家、水手、士兵、间谍》中所做的精彩迷人的新研究表明，（海明威）事实上曾经为苏联人和美国人两方供职。

——《纽约书评》

雷诺兹在历史的暗影中发现了一个人们从未见过的海明威。

——《伦敦书评》

无论对热爱海明威的人们还是对一般读者来说，《作家、水手、士兵、间谍》都是一本有趣的书，对那个至今仍然令人着迷的作家，这本书为他的人生添加了更多迷人的细节。

——（《明尼阿波利斯明星论坛报》）

一本最新出版的书籍断言，美国著名小说家欧内斯特·海明威曾经有过一段身为苏联间谍的惊心动魄的秘密生活。前中情局官员尼古拉斯·雷诺兹在《作家、水手、士兵、间谍》中揭示了这一惊人真相的诸多细节。

——《每日邮报》

《作家、水手、士兵、间谍》揭示了一个前所未闻的迷人故事，展示了那段作为美国情报机关和苏联内务部双重间谍的秘密冒险如何影响了这位美国最著名作家的人生，精彩生动，是每一位海明威迷和侦探迷的必读书。

——威廉·多伊尔，著有 *PT109:An American Epic of War, Survival, and the Destiny of John F. Kennedy*

这是一部深入细致、调查详尽、可读性强的记述，探讨了欧内斯特·海明威参与（美国和苏联的）间谍活动的经历……尤其值得一提的是，《作家、水手、士兵、间谍》是把海明威与苏联内务部的短暂关系放置在海明威一生的宏大背景中考察的第一本书。

——约翰·厄尔·海恩斯，合著 *Spies：The Rise and Fall of the KGB in America*

（一部）迷人的书，写了海明威对美国政界的幻灭、对共产主义的同情，对冒险和颠覆的痴迷。

——《柯克斯书评》

雷诺兹利用自己在情报界的背景，挖掘出一批文件，直指美国小说家欧内斯特·海明威曾在 1940 年被内务部招募的史实。……雷诺兹出色地调查了海明威在二战期间的冒险。……精彩纷呈……强烈推荐。

——《图书馆杂志》

（一部）用详尽的研究探讨海明威的军事冒险精神的书籍。

——《出版商周刊》

尼古拉斯·雷诺兹把以前的传记作家们无法读到的、瓦西里耶夫揭示的那些秘密巧妙地揉进了海明威跌宕起伏的一生中。海明威的读者……一定会为它着迷的。

——《泰晤士报文学副刊》（伦敦）

内容精彩、节奏明快。……（千万不要）错过这个有趣的故事。

——《美国军事历史杂志》

海明威迷不能错过的好书。

——《美国航海杂志》

节奏惊心动魄，这也正是雷诺兹希望达到的效果，因为海明威的一生都是那样惊心动魄。

——《苏格兰人报》（The Scotsman，苏格兰）

文笔精炼，引人遐想……这是海明威生命中的一个很有争议却非常重要的片段。雷诺兹的每一个论断都有详细的研究考据，他以这段探索本身为那位伟大的美国作家辩护——在他悲壮地死去整整55年之后。

——《爱达荷政治家报》(*Idaho Statesman*)

本以为这是文学史上最负盛名的作家之一，对他的生平大概很难再有新奇的发现了，然而尼古拉斯·雷诺兹的新书却再度揭秘传奇。《作家、水手、士兵、间谍》揭开了一个秘密，一个从他人的人生中猎取秘密的作家对世人隐瞒的他自己人生中的秘密——第二次世界大战期间，他曾主动提出为苏联情报部门做间谍，并同时试图为美国从事间谍工作……我被迷住了。

——美国国家公共电台《周末版星期六》(*Weekend Edition Saturday*) 斯科特·西蒙（Scott Simon）

令人着迷。

——《哥伦布电讯报》(*Columbus Dispatch*)

前中情局博物馆历史学家尼古拉斯·雷诺兹从研究资料中拼接出了一个惊人的秘密：诺贝尔获奖小说家欧内斯特·海明威曾经为好几个国际机构担任间谍。

——《萨克拉门托蜜蜂报》(*Sacramento Bee*)

一部研究透彻、文笔精到的传记作品……巨大的成就。

——书龙网（Bookloons）

我想，在我们这个时代，战斗将是最
洁净的生活方式。

——约瑟芬·赫布斯特致欧内斯特·海明威，

谈及西班牙内战，

1938 年 3 月 16 日

Contents

人物介绍

雷蒙德·O. 巴顿（Raymond O. Barton）——美国陆军上将，曾指挥第四步兵师，并促成了海明威1944年在法国投入战地记者的工作。

富尔亨西奥·巴蒂斯塔（Fulgencio Batista）——古巴的右翼独裁者，1959年1月1日被菲德尔·卡斯特罗推翻。

伊丽莎白·本特利（Elizabeth Bentley）——瓦萨学院毕业生，1935年在纽约加入共产党，后来成为一名苏联间谍。她还是雅各布·戈洛斯的情人，后者招募海明威为苏联秘密警察机构内务人民委员部（NKVD）工作。戈洛斯死后，她转投联邦调查局，出面指证前东主。

阿尔瓦·贝西（Alvah Bessie）——美国共产主义者，曾为西班牙共和国而战，并写下了畅销回忆录《战斗的人们》（*Men in Battle*）。他成为"好莱坞十人"之一，也就是1947年以藐视国会罪被捕入狱的十位共产主义作家。

菲利普·W. 邦斯尔（Philip W. Bonsal）——1959年至1960年美国驻古巴大使，他与海明威交好，并试图在卡斯特罗领导的古巴和艾森豪威尔领导的美国之间寻求妥协。

海恩·D. 博伊登（Hayne D. Boyden）——美国海军陆战队飞行员，曾在美国驻哈瓦那大使馆担任海军随员，为海明威1942年和1943年的反潜艇战备侦察提供支持。

斯普鲁尔·布雷登（Spruille Braden）——1942年至1945年美国驻古巴大使，与下属博伊登和乔伊斯一起负责监督海明威的工作。

戴维·K. E. 布鲁斯（David K. E. Bruce）——战略情报局（OSS）高级官员，1944年在法国与海明威会面。两人一起为解放巴黎做出了贡献。战后，布鲁斯成为美国的资深外交官。

菲德尔·卡斯特罗（Fidel Castro）——古巴革命者，1959年推翻了富尔亨西奥·巴蒂斯塔政府，建立了左翼政权。

罗尔德·达尔（Roald Dahl）——皇家空军军官（未来的畅销书作家），与玛莎·盖尔霍恩交好，1944年帮助海明威来到欧洲。

约翰·多斯·帕索斯（John Dos Passos）——海明威的同辈小说家，两人曾是朋友，后因帕索斯的朋友何塞·罗夫莱斯1937年在西班牙被共和主义者或苏联警察机构杀害而交恶。

古斯塔沃·杜兰（Gustavo Durán）——多才多艺的西班牙作曲家和战士，曾升任西班牙共和国军队某师指挥官；曾经是海明威的好友，两人在1943年闹翻；1950年代被参议员约瑟夫·R.麦卡锡指控为共产党间谍。

周恩来——充满人格魅力的中国共产党长期领导人，曾于1941年接见过海明威和盖尔霍恩。

汉斯·艾斯勒（Hanns Eisler）——前德国共产主义作曲家，1947年被众议院非美活动调查委员会调查。

F. 斯科特·菲茨杰拉德（F. Scott Fitzgerald）——1920年代与海明威齐名的小说家，两人也是密友。

弗朗西斯科·佛朗哥（Francisco Franco）——西班牙将军和民族主义领导人，曾率领叛军推翻西班牙共和国。叛军胜利后，他成为西班牙的独裁者，直到1975年去世。

约瑟夫·弗里曼（Joseph Freeman）——美国共产主义作家，《新群众》编辑，海明威的熟人。

玛莎·盖尔霍恩（Martha Gellhorn）——作家海明威的第三任妻子，曾陪同他前往西班牙和中国，和他一起生活在古巴，并敦促他前往欧洲报道第二次世界大战。

雅各布·戈洛斯（Jacob Golos）——狂热的布尔什维克革命家，移民美国，最终成为内务人民委员部驻纽约的行动人员；1940 年末或 1941 年初吸收海明威加入"我们的事业"。于 1943 年感恩节当天去世。

伊戈尔·古琴科（Igor Gouzenko）——苏联译电员，1945 年在渥太华叛逃，随身携带着关于苏联在加拿大和美国部署间谍活动的一沓秘密文件。

温斯顿·盖斯特（Winston Guest）——美国社会名流和体育明星，曾在"骗子工厂"和战争期间"皮拉尔"号渔船出海时，在海明威手下工作。

格雷戈里·海明威（Gregory Hemingway）——海明威的第三个儿子，也是最小的儿子。

哈德莉·理查逊·海明威（Hadley Richardson Hemingway）——作家海明威的第一任妻子，约翰·海明威的母亲。

约翰·"邦比"·海明威（John "Bumby" Hemingway）——作家海明威的长子。

莱斯特·海明威（Leicester Hemingway）——欧内斯特的弟弟，曾于 1940 年在加勒比海航行，寻找德国潜水艇供给站。

玛丽·韦尔什·海明威（Mary Welsh Hemingway）——作家海明威的第四任也是最后一任妻子，两人于1944年在伦敦相遇，1946年在古巴结婚。

帕特里克·海明威（Patrick Hemingway）——作家海明威的次子。

鲍莉娜·菲佛·海明威（Pauline Pfeiffer Heming-way）——作家海明威的第二任妻子，虔诚的罗马天主教徒，格雷戈里和帕特里克·海明威的母亲。

瓦莱丽·丹比－史密斯·海明威（Valerie Danby-Smith Hemingway）——作家海明威的最后一任秘书，海明威死后，她成为海明威的小儿子格雷戈里的妻子。

约瑟芬（约希）·赫布斯特［Josephine (Josie) Herbst］——美国左翼小说家，曾在巴黎、基韦斯特和西班牙与海明威为友。

何塞·路易斯·埃雷拉［José Luis Herrera，又名埃雷拉·索托隆戈（Herrera Sotolongo）］——古巴共产主义者和西班牙内战老兵，曾经是海明威的私人医生和朋友。

约翰·埃尔曼（John Herrmann）——约希·赫布斯特的丈夫，小说家、共产主义的秘密特工。

J. 埃德加·胡佛（J. Edgar Hoover）——曾长期担任联邦调查局局长。

哈里·霍普金斯（Harry Hopkins）——富兰

克林·罗斯福总统的助手，曾任联邦紧急救援署（FERA）署长，这是1933年至1935年运作的"新政"机构。

A. E. 哈奇纳（A. E. Hotchner）——美国记者和作家，生于1920年，1948年前往哈瓦那采访海明威，成为后者的亲密伙伴。海明威自杀后，哈奇纳写了五部关于他的著作和许多文章。

尤里斯·伊文思（Joris Ivens）——荷兰共产主义电影导演和第三国际行动人员，曾与海明威合作过一部关于西班牙内战的纪录片。

安东尼·詹金森爵士（Sir Anthony Jenkinson）——年轻的英国贵族，在第二次世界大战初和莱斯特·海明威联手调查加勒比海。

罗伯特·P. 乔伊斯（Robert P. Joyce）——美国派驻哈瓦那的外交官，曾与海明威交好，并敦促后者在1942~1943年从事陆地和海上的情报工作。

蒋介石——第二次世界大战期间的中国国民党领导人，领导国民党同时对抗日军和共产党的军队。他于1941年接见了海明威和盖尔霍恩。

伊凡·卡什金（Ivan Kashkin）——苏联文学人物，曾在翻译海明威的作品为俄文并将它们介绍给苏联读者中发挥了重要作用。

阿瑟·库斯勒（Arthur Koestler）——匈牙利出生的记者和作家，曾在西班牙与威利·明岑贝格共事，后转而反对共产主义，写了反斯大林的经典著作《中午的黑暗》。

查尔斯·T."巴克"·拉纳姆（Charles T. "Buck" Lanham）——美国军官，1944年曾在战场上与海明威结缘，成为他最亲密的朋友之一。战后两人定期通信。

玛丽·"皮特"·拉纳姆（Mary "Pete" Lanham）——查尔斯·T.拉纳姆的妻子。

约翰·霍华德·劳森（John Howard Lawson）——好莱坞编剧，坚定的共产主义者，1947年拒绝回答众议院非美活动调查委员会关于党派从属的问题。

R. G. 莱迪（R. G. Leddy）——第二次世界大战期间联邦调查局驻哈瓦那美国大使馆特工。

阿奇博尔德·麦克利什（Archibald MacLeish）——著名美国诗人和作家，曾参与海明威和伊文思共同拍摄的关于西班牙内战的纪录片；被罗斯福总统任命为国会图书馆馆长。

S. L. A. 马歇尔（S. L. A. Marshall）——美国军事史学家，1944年曾在巴黎解放期间与海明威共事。

安德列·马蒂（André Marty）——法国共产主义者，西班牙内战时期成为国际纵队的一名高级政委，因命令逮捕和枪决很多有不忠嫌疑的士兵而臭名昭著。

赫伯特·L. 马修斯（Herbert L. Matthews）——

《纽约时报》记者，在西班牙跟海明威交好并转而报道菲德尔·卡斯特罗在古巴政坛的崛起，写了一系列关于卡斯特罗及其运动的突破性文章。

约瑟夫·R.麦卡锡（Joseph R. McCarthy）——来自威斯康星州的共和党参议员，1950年代初在华盛顿以莫须有的罪名迫害共产主义者。

小亨利·摩根索（Henry Morgenthau, Jr.）——美国财政部长，1941年海明威的中国之旅前后与其接触，想听听海明威关于亚洲局势的看法。

威利·明岑贝格（Willi Münzenberg）——德国共产主义者，天才地协调了1930年代第三国际在西欧的宣传活动。

乔·诺思（Joe North）——美国共产主义作家和编辑，他安排把海明威的文章发表在马克思主义刊物上，大概还曾把海明威介绍给内务人民委员部的招募人员戈洛斯。

亚历山大·奥尔洛夫（Alexander Orlov）——内务人民委员部主管，1936~1938年在西班牙与海明威交好，促成后者前往游击队训练营参观，后来他本人为躲避斯大林的其他亲信，逃往美国。

麦克斯威尔·珀金斯（Maxwell Perkins）——海明威的出版商斯克里布纳之子公司的编辑，曾长期担任海明威的编辑（有时难免要长期忍耐这位作家的种种乖僻）。

古斯塔夫·雷格勒（Gustav Regler）——德国共产主义者，曾担任国际纵队派驻西班牙的政委，在那里与海明威结交。他后来反对共产主义和斯大林，流亡墨西哥。

阿尔弗雷德·赖斯（Alfred Rice）——海明威的律师，1948年后也是后者事实上的文学经纪人。

何塞·罗夫莱斯（José Robles）——西班牙学者，移民美国后成为约翰·霍普金斯大学教授，后来又返回西班牙，内战期间为共和国服务。后来在可疑情形下被共和党人或苏联警察机构谋杀。

安迪·鲁尼（Andy Rooney）——《星条旗报》记者，1944年在法国战场上遇到海明威。

小约翰·W. 托马森（John W. Thomason, Jr.）——美国海军陆战队派驻美国首都华盛顿海军情报局的军官，他支持并促成了海明威1942年和1943年在古巴海域的反潜艇战备侦察，并与后者合作出版了一部关于战争的文集。

列夫·托洛茨基（Leon Trotsky）——布尔什维克指挥官和苏联领导人，是苏联独裁者约瑟夫·斯大林1920年代的主要政敌。后被迫流亡墨西哥，1940年死于内务人民委员部的暗杀人员之手。

亚历山大·瓦西里耶夫（Alexander Vassiliev）——克格勃特工，后转为新闻记者、研究人员和流亡者。1990年代初曾与对外情报局（SVR，冷战后俄罗斯的情报机构）签署协议阅读内务人民委员部／克格勃档案，并撰写概要跟西方历史学家分享，该项目旨在为克格勃／对外情报局养老基金筹钱。他读到的一份档案就是关于海明威的。

勒内·比利亚雷亚尔（René Villarreal）——海明威在古巴的管家，也被称为海明威的"古巴儿子"。

艾米特·沃森（Emmett Watson）——驻扎于西雅图的新闻记者，曾在 1960 年采访海明威，也是 1961 年发现海明威死于自杀的人。

亨利·迪克特·怀特（Harry Dexter White）——美国财政部高级官员，曾给海明威分派任务，让他 1941 年在中国搜集有关局势的情报。战后怀特被揭露为苏联间谍。

埃德蒙·威尔逊（Edmund Wilson）——美国左翼文学评论家和作家。

米尔顿·沃尔夫（Milton Wolff）——美国左派人士，曾参加西班牙内战，并在 1940 年代和 1950 年代继续为进步事业而战。

引 言

2010 年我在所谓的"前所未见的最佳博物馆"——中央情报局（CIA，以下简称"中情局"）博物馆——担负历史学研究工作。弗吉尼亚州北部一个安全园区内矗立着一座幽僻的艾森豪威尔时代建筑，中情局博物馆就在建筑内那条弯弯曲曲的走廊尽头。当时我们正准备搭建一个关于战略情报局（OSS，以下简称"战情局"）的新展厅，战情局是美国首个中央情报机构，成立于 1942 年。我的任务是尽一切可能收集关于该实验性机构的信息，包括调查该组织的花名册。

为与轴心国作战而仓促组建的战情局是个古怪的

产物——既集合了来自美国东海岸上流社会的男男女女，又吸引了社会各个阶层的鬼才和创意人士，从华尔街律师到好莱坞电影导演，再到发战争财的海盗和雇佣兵，甚至包括未来的名厨朱莉亚·查尔德。在战情局，人们几乎能够从头到尾自行设计冒险计划。他们中很少有人对正规陆军和海军中那种包容性较差的文化感兴趣。

如此整日沉浸在调查研究中，没想到有一天，我的胡思乱想竟然领我来到了一片无人涉足的陌生领域。我记得曾经读到过欧内斯特·海明威和战情局戴维·K.E.布鲁斯上校的故事，1944年8月，他们从德国人手里"解放"了巴黎丽兹酒店的酒吧。于是我想，那个故事说不定还有后续。海明威不会和战情局格格不入。他热爱秘密，也热爱它们带给他的优越感。他渴望战斗，只是不适合常规的军旅生活。他游走于各个社会和经济阶层之间——还常常越界。我暗想他的确跟我遇到或读到过的很多从事谍报事业之人有不少共同之处。那么，他是否曾以某种形式担任过战情局的间谍？海明威与二战情报界的真相内幕到底是什么？

我开始查阅能找到的每一份资料。中情局的一份参考资料指向一份已经解密的战情局档案，目前存档于首都华盛顿以外、马里兰州科利奇帕克市的国家档案馆。[1]档案馆的人从未找到过那份档案，这起初倒是让一切显得更神秘了，但也让我做了很长时间的无用功，在一间密室里跟那种老式三孔活页夹的检索工具纠缠不休。有几份资料甚至还用那种 3×5 英寸卡片编写索引呢，除我之外根本没人想看。最后，一位好心的海明威学者跟我分享了他在 1983 年找到的战情局档案的一个副本。在此过程中，我在那些曾经保密的战情局、联邦调查局（FBI，以下简称"调查局"）和国务院档案中发现了其他一些诱人的线索。

短短几个月的工作后，我的脑海中呈现出一个海明威肖像的轮廓，跟我以往知道的形象截然不同。1937 年以后，无论二战前还是战争中，这位作家曾在两个大陆上从事过各种形式的间谍和战斗行动，我觉得他近乎痴迷于此。行动站点各不相同，通常是在海外：西班牙的战场、哈瓦那的小街，或是漂流在中国北江上的帆船。他似乎很倾慕那些在阴影中自主行事的男男女女。他的第三任妻子玛莎曾经秘密游说战情局将他纳入麾下。副局长和处长们考虑了她的请求，评估了他的潜力，在送文件的空白处坦率地写下了评估记录。

随后的发现让我大吃一惊：他还曾与另一个情报机构签约，这个机构可一点儿也不符合关于海明威生平的传统叙事。那就是苏联的内务人民委员部（NKVD，以下简称"内务部"），它在冷战期间纵横海内外，是更有名的克格勃（KGB）的前身。

在核实自己的调查是否漏掉了任何证据时，我偶然发现了内务部的那条线索。我往往会到一些非同寻常的地方去寻找关于海明威和情报界的一切资料。在那改变命运的一天，我从书架上取下了一本 2009 年的书籍，作者之一是脱离了克格勃的前特工亚历山大·瓦西里耶夫。[2] 那本书中有一个分章，逐字记录了瓦西里耶夫偷运出俄罗斯的欧内斯特·海明威的官方苏联档案摘要。瓦西里耶夫的证据确凿可靠。海明威与内务部的关系记录表明，一名苏联特工曾在 1940 年 12 月前后"基于意识形态理由"，招募海明威"加入我们的事业"，那时斯大林正以铁腕统治苏联，以《苏德互不侵犯条约》跟希特勒结盟——更不要说始于 1934 年，仍在继续而看不到尽头的血腥清洗了。

作为海明威的终生崇拜者，当我读到他曾与内务部签约时，仿佛挨了当头一棒。这怎么可能呢？他的确有过很多左派的朋友，但他从来没有赞成过共产主义（或任何其他意识形态）啊。他创造的文学人物体现了那么多直到今天仍为我们所珍视的美国价值观：求真、英勇、独立、重压之下保持风度、维护弱者不受欺凌。他的声音是美国独有的——也是革命性的。他曾改变了 1920 年代美国文学的走向。就在 1940 年末跟内务部开启这段关系之前几周，他刚刚出版了 20 世纪最伟大的政治小说之一——《丧钟为谁而鸣》。这样的人为什么会和斯大林的爪牙签约呢？又为什么这一切都是秘密进行，也就意味着对朋友、家人和读者全都隐瞒了真相？要知道他最伟大的事业可是公开，而非隐瞒自己的人生经历啊。

我彻底被迷住了。完成了战情局布展的工作之后，我开始为那些困扰我的问题寻找答案。是不是什么地方出错了——或许是翻译或眷写错误？要不，这怎么可能呢？这次招募的大背景是什么？它对海明威留给我们的遗产又意味着什么？

负责人都去世了——海明威的苏联招募者于1943年感恩节当天死于格林威治村（跟不少资产阶级敌人一样，他也在一顿大餐之后死于心脏病发作）；海明威本人1961年自杀了。他最亲密的朋友们几乎都已离开人世。我意识到自己的大部分研究得依赖类似那份从未正式解密的苏联记录那样的印刷品，以及当初只写给某一个人看的私人文件和信件。我希望能在档案馆和图书馆中找到足够的资料，帮助我了解事情的真相。

于是我开始日复一日地只身在全国各地的阅览室里发掘资料，从圣迭戈到西雅图，从华盛顿到波士顿。起初我埋头研读肯尼迪总统图书馆的海明威资料。我在那里翻阅他的通信——他的信写得跟小说一样精彩——那个房间俯瞰波士顿港冰冷的海水，陈设却很像他在热带古巴那个住所的起居室，也有不少兽皮装饰，沙发旁的一张桌子上也有个大水瓶，用它倒水时，还真像海明威用的台克利酒瓶。

我一生热衷于揭秘幕后故事，在中情局工作之前就是这样。调查总是让我着迷。每去一次档案馆，必然会毫无悬念地再去一次，我对此感觉良好。那些关于西班牙内战、第二次世界大战、冷战的鲜为人知的文字艰涩的书籍，我读起来永远没够。因此在其后三年里，我就依靠非同寻常的资料来源，为那幅海明威新肖像的轮廓补足了血肉，现在这些资料来源还包括美国国家档案馆内一位内务部将军的私密文件、保存在华盛顿另一个档案馆内的他的调查局经手人员的秘密文件，以及他和律师之间的一次争吵的记录，乍看像是在争论版权问题，等等。我在普林斯顿大学图书馆内约翰·福斯特·杜勒斯①的严厉目光下读完了一叠鲜为人知的海明威信件，一旦套入相关语境，它们竟有着惊人的启发性。

最终我得出结论，海明威与内务部的短暂关系，以及这背后的政治态度，对他的人生和艺术都产生了重大影响，而这些在此前都被人们忽略了。它们左右了他在生命的最后15年里所做的许多决定：在哪里生活，在哪里写作，以及如何行事。这一连串事件甚至间接导致了他在1961年自杀。很多戏剧化情节都是在

---

① 约翰·福斯特·杜勒斯（John Foster Dulles, 1888-1959），美国共和党政治人物，第52任美国国务卿。他是冷战早期的重要人物，主张以强硬态度对抗苏联。

他的头脑中上演的，因而难免被他夸大了。冷战的章节——赤色恐慌、古巴革命，以及他死前两个月发生的猪湾惨败事件——让他更不堪忍受。他并不像自己以为的那样精通政治权谋，在很长一段时间里，他过高地估计了他掌控自己和他人，乃至改变历史的能力。最后他开始认识到自己的局限，终于得出了那个悲壮的结论：唯一能够重新掌控局面的方法，是杀死自己。

这就是我在本书中所讲的故事。

尼古拉斯·雷诺兹
于美国首都华盛顿

第一章 觉醒：当海水把陆地搅得天翻地覆

海明威可不光是去看的。1935 年 9 月 4 日，他驾驶着自己新买的舱式游艇"皮拉尔"号，从基韦斯特^① 向东北航行 75 英里，前往上礁岛加入救援行动。这是美国历史上最严重的几次飓风之一，行前，他决心尽一切努力帮助幸存者，在"皮拉尔"号上装载了足够的食物、水和各种供给物，希望能为那些无家可归者一解燃眉之急。然而他竟然找不到多少需要帮助的人。自第一次世界大战期间在意大利前线服役以来，他还没有见过这样的惨状。劳动节^② 那天，风暴呼啸着穿过一连串地势低洼的狭窄岛屿，造成的破坏不亚于接连几天的炮击。很多最大的树木，像牙买加椋

① 基韦斯特（Key West），美国佛罗里达群岛最南的一个岛屿和城市，位于迈阿密西南 207 公里，古巴哈瓦那东北 170 公里。

② 美国的劳动节（Labor Day）是每年 9 月的第一个星期一，是联邦法定节假日，很多美国人把劳动节看成是夏季结束的标志。

木和红木，都被连根拔起，侧卧在地。只有几幢最坚固的建筑物仍然挺立着，其他的房屋此时都变成了一堆劈柴。在伊斯拉莫拉达（Islamorada）的小邮局附近，被派来撤离救援工作人员的火车被飓风吹得脱了轨，车厢四仰八叉地散落各处。最可怕的是看到死人，在这一年的最后一个夏日，他们的尸体在 80 度 ① 的高温下膨胀着。很多尸体漂浮在水面上，而海水仍在经受着 15 英尺 ② 高的风暴浪的冲击，浑浊不清。常常能看到死去的人仍然死死攥住木码头，以防止被冲走，他们的身体在木桩子上被反复抽打。两个女人在一棵红树的枝杈上摇晃着，那棵树倒是没被狂风大浪击倒——死者试图爬上树自救么？还是海浪把她们抛进了那可怕的桠巢？这些都已经无关紧要了。这位伟大的作家唯一能帮助死者的，就是写下他们的故事，让全世界知道这里发生了什么，谁又该为悲剧负责。他决定为他们作证的方式，将彻底改变他的人生。

到 1935 年，也就是大飓风发生的那一年，海明威已经爬到了他写作事业的顶端。这位生于 19 世纪的最后一年，从伊利诺伊州奥克帕克（Oak Park）走出来的雄心勃勃的年轻人，二十多岁便掀起了一场文

---

① 相当于 26.6 摄氏度。
② 相当于 4.57 米。

学革命。他的两本畅销书，《太阳照常升起》和《永别了，武器》，反映了他曾如何活过人生的前 30 年：19 岁便因伤退伍，之后为《多伦多每日星报》(*Toronto Daily Star*)做海外记者，成为"迷惘的一代"传奇天才作家群巴黎分支的一员。

海明威后来获得诺贝尔文学奖的颁奖词精妙地解释了他作品的魅力：他的作品以他标志性的简洁和精准"忠实而勇敢地"再现了"时代的艰难风貌"。在写作时，他就是简洁的代表，要言不烦地向万千读者讲述扣人心弦的故事。海明威最重要的主题是个人的勇气：显现出他"天生崇拜每一个在暴力和死亡笼罩……的世界上孤军奋战的人"。[1]

海明威的成功让他日益成为每一个美国作家的试金石，也成为不少美国个人主义者的行为楷模。他们阅读海明威，引用他的言论，模仿他的行为，寻求他的建议。虽然他的声音是美国独有的，但他也是公认的全世界最优秀的小说家之一。能与他比肩的人寥寥无几。他的名声甚至传到了文学生来要为政治服务的苏联。苏联作家越来越无法自由地道出他们所见的真相，而不得不迎合政府。这对不怎么关心政治的海明威倒没有多大影响，但他的确很享受越来越多的苏联人阅读他的作品这一事实。

1935 年 8 月 19 日，当美国评论界令海明威觉得他在国内没有受到足够重视时，他收到了一个来自莫

觉醒：当海水把陆地搅得天翻地覆

斯科的包裹，里面是一本翻译成俄文的他的短篇小说集。寄送包裹的是著名的青年翻译家和文学人物伊凡·卡什金，他为在苏联推广海明威作品所做的贡献无人可比，起初只是在作家同行之间传看，后来也把它们推荐给其他读者，包括少数统治精英。[2] 海明威看到俄文版非常开心，包裹中还附有一篇卡什金赞誉这位美国作家的文章，因为"对同理心和共情的渴望"，他迫不及待地打开那篇文章阅读起来。[3] 在（致"尊敬的先生，或海明威先生抑或亲爱的同志"的）附函中，卡什金告诉海明威，苏联读者几乎不加批判地欣然接受他的作品："在我们国家，没有人不被您天才而轰动的成就所震惊，没有人会对您的缺点和局限冷嘲热讽。"[4] 海明威立即致信感谢卡什金，信中说"让人了解你在写些什么是（多么）开心的一件事"——完全不像对待他素日打交道的那些纽约评论家。[5] 这是两人通信的开始，他后来很长时间都很重视这位评论家和翻译家，给他写了很多毫无城府的长信。[6]

海明威希望卡什金务必了解，虽然拥有苏联读者让他很高兴，但他并不打算成为一名共产主义者，哪怕是共产主义的同情者。面对左倾压力，年纪轻轻便已成名的海明威希望保持自己的独立姿态。他在一封信中向卡什金解释说，他的朋友和评论家们都说过，如果不像个马克思主义者那样写作，他终将众叛亲离。但他不在乎。"一个作家"，他继续写道，"就像个不对任何政府效忠"，也"根本不喜欢他所在国家的政府"的"吉普赛人"。政府还是小一点儿好，大政府必然"不公正"。[7]

不管他如何自证清白，左派读者却渐渐在海明威的作品中发现了阶级意识的蛛丝马迹，诸如美国政客们软弱无能、美国有钱人如何无视穷人的苦难。有些评论家提到他的短篇小说《一次远行》（"One Trip Across"），写一个船夫因为经济衰退走投无路而犯罪；还有人竟然从他的作品《非洲的青山》（*The Green Hills of Africa*）中摘录出他评论美国国内形势的几句话断章取义，这真令人称奇，要知道那是一部关于富人打猎的游记啊。[8]

海明威即将为《新群众》（*New Masses*）撰写的报道会让不止一位左翼美国人感到惊喜，也会引起苏联对他的关注。由美国左派人士和共产主义者编辑的这份马克思主义文学评论几乎是美国共产党（CPUSA）的机关刊物。1926 年《新群众》首次发刊时，《时代》（*Time*）杂志曾把它描述为"一艘冒着黑烟的船，外观不雅但力道不小，剑状的船首上有赤色的涂鸦，看似乱七八糟的船身上也到处是赤色的印记"。[9]

希望在该刊物上发表作品的各类作家丝毫不在意船身是否乱七八糟，其中不乏举世闻名的作家，像萧伯纳和马克西姆·高尔基；也有只被左派视为指路明灯的无名之辈。只有一些是政治作品，大部分都不是。海明威发表的作品主题各异，写斗牛，也写死神在寒冬降临在阿尔卑斯山区冰雪覆盖的小屋里。在编辑们对他的中篇小说《春潮》（*Torrents of Spring*）发表了严苛批评后，他毫无顾忌地笔诛墨伐。他在写给老友埃兹拉·庞德的信中说，那些人革命只不过是为了建立一个视他们为"才子"的新秩序。[10] 编辑们反唇相讥，说海明威太关注个人，看不到决定美国历史进程的强大经济力量。

那些经济力量在 1929 年凸显出来。那一年的股市崩盘带来了极度萧条，对美国梦的每一个设想都提出了质疑。资本主义的发动机华尔街停摆了，无法再推动经济复苏。大概有四分之一的劳动力失业。估计有 200 万人来到铁道边，跳上过往的货运列车，到全国各地去找工作。数百万人忍饥挨饿。一度业绩显赫的商人沿街贩卖铅笔或苹果，后来则跟失业的人一起在施粥场排起了长队。这个国家曾经繁荣的农场也好不到哪儿去。城市没钱购买那么多的肉和农产品了，大萧条也就蔓延到了农村。大平原地区一场旷日持久的干旱更是雪上加霜，一片片农田随风消散，留下了一个巨大的沙暴区。

1929 年后，《新群众》的政治倾向更左了。编辑们决定跳上"风起云涌的历史舞台，时代的战斗正在那里打响"，杂志社派记者"前往罢工前线，……充满焦虑的农场，（以及）硝烟弥漫的南方"。[11] 他们想要获取一手资料，了解这个国家灾难丛生的经济和环境形势带来的多种苦难。如此产生的报道便会吸引那些如今愿意严肃思考一下资本主义诸多缺点的读者。

远在天边的苏联似乎提供了一个解决方案。苏联人在谈论着一个没有人会失业或挨饿的未来。那是一个公正的无阶级社会的迷人愿景。纳粹德国和法西斯意大利似乎是为苏联量身定制的对立面。希特勒的演说为德国确定了基调。他紧握双拳，挥舞双手，声音渐入愤怒的高潮，把危机怪在犹太人和共产主义者头上，虽然德国的萧条并不比其他地方更严重。他提出了另一种走出萧条的解决方案：让你的敌人闭嘴，动员人民起来作战，把需要的东西从敌人那里抢过来。希特勒和他的独裁伙伴墨索里尼就用这种方式把许多美国艺术家推进了左派的怀抱，他们本来并没打算在左派道路上走得那么远。[12]

早在大萧条开始之前，海明威就和第二任妻子鲍莉娜·菲佛一起搬到了基韦斯特。他们在那里组建家庭，也让健壮而俊朗的运动爱好者海明威——他身高一米八三，肌肉结实，一头黑发，漆黑的双眼炯炯有神——维持部分户外生活或者至少能穿得像个户外活动者：光着脚，身上那件素色的衬衫通常有一半扣子敞着，短裤则用一条绳子勒在腰间。

基韦斯特位于美国本土的最南端，几乎是从佛罗里达伸进墨西哥湾的一连串小岛中的最后一个。1928年，那里是穷人的热带天堂，可以搭乘火车或坐船从大陆直接抵达。很多街道尚未铺就，许多建筑物还没有自来水管道或通电。最像杂货铺的地方就是个贩售生活必需品的小仓库而已。

海滩近在眼前，海水永远温暖清澈。即便在 15 英尺深的地方，海底的白沙也像是触手可及。各种鱼类在沙子上方游弋，当地人手到擒来。深水区的渔获更佳。渔夫们把当日的鲜货出售给邻人或跟他们以物换物，当地人的一日三餐，就是这些鱼加上仓库里买来的米和豆子，配上从自家果园里采摘的水果。晚餐后，任何人都可以坐在城镇码头上看夕阳入海，然后去一家毫不讲究的酒吧找乐子，那家酒吧最初名叫"盲猪"，后改名"银拖鞋"，最后又叫"邋遢乔"。不管叫什么，那都是个"简陋将就，但有好友、有赌博，有 15 美分的威士忌，还有 10 美分的……杜松子酒"的地方，因为总有融化的冰块掉落，水泥地板永远是湿的。13

海明威起初是从同为小说家的约翰·道斯·帕索斯那里听说基韦斯特的，道斯·帕索斯这位来自巴尔的摩的知识分子高大、羞涩、渐秃，理智多于激情，样子像个教授。但他也喜欢户外，只不过喜欢的方式跟出色的渔夫加猎人海明威不大一样。道斯·帕索斯1924 年沿礁岛群徒步旅行时发现了这个地方，在一封信中把自己的发现告诉了海明威。海明威闻声来访，也一下子爱上了这里，最后在白头街一座结实的两层石灰石房子里安了家。那座房子建于1851年，看上去像某个江轮船长在新奥尔良那种地方建的住宅，高高的圆弧形门廊，装饰华丽的铁花格架，木质防风盖通常都漆成绿色。

到1930年，这座海岛城市也陷入大萧条。到1934年，基韦斯特彻底破产了，无法收取足够的税收应对支出。富兰克林·德拉诺·罗斯福的联邦紧急救援署（FERA）佛罗里达分署介入并接管了这座城市。[14] 海岛的诱人之处，部分就在于它远离大陆；现在一个国家机关抢在地方政府之前介入，力求存其精华。道斯·帕索斯对这样的结果并不满意。他所谓的"救援勒索"正在把"一个独立渔夫和私酒贩子的城镇"变成"救济农场"。[15] 海明威同意他的看法。罗斯福的"新政"，即总统让国家走出大萧条的方式，就像一群"天真的混蛋"在举行"某种基督教青年会式的表演"。海明威的世界观向来最看重艰苦的自力更生，因而在他看来，"新政"是鼓励人们放弃工作而靠救济生活。[16] 救援计划的部分内容是把基韦斯特转变为一个旅游胜地，并让著名作家位于白头街的宅邸成为景点之一，但也于事无补。这会剥夺海明威和家人的隐私。即便如此，在1940年之前，他们还是会把这里看作自己的家。

在礁岛群，几乎每个人的生活都亲近自然，对一个像海明威这样敏感地熟悉气象之人，感受风暴来临并非难事。1935 年 8 月的最后一夜，黑云压顶，狂风肆虐，气压下降。查看报纸确认过自己的直觉之后，海明威立即开始行动，让自己的房子，特别是他的船，准备好应对风暴。他那艘橡木和红木打造的舱式游艇"皮拉尔"号就是严格按照他的规定苦心建造的，主要是为了钓鱼，但设计时也考虑了舒适的海上生活。这天夜里，它正停泊在海军船坞的潜艇码头附近，就在几个街区之外。海明威在那里花了五个小时的时间准备，想尽可能让它更好地应对这几天的恶劣天气。

最后，风暴与基韦斯特擦身而过，倒没造成太大的灾难，但它全力袭击了中礁岛和上礁岛，比人们记忆中的任何飓风都要强大得多。海明威一俟风暴结束就直奔东北航行，想探查飓风造成的破坏，看看他能帮着做些什么。他在那里看到的是一片毁灭景象。枝叶看似被大火烧得荡然无存，陆地像是被海水颠倒了乾坤。[17] 这些是他到达为一战老兵建造的海边营地之前看到的场景，老兵们在那里参与"新政"的工程建设。海边营地的毁灭更加彻底。那些原始的木头小屋本来就是用两英寸厚、四英寸宽的木材钉到一起的薄木板搭建起来的，上面搭块帆布就算屋顶，此时干脆彻底消失了。尸体像海上船难后的残骸和弃物一样到处都是。自 1918 年以后，海明威从没在一个地方看到这么多死人。他喜欢说因为参战早已习惯了死亡，那是身为战士必须接受的事实。但眼前这不是战争，这让人无法接受。

在写给他的编辑、斯克里布纳之子公司的麦克斯威尔·珀金斯的一封长信中，海明威无法遏制对这一切的悲愤之情。[18] 他所分享的那些关于半裸的尸体在烈日下腐烂的可怕细节是体面的纽约人——那些穿西装打领带、乘船去深海垂钓的人——所不愿直视的。海明威的结论是，那些老兵"事实上被谋杀了"。他认为责任应由总统和 FERA 的管理者——如今是罗斯福亲信的前社工哈里·霍普金斯承担。他们把"那些参加酬恤金游行 ① 的可怜人派到这里，就是为了干掉他们"，并且最终"不费一兵一卒干掉了他们"。[19]（这么说难免偏激，罗斯福政府只是给那些在华盛顿游行抗议的失业老兵提供了一个在礁岛群工作的机会。）在海明威看来，这个故事再次证明了大政府和新政的缺点。

《新群众》的众多共产主义编辑之一乔·诺思发电报给海明威，请他撰写关于这场灾难的报道——此人日后将不定期地在海明威的生命中隐现。诺思正在

① 酬恤金游行（bonus march）是指 1932 年美国的一起示威事件，背景是两万多名第一次世界大战美军退伍军人要求即时发放战时服役的薪饷，遭到美国政府拒绝而发动人群集会逗留请愿，最后导致军方派兵介入，造成流血冲突。

寻找一篇否定新政的文章。当年共产主义的名言是罗斯福政府跟胡佛政府没什么不同，唯一的区别是新总统把资本主义的凌厉政策藏在了那副笑容可掬的面孔之后。[20]

诺思给了作家足够的发挥空间，让他尽情书写所见所闻，但他觉得海明威可能恰恰会写出他想要的那种报道。这是共产党的一般倾向，即尽可能地利用大人物，不管他们的政治倾向如何。不需要党员资格，只要愿意写就行。[21] 虽然《新群众》仍在批评海明威的资产阶级世界观，往往批评得还挺激烈，但海明威仍然同意为诺思撰写报道。[22] 毕竟他已经在致珀金斯的信中写了一部分，也欢迎另有一个宣泄强烈感情的出口。再说反正也没别人请他写。[23] 为了保护自己的名声，海明威请他的朋友和通信者们相信，他并没有改变对《新群众》的编辑方针的不满。[24]

1935 年 9 月 17 日，该评论杂志把海明威的那篇被冠以《是谁谋杀了老兵？》（"Who Murdered the Vets?"）标题的报道刊登为封面文章，称它抨击了罗斯福政府为老兵制定的"失业、饥饿和死亡"政策。[25] 那是为《新群众》写的一篇非同寻常的报道。它开门见山地点出了富人与老兵之间的阶级差别。海明威写道，像胡佛和罗斯福总统这样有钱的捕鱼人都知道，夏天光顾礁岛群是不明智的。特别是在劳动节前后，天气变化无常，会对他们的财产造成威胁。然而老兵不是财产。海明威接着说，老兵们不过是些别无选择的"不成功人士"，于是在飓风季节被派到礁岛群去做"苦力工"。

接着海明威又换了一副调子，用第一页剩下的篇幅讨论他曾如何重视自己的物质财富，特别是他那艘定制的舱式游艇，跟读者讲述为了让游艇不受风暴摧毁，他不得不做了很多准备工作。这一段富裕船主应如何对付飓风的入门读物，不知为何居然被编辑们放行刊出了。然后海明威再度转换笔调，在描述灾难的可怕细节时穿插了一连串责问。他想知道：是谁把老兵们派往礁岛群的？谁在飓风季节把他们留在了那里？谁没有妥善安排他们的撤离，实施这"唯一可能的保护"？他最后问道，该给这位过失杀人者怎样的惩罚。[26]

《是谁谋杀了老兵？》的读者之众，大大超过了《新群众》相对较小的发行量。举例来说，《时代》杂志就在关于灾难的报道中提到了海明威的文章，该报道先是重点陈述了佛罗里达州检察官乔治·沃利（George Worley）的结论，即"没有谁该为未能在……（这场）……飓风之前撤离老兵，导致 458 人死亡而负责"。接着又用海明威的文章反驳沃利的观点。《时代》并没有暗示海明威如今已经是一位左派革命家了，而是引用了海明威在文末提出的为什么会把老兵们留在那里等死的尖锐问题。[27]《工人日报》（*Daily*

Worker）这份自封为美国共产党中央机关报的报纸则有过之而无不及，他们逐字刊登了原文，把海明威的名字登在了标题和副标题旁边，还加了一句大标语，"小说家看到了留在礁岛群等死之人的膨胀的尸体"。[28] 卡什金本人把这篇文章翻译成俄文，发表在他自己的文艺报上，把它呈现给海明威与日俱增的苏联读者群。[29]

这篇文章也引起了莫斯科另一个部门的注意。为苏联间谍提供简报服务的文员们盯上了这篇文章，很可能把它编辑成一份可供未来行动人员发掘的档案，并为它加了一条索引，可检索关于海明威的信息。[30] 他们大概想要密切注意他和其他同情工人阶级的外国人的动向，或许有朝一日能派上用场。这是被动的情报收集，有点像那种初级市场调查，列出销售前景较好的产品清单，也就是未来可能会信奉苏联路线之人的名单。这大概是内务部的人首次对海明威感兴趣。

此时，内务部已经是全世界最有经验也最有成就的特工部门之一了。内务部*在更改了一连串名称之后，最终变形为更广为人知的克格勃（或国家安全委员会），它的存在有着坚实的俄罗斯和布尔什维克传统。俄罗斯在帝国时代就有自己的秘密警察"暗探局"（Okhrana）。为了在一场对抗暗探局的革命运动中保存实力，布尔什维克们创建了一个秘密的、纪律

---

*　本书将一直使用"内务部"这个简称，而不反映该组织令人眼花缭乱的多次改名。——作者注

严明的密谋政党。1917 年夺取政权后，布尔什维克政府废除了暗探局，但保留并改善了其业务模式，创立了一个强大得多的组织来保护和扩张革命果实。在国内，它是一个控制工具。到 1930 年代，国家的秘密机关几乎触及苏联生活和工作的方方面面，触及的方式可算不得温柔。在国外它是招募间谍、收集情报和为年轻的苏联政权除掉对手的主要手段（别看它名称里有"内务"二字）。

内务部对海明威感兴趣的部门是它的外交部门，后者主要受第一总局（the First Chief Directorate）指挥，第一总局在很多西方国家都有常驻机构，也就是所谓的"情报站"（rezidenturas）。美国的情报站设在纽约、旧金山和华盛顿。除了监视美国共产党之外，它们的使命还包括盗取美国技术和了解，或许还试图影响美国的外交政策，1933 年希特勒在德国攫取政权之后，最后这个目标变得越来越重要。为此目的，内务部扩大范围，盯住了各个阶层的美国人，只要他们有机会获得它想要的情报。1934 年的目标包括像国务院通信和记录处长戴维·A. 萨蒙（David A. Salmon）这样的人，以及劳伦斯·达根（Laurence Duggan），这个年轻人曾在菲利普埃克塞特中学 [1] 和哈佛大学就

---

[1] 菲利普埃克塞特中学（Phillips Exeter）是一所私立的美国寄宿中学，十校联盟成员之一。位于新罕布什尔州埃克塞特镇，是美国历史最悠久的中学之一。

读，这样的教育背景和他在国家部门中的良好关系，都可以为之一用。[31]

早先，苏联人还只是收集那些将来可能会对共产主义事业有帮助的个人的情报。[32]领导人可能来自莫斯科中心（Moscow Center），也可能来自党在当地的忠实信徒，即所谓"兄弟同胞"（这么叫或许因为他们是仅次于苏联公民的人）。在美国，情报站与美国共产党密切合作，依赖《工人日报》和《新群众》等报刊，相信它们是当前政治现实的真实反映。

当内务部官员读到海明威的文章时，他们关注的是他"指责"体制的方式。海明威的文章暴露了"（佛罗里达）州的穷人和受压迫的人民不堪忍受的，不是飓风带来的破坏，而是任由政府宰割"。[33]苏联间谍认为美国公众会对海明威的政治宣言"信以为真……因为……（他是）备受尊敬的著名作家"。[34]他们的态度跟《新群众》别无二致：不管是否在苏联控制之下，像海明威这样的名人都是值得追逐的。这些名人有很多或许能用上的关系，他们本人或许有朝一日就能成为为苏联服务的中间人。

海明威就这样引起了内务部的注意。这时还不可能有任何招募他的计划，但苏联方面已经有意要利用可能出现的任何机会了。一旦机会出现，内务部或其代理机构将设计一个合适的方案，派合适的男女去试探海明威，看他愿意在这条路上走多远。

第二章　**作家与政委：在西班牙参战**

时间是 1937 年春，地点是西班牙。照片上
有一辆曾经很漂亮的黑色轿车，有点像 1934 年
款的四门道奇车，这时却已被子弹打成了筛子，
发射子弹的很可能是一架路过的敌军战斗机。它
严重损毁，前胎瘪了，挡风玻璃四分五裂，一个
头灯耷拉在灯框外。汽车的发动机暴露在外面，
车前盖躺在几英尺外，已经没用了。车门敞着，
表明乘客及时逃了出来。乘客中的两人，海明威
和荷兰共产主义者尤里斯·伊文思，站在相机和
汽车残骸之间，居然奇迹般地毫发无伤。

在一生中的大部分岁月，海明威都喜欢游走
边缘和冒险。但他的神色表明，至少这一次，他
真的算是跟死神擦肩而过。他双唇紧闭，两手谨
慎地插在黄褐色军用雨衣的口袋里，雨衣半敞
着，领子竖起，在阴天里挡些寒气。一顶小贝雷
帽紧扣在头上。作家的双眼看似半阖，但还是大
致对着照相机的方向。而站在作家身边的伊文思

却大睁着双眼，直接看向镜头。和海明威一样，他也戴着一顶黑色贝雷帽，穿着御寒的大衣，不过他的大衣彻底敞着，左手随意地插在裤子的前口袋里。他的脸上还带着一丝笑意，几乎像是满意的神情，好像虽然遭到袭击，世界还在按照他设想的方式正常运转。[1]

海明威 1937 年来到西班牙，报道 1936 年夏天爆发的西班牙内战。战争的基本政治考量一目了然，至少起初如此：一个包括弗朗西斯科·佛朗哥在内的反动将军组成的政治阴谋小集团，领导一群所谓的民族主义叛军，对抗合法成立的共和国政府。民主制度本来还算正常运作，但在佛朗哥之流看来，共和国有两个严重的错误：一是它无法有效地治理国家，二是它的很多支持者正在把国家推向过于左倾的道路。裂痕不久就演变成了 20 世纪上半叶的典型格局：大地主、军方和天主教会联合起来组成一方，另一方则由不同的左派群体拼凑而成，包括社会主义者、共产主义者、工会主义者和无政府主义者，每一群人都有自己的政治议程，令人眼花缭乱。

三股外国势力介入之后，战争变得更加复杂了。西方民主国家袖手旁观，但希特勒和意大利的墨索里尼却跟佛朗哥一条战线，为他提供武器、顾问，甚至派兵支援。斯大林决定支持共和国，以改善他在欧洲左派中的名声，并把人们的目光从他下令在国内进行的血腥清洗中引开。因此在 1936 年秋，苏联人开始跟希特勒和墨索里尼一样派送支援，只不过他们派送的设备和兵力较少，顾问和秘密警察较多。其中就有一个自称亚历山大·奥尔洛夫的人。[2]

奥尔洛夫是小说《丧钟为谁而鸣》中伐洛夫这个次要人物的原型，他有着完美辉煌的布尔什维克战绩。他一生都在不屈不挠地为革命而奋斗。俄国内战期间，他参加过惨烈的战斗，对方是妄图颠覆新政权的白军游击队。1920 年代，他成为即将成立的内务部，也就是未来的克格勃的早期成员之一。虽然教育背景是法学，但他是个天生的语言学家，在西欧和在苏联一样行动自如，这让他从一干同事中脱颖而出，他们许多人永远摆脱不掉那股子乡下气和俄国官员的腔调。现存的照片显示这是个矮小健壮的人，头发短而黑，胡子修剪齐整，甚至有点儿像希特勒那撇小胡子。他的眼睛里看不出任何情感，也很少露出笑容。

1930 年代，奥尔洛夫在西欧的工作卓有成效。最值得一提的成就是，他帮着建起了苏联的网络，其中就吸收了被称为"剑桥五杰"（Cambridge Five）的几名超级间谍，也就是金·菲尔比（Kim Philby）等五位英国上流社会成员，他们愿意利用自己的无瑕出身，渗透到国王陛下的政府最高层。[3] 奥尔洛夫也曾在美国工作，还担任过克里姆林宫的高级协调员，苏联的最高人事长官斯大林就是在那里认识他的。

1936 年 8 月，内务部派奥尔洛夫带着明确的目标前往西班牙。首要任务是为共和国提供情报和准军事支持，将培训和雇用反法西斯游击队纳入议程。他协助扩大苏联在西班牙的势力，以及西班牙共产党的影响。随着时间的推移，政府中越来越多的机构被置于苏联的控制之下。与此同时，内务部还对当地的"托派分子"（那些跟斯大林的首要政敌、流亡的苏联革命领导人列夫·托洛茨基有联系的人）进行了残酷的镇压。在西班牙，无论是谁，也不管是哪个国家的人，只要看似不可靠，或将来有可能不可靠，都会遭到内务部的迫害。迫害目标还可能是某个西班牙政治团体，像无政府主义组织或某个极左政党，这类团体有其各自的非斯大林式愿景。

遭到怀疑的人会面临一整套逮捕、审讯、酷刑和处决程序，往往就在情报站自己的机构内进行。英国雕塑家贾森·格尼（Jason Gurney）是一位左倾的理想主义者，本是前往西班牙去为共和国而战的，却在不久后就观察到"众所周知"的事实：几乎到处都有内务部的"监狱和审讯中心，近在咫尺"。一旦"被发现有颠覆破坏或'托派主义'的蛛丝马迹，一个人可能就消失了，再也不会出现，很多罪名根本就是蛤蟆夜哭"。[4] 这些设在西班牙的中心中至少有一个，内部即设有非常方便的焚尸炉。[5] 内务部可能会诱骗某个托派分子前来赴约，然后审讯、杀害并火化尸体，让他灰飞烟灭。

如果说这类偏执做法有什么目标的话，短期目标就是通过在支持者中统一思想来加强共和国的力量；长期目标则是让西班牙成为苏联的附庸国。[6]

奥尔洛夫曾对他希望渺茫的遗稿保管人、一位名叫爱德华·P. 加佐尔（Edward P. Gazur）的调查局退休特工说，内务部策划了海明威的西班牙之行，让他成为共和国的代言人之一。"通过共和国政府的努力，北美报业联盟（NANA）跟海明威签署了一份合同，而那些都是苏联秘密动员他们做的……"[7]奥尔洛夫的言论很难证实，即便是实话，也只是他片面的说法。导致海明威前往西班牙的一连串事件有若干个孤立环节：他一生挚爱西班牙；又一场战争的召唤；一家愿意为他支付极高稿酬的新闻社；一次为共和国拍摄纪录片的机会；以及尤其值得一提的，克服美国国务院迟迟不给他签发前往西班牙的护照的障碍。他从纽约坐船出发之前，曾到华盛顿去见露丝·希普利（Ruth Shipley），这位权力很大的官僚掌控着护照事务，他拿出自己跟北美报业联盟签署的合同，跟她保证"不准备参与……冲突"。[8]

作家约瑟芬·赫布斯特是海明威自巴黎时代的好友，在基韦斯特和西班牙都曾再度出现，她对海明威的理解比奥尔洛夫深刻。她凭直觉知道海明威和许多其他人一样，"在经历某种转变"，而前往西班牙便是那一转变过程的一环。[9] 她还知道，海明威想成为他那一代人中独一无二的战争作家；战争提供的答案是别处找不到的，哪怕是基韦斯特遭受塔彭飓风①的袭击也不能。"在那里掩藏得最深的现实，会在这里以极端的形式出现。"[10]

赫布斯特关注过程的做法是对的，海明威并不是一夜之间发生了转变。他起初不过是顺着自己的性情，支持共和国，反对法西斯。[11] 1936 年 12 月，他写信给编辑珀金斯，说佛朗哥是"头号狗娘养的"。[12] 在几周后的另一封信中，他的语气有些模棱两可。两方都不正义，他准备谁也不支持。但他的确关心人类及其苦难，这就意味着他会同情那些耕种土地的人。[13] 他还说他不怎么喜欢苏联政权，虽然它支持共和军："俄国那个政权如今很龌龊，不过反正我也不喜欢任何政府。"

几天后，在写给妻子鲍莉娜的家人（他们是天主教徒，为此原因，更可能会同情佛朗哥和民族主义者）的信中，他承认"赤色分子跟他们说的一样坏"，但接着说这是他们的国家，不是缺席地主的国家，更

---

① 塔彭飓风指 1935 年劳动节前后袭击美国佛罗里达州的大飓风，得名自佛罗里达州西岸的塔彭斯普林斯（Tarpon Springs）地区。

不是意大利人和德国人的国家。[14] 他还肯定地说，他想到西班牙去看看"一场不可避免的欧战彩排"，从而写出"反战的战争报道"，让美国远离战火。

还有就是海明威那位美艳夺人的新情人玛莎·盖尔霍恩，她比这位大作家年轻将近十岁。1936 年 12 月的一天，她走进基韦斯特的邋遢乔酒吧，从此改变了他的一生。她身材苗条，一头金发，活力四射，既有冒险的渴望，又对写作和左派事业充满激情。她和海明威说好在西班牙见面，在那里一同报道战争，她为《科利尔》（Collier's）杂志撰文，他为北美报业联盟供稿。战争确立了他们的关系，他们毫不夸张地是在战火中结缘的。1940 年，她成为他的第三任妻子。在他的四任妻子中，她算是最接近于跟他平起平坐的一位了。在这次战争中，她成了一名拥有鲜明观点的记者和小说家。他往往是赞许的，但有时也很反感她在事业上的雄心抱负。不过他确实注意到她在 1930 年代对普通人苦难生活的关注。海明威的西班牙生活有她陪伴，就更容易接受左派的影响了。

另一个指引他向左转的力量是同辈艺术家和作家们，其中很多都是多年好友，像介绍他来基韦斯特的小说家约翰·道斯·帕索斯；以及当时已经很有名气的诗人、未来的国会图书馆馆长阿奇博尔德·麦克利什。海明威写道，麦克利什和道斯·帕索斯是仅有的两个他可以信任的文学好友。[15] 这个阶段，麦克利什对资本主义的未来多少有些悲观，而道斯·帕索斯则致力于社会公正。和海明威一样，麦克利什和道斯·帕索斯也有很多信奉共产主义的朋友和熟人。但这三位跟那些共产主义者往往意见不合，有时还争吵不休，所以对他们更准确的称呼应该是左倾和反法西斯主义者，而不是"同路人"，更不是完全效忠的共产主义者。[16] 海明威与麦克利什和道斯·帕索斯一起创立了当代历史学家公司（Contemporary Historians Inc.），该组织的宗旨是拍摄关于西班牙共和国的纪录片。他们的目标是为共和国的挣扎求存取舆论支持，当然最重要的还是说动美国政府放弃中立政策。

历史学家公司未来制作的纪录片有《战火中的西班牙》（*Spain in Flames*），海明威在离开纽约之前就开始为这部纪录片做准备了；还有《西班牙土地》（*The Spanish Earth*），他参与了现场拍摄，后来又亲自为它录制了旁白。《战火中的西班牙》如今给人的印象是笨拙地把历史事实和意识形态宣传拼凑在一起。曾有一个广告高调宣传这部纪录片向世人展示了"法西斯在希特勒－墨索里尼的帮助下屠杀了成千上万人"，"妇女和儿童暴尸马德里街头"。同一个广告引用海明威的话，说无论政治信条或宗教信仰如何，没有谁在看到这部纪录片之后还能无动于衷。[17]《西班牙土地》的制作更加细致和艺术，也讲了一个引人入胜的故事。纪录片导演，四海为家的尤里斯·伊文思，是到目前为止政治立场最坚定的历史学家公司成员。相对于同事们只是断断续续地支持左派事业，他成年后一生都是坚定的共产主义者，直到 1989 年苏联帝国崩溃。他在 1930 年代受共产国际的领导。[18]

共产国际名义上是共产主义政党的革命联合会，独立于内务部。但和内务部一样，它也是斯大林组织的延伸。共产国际的领导人物包括德国人威利·明岑贝格，一个不知疲倦、不修边饰、充满创意和领袖魅力的人。明岑贝格曾一度因为多才多艺和精力充沛而被形容为"欧洲最有趣的五个人之一"，[19] 早在布尔什维克革命之前就认识了列宁。1920 年代，是列宁本人请明岑贝格在俄国之外创立一个旨在煽动和宣传——不久便简称为"宣传鼓动"——的机构，为革命争取有利的舆论环境。明岑贝格是个绝佳选择，不久他便开始运作一个令人眼花缭乱的欧洲宣传鼓动帝国，有时被称为"明岑贝格信托"。[20]

首先是印刷文字：明岑贝格创办期刊和报纸跟资本主义和法西斯主义期刊隔空对峙。然后是戏剧、会议和多种文化活动——"一个接着一个，令人喘不过气……有十几个国际会议、群众集会和委员会"。[21]在苏联国内外制作了多部纪录片。共产国际对外声称有些是它自己的作品，也有些是通过大批外围组织来操作的。合作有些是你情我愿，也有些是在对方不知情的情况下进行的。很长一段时间，人们心照不宣的座右铭是"一切为了党,但任何事都不能以党的名义进行"。作为荷兰共产党的一位专业电影导演,伊文思正是明岑贝格的团队所需要的人。[22] 他不但忠诚、积极,还有创意,且行事谨慎。伊文思知道,只有看上去和听上去不像宣传的纪录片,才更有说服力。

伊文思没有对历史学家公司的各位隐瞒自己的政治归属,他们很清楚他的背景,对此欣然接受。麦克利什确信伊文思是那种"永远不会让共产主义成为自己工作的障碍的共产主义者"。[23] 麦克利什或许还是太宽厚了。

以德服人的伊文思似乎很快就进入了"欧内斯特的政委"的角色,将监督指导这位作家的政治教育。[24] 谁也不知道共产国际是否曾经命令伊文思跟海明威合作。在共产国际卷帙浩繁的现存档案中,找不到正式指派该任务的踪影。在五千多万个电子化的页面(他们都是热衷于记录的革命家)上,用计算机搜索查询"海明威",也找不到任何结果。[25] 然而伊文思可能接受过某种非正式指令,以那种"看看你能做些什么"的方式,就像明岑贝格曾让当时还是共产主义者的新闻记者和作家阿瑟·库斯勒看看能否站在敌人的视角有所发现。库斯勒没有受过训练,也不擅长谍报工作,他径直前往佛朗哥的总部执行任务,因而被捕并险些丧命。[26] 也有可能,伊文思决定做他自己认为正确的事,开始利用这位伟大的作家。

共产国际在西班牙内战期间争取的作家不止海明威和库斯勒。另一个目标是芭芭拉·沃特海姆（Barbara Wertheim），也就是后来写出了引起约翰·F. 肯尼迪总统关注的畅销书《八月炮火》（The Guns of August）的著名历史学家芭芭拉·塔奇曼（Barbara Tuchman）。[27] 沃特海姆是纽约名媛，拉德克利夫学院毕业生，1937 年以《国家》（Nation）杂志记者的身份前往西班牙。在巴伦西亚和马德里逗留一段时间之后，她去了巴黎，在那里遇到明岑贝格的主要副手之一，老道风流、颇有手段的奥托·卡茨，后者试图招募她为共产国际工作。她不是共产主义者，因而拒绝被宣传洗脑。卡茨退而求其次，请她想办法写一本通过探索历史相似性来支持其进步事业的书籍。她答应了这一请求，写下了第一部关于 19 世纪的英国和西班牙的书，如她所说，该书"旨在说明英国政策一贯的首要原则便是让西班牙……摆脱大陆上的主要势力（当前是希特勒）的控制"。[28] 有趣的是，沃特海姆这本关于西班牙的鲜为人知的书成为海明威的私人收藏，直到 2015 年还安放在基韦斯特那间书房的书架上。[29]

和卡茨一样，伊文思也会配合目标来调整方案。这个荷兰人比海明威大一岁，知道最好不要一开始就敦促海明威加入共产国际，成为特工。伊文思会逐渐把海明威吸收进自己的组织，但不会强迫他。几十年后，在接受麻省理工学院历史学家威廉·B.沃森（William B. Watson）采访时，伊文思极其坦诚，他回忆道："我曾计划吸收海明威，而且我觉得我使用的战术也是对的。对这种人来说。我知道他的极限在哪里，也知道他不会叛变。"[30]

伊文思让海明威亲自直接参与电影制作的一线工作，并确保他出现在共产国际反法西斯战线的视野之内。海明威不是个纪律严明的共产主义者，不会怀着明确的政治意识而来，他只是有些半成型的态度，像是帮助弱者、反抗法西斯，以及让美国远离与一场欧战。伊文思等海明威在1937年3月一到达欧洲，就着手改变这一切。"我有很强的政治参与感"，他对沃森说，"他却没有……于是我给自己布置的任务就是让海明威理解反法西斯事业"。所谓理解不是别的，而正是以共产国际的方式来理解。[31]

伊文思先是建立了坚固的个人友谊。他可以在共同工作的基础上来建立友谊。既然海明威一心扑在纪录片拍摄上，他便处处提供协助，安排交通、携带设备、跟他分享自己的食物和饮料（通常是威士忌和生洋葱）。或许是为了考验自己——他也有近20年没有参加战斗了——他似乎很喜欢跟拍摄团队一起上前线。他们在前线，有时在两军之间的无人区工作，所冒的风险只有战斗老兵海明威能够充分了解。一天，一颗子弹射进伊文思头侧的墙里，海明威便让拍摄团队转移到一个隐蔽一些的位置。后来发现摄影师忘记了带摄影机，海明威手脚并用，匍匐着去找——敌军的狙击手沿着他的路径射击，子弹纷纷落在附近，险些击中他。能在这样的险境中死里逃生更加坚固了他们的友谊。用伊文思的话说，"如果你和一个人一起上前线……你会了解他是个什么样的人……在西班牙的前两周，我们一直在一起互相了解……在前线，这样的准备工作进展神速"。[32]

伊文思介绍海明威认识了一群"合适"的人：共产主义战士。由共产国际创立和指挥的为共和国而战的国际纵队就像是为此量身定做的一样。国际纵队中有的是意志顽强、活泼有趣、受过教育的男人（还有少数女人），他们来自包括美国在内的各个国家，让海明威很感兴趣。其中有些，像国际纵队中最有名的美国分队——亚伯拉罕·林肯营中的米尔顿·沃尔夫，后来成为海明威一生的好友。他们可不光是耍耍笔杆子做做白日梦，而是为信仰甘冒生命危险的人，是真正的信仰者。大多数人都遵守共产主义的严明纪律，愿意接受党或共产国际指派的任何任务。伊文思并不需要对海明威发表关于政治的长篇大论，只需把他带到前线，特别是国际纵队战斗的前线，让他自己去观察那些人的一言一行，耳濡目染。

几周后，伊文思认为海明威已经为下一步做好了准备：跟战士们背后的人见面。他们是共产党指挥官、苏联官员，以及苏联记者。马德里的盖洛德旅馆距离前线不过几英里，是跟他们见面的最佳地点，苏联人把那里变成了他们驻西班牙大使馆的附属机构。那家低调的小旅馆位于两条中型街道的交叉路口，一点也不引人注目。灰色的外立面刻着几条未来主义的直线，让它看起来像个公寓楼，事实上却是个豪华旅馆，大理石走廊通向设施完善的房间。只有站在汽车棚旁边佩戴刺刀的警卫员才表明这是个与众不同的地方。

士兵们在几英里之外的战壕里浴血奋战，而苏联人及其亲信却在盖洛德旅馆大吃大喝地过着豪奢的生活。那是首都内少有的几个食物和酒类，特别是伏特加和鱼子酱供给充足的机构之一。早先去那里时，海明威好像还带了两瓶宝贵的威士忌（是因为希望被他们接受吗？），后来那两瓶酒被放在一张公共餐桌上，那张桌子早被一条巨大的火腿压得咯吱作响了。[33]

盖洛德让海明威念念不忘的是它高高在上：只有少数新闻记者能够进去，和里面那些决定战争走向的人谈笑风生。伊文思把这位作家介绍给了苏联日报《真理报》（Pravda）的首席记者米哈伊尔·科利佐夫（Mikhail Koltsov）和其他共产党领袖。多年后，伊文思还记得"那给了他（海明威）一种优越感，他很看重这个"。[34]

不久两人的友谊便足够坚固，伊文思可以给海

明威指派任务了。即便在七十多年后再看他写给海明
威的信，伊文思也是那种绝不放任的电影导演（或政
委）；他的指令多到了让人厌烦的地步。他告诉海明
威去见谁，去哪里，去拍什么，有时甚至还指令他该
说些什么。一封 1937 年 4 月 26 日的信件中就有一个
编号任务清单，条目包括在一个西班牙村庄监督拍摄；
预订交通工具；最迟 5 月 3 日发送进度报告；以及管
着点儿道斯·帕索斯。[35] 稍后，伊文思又请海明威帮
忙为《西班牙土地》的一份大纲定稿。[36]

　　无论如何，海明威也没有事事听从伊文思的指
挥。两人的关系更多的是影响而非指令。但伊文思执
行着他为海明威首次西班牙之行制定的日程，让作家
很少有时间再去做别的，哪怕是追求盖尔霍恩。随军
的英国诗人史蒂芬·斯彭德（Stephen Spender）这样
说道：海明威"一直被这位意志坚定、咄咄逼人的女
郎追求着"。她"永远在找他"，但通常他都跟着伊
文思一起上前线了。[37]

　　伊文思表达出对道斯·帕索斯的担心并非偶然。
教授当时正准备离队。一个深层原因或许是两位小说
家之间的较量；但直接原因则是道斯·帕索斯的好友
何塞·罗夫莱斯的遇害事件。罗夫莱斯原本来自一个
"同情君主和反动派的家庭"，[38] 因而尽管他的政治征
途偏向左翼，却并不极端。1920 年代，他移民到美

国，谋到一份在巴尔的摩的约翰·霍普金斯大学教授西班牙文学的工作。内战爆发时他恰好在马德里，便留下来为共和军服务。因为懂一点俄文，他在西班牙和苏联官员于战争部讨论国家机密时，担任双方的口译员。

1936 年秋，共和军或苏联秘密警察逮捕了罗夫莱斯。时至今日，当时的细节仍然扑朔迷离。逮捕者很有可能把他关进了内务部在整个西班牙共和军地盘上建起的众多小监狱中的一座，对他进行了残酷的审讯。他没有被公开审问，也没有正式宣判。最后，留下他会成为一个大麻烦，于是 1937 年初，逮捕者们干脆处决了他，并把尸体处理掉了。[39]

1937 年春天，道斯·帕索斯一到西班牙就开始调查好友命运的真相。他拒绝接受罗夫莱斯是法西斯探子的说法，称那是"浪漫的美国共产主义同情者编造出来的"，借此讽刺海明威和他的共产主义朋友们。在道斯·帕索斯看来，罗夫莱斯的"案件被推至处决的极端，是因为俄国特工觉得罗夫莱斯对西班牙战争部与克里姆林宫的关系知道的太多了，因而从他们非常特殊的视角看来，他在政治上非常不可靠"。[40] 这个故事应该讲给国内的美国人听，因为它让人们得以"一瞥"在西班牙"被摧残的生命的血腥内幕"，能够弥补"我军必胜"这一片面的思维方式，或许有助于"让我们的头脑……摆脱……非黑即白的……党派偏见"。[41]

这样一来，从 1937 年到 1940 年，道斯·帕索斯和海明威就开始分道扬镳了。海明威转变的一个表现是，他开始狂热追随共产主义战士和艺术家们，并越来越投身于保卫共和国免遭法西斯荼毒的事业。如约希·赫布斯特所说，海明威"似乎天真地接受了当前意识形态的表象"，而道斯·帕索斯对政治的理解更加深刻，因而急于质疑它们。[42]

伊文思希望阻止罗夫莱斯事件继续发酵，特别是不要让此事扩张到西班牙境外。他不想让道斯·帕索斯回国之后就对他的"朋友－翻译－法西斯分子"一事说三道四。[43] 在 1937 年 4 月 26 日致海明威的信中，伊文思表示希望"道斯明白，在这样艰难严峻的战时，一个人、一个同志别无选择"——也就是要顾全大局，而不要只考虑某个个体的命运，不久之后，海明威本人也附和这一说法。[44] 伊文思没有明确指令海明威该怎么做，而是以试探的口气结束了自己的一长串想法："你觉得呢？"

海明威心服首肯。他担心道斯·帕索斯会让纪录片摄制组很难继续工作——他的疑问会"让大家陷入困境"。[45] 于是海明威自行承担起一个任务，确保道斯·帕索斯不会在离开西班牙之后破坏他们的工作。1937 年 5 月 11 日，两人的冲突在巴黎达到高潮，那天道斯·帕索斯和妻子正准备乘火车前往勒阿弗尔港，从那里登上轮船，继续他们的跨大西洋远航。[46]

　　圣拉扎尔车站是巴黎最大、最古老的火车站之一。19世纪风格的典雅外立面让它的外观像个博物馆，乃至它即便坐落在卢浮宫旁边，也不会显得突兀，但它的内部则是功能性的，站台和铁道上空都有棱角封面的玻璃钢顶棚。正午时分，阳光从云层背后喷射出来，有些光便透过顶棚洒在站台上，那里站着准备搭乘1时15分那列港口接驳列车的乘客。道斯·帕索斯和妻子凯蒂到晚了，正在费力地搬运多个行李包呢。几乎在列车员高喊"开车"并关上车门之前的最后一刻，海明威从送行祝福的亲友群中冲出来。但他可不是来送别好友的。他怒容满面，两人也没有什么愉快的寒暄。海明威强迫对方回答他几个重要的问题，现在就说。道斯·帕索斯到底准备就罗夫莱斯事件说些什么？或者就此而言，他又会对这场战争发表怎样的言论？道斯·帕索斯一贯思虑周全，注意分寸，回答说他会把他的故事讲给美国公众：如果一面为捍卫公民自由而战，一面又在破坏公民自由，这一切有什么意义呢？海明威反驳说："公民自由，别扯淡了。你到底跟谁是一拨儿的？"道斯·帕索斯像教授在课堂上证明观点一样耸耸肩：他会听从自己的内心，有什么写什么。海明威在道斯·帕索斯面前挥舞着一只握紧的拳头，说："要是那么做，你就完了，毁了。纽约的评论家们一定会严惩你的。"[47]

　　凯蒂·道斯·帕索斯（她本人也是海明威的多年密

友）不敢相信她所听到的一切。她对海明威说她"从没有听到过如此卑劣的投机言论"。海明威没有回答，火车最终准备开出站台时，他头也不回地走开了。[48]

伊文思和海明威逐渐把道斯·帕索斯彻底从自己的职业生活中排除出去。似乎道斯·帕索斯从未参加过当代历史学家公司，伊文思后来把公司重组为"今日历史公司"，借以排除异己。（如伊文思所说，新组织中不会有"道斯·帕索斯之流"。[49]）1938年初，海明威会在通过法国远洋货轮巴黎大区远洋轮（Ile de France）寄送的一封非常愤怒的电报中旧事重提，几天后还会发一封信，愤怒语气只比前一封电报稍有减轻。电报指责道斯·帕索斯（此人往往入不敷出）"因为金钱"而变节，"比你更优秀的人仍在战斗"，也就是指责道斯·帕索斯出卖那些暴露共和军弱点的故事。[50]

后面那封信则以道歉开头，但随后语气便越来越强硬。[51] 有一句还算缓和的话也仍是指责，终将导致两人彻底反目：他（道斯·帕索斯）声称共产主义者在这场战争中把自己的意志强加于人，这样的指控"恶毒而令人遗憾"。

在后来的很多年，海明威还会重述这个故事的多个版本，所有这些版本都对道斯·帕索斯不利。他会声称罗夫莱斯是在一场公正的审判之后被作为探子枪决的，或者干脆说"孩子们"杀死了那个"没用的翻译"。[52] 1954 年，海明威会说自己"愿意告诉道斯"关于罗夫莱斯事件的真相，只不过道斯·帕索斯"攻击我，仿佛是我本人杀了他（罗夫莱斯）一样"。[53]

海明威对道斯·帕索斯的攻击反映出他后来所谓的"技术压力"，那场始于 1936 年的反法西斯战争给他带来的压力持续了十年，并彻底改变了他的人生；他还会用那个压力来解释他为什么会把矛头指向某些老友。[54] 但他从未否认过自己关于道斯·帕索斯或 1937 年春的西班牙所说和所写的话。

那年 5 月，巴塞罗那爆发了内战中的内战，在那个城市，极左派正在把它自己的未来愿景变成现实。起初，马克思主义统一工人党（POUM）内的无政府主义者和非正统的马克思主义者们看似占了上风。精致的饭馆变成了人民的咖啡厅——丽兹酒店的餐厅现在是"一号人民咖啡厅"。工厂被交给工人管理；神父消失了，教堂被关闭或挪作他用；一个修道院被改成了肺结核病童疗养院。[55] 这一切违背了共产主义或苏联的政策：革命需要等到战争结束再进行。在那一天到来之前，大家都要遵守中央政府的领导。

长期酝酿的冲突终于失控爆发，先是在电话中吵架，然后闹到街上，不久双方就用鹅卵石和推翻的汽车筑起了街垒。战斗打得不清不楚，有时还很激烈——即便在安静的日子，也时有"机枪和炮火的声音打破一片沉寂"。[56] 苏联在背后密谋，只要有机会就施加压力，共产主义者利用了这次危机，趁机更换了共和国总理。新政府行动起来反对巴塞罗那的马克思主义统一工人党。它的总部关闭了，变成一个监狱，前线的作战组织解散了，中央委员会成员全体被捕。

6月，该党领导人安德烈斯·宁（Andrés Nin）因为曾有一次支持托洛茨基和公开批评斯大林是"恶毒的独裁者"而付出了生命的代价。[57] 内务部把宁带到它的一座秘密监狱，对他施以酷刑，逼他承认自己是法西斯探子。宁表现出惊人的意志力，他拒绝承认，挽救了朋友和同志们免于一死。苏联人及其代表们于是杀害了他，抛尸荒郊野岭。内务部的驻地间谍奥尔洛夫本人至少部分时间在场；可见这个案子对苏联人有多重要。[58] 共产主义的报纸发表了骇人听闻的（错误）报道，指控宁与法西斯沆瀣一气，作为对这一事件的解释。他们最终造谣说宁已经被法西斯分子营救，人好好地在佛朗哥或希特勒手里呢。

海明威不可能了解宁遭遇的真相，也不可能知道奥尔洛夫曾参与其中，但他对谣言有所耳闻。他在1938年致道斯·帕索斯的信中提到了宁，后来又在《丧钟为谁而鸣》中复述了内务部那个怀疑论版本的宁之死。以苏联记者科利佐夫为原型塑造的卡可夫这个人物，轻描淡写地叙述了整个事件。马克思主义统一工人党是不切实际的异端；宁的确曾被监禁但从

"我们的手里"逃走了。没有人知道海明威究竟是天真地相信了这个托词，还是为了保护共和国而故意掩盖了真相。[59]

在巴塞罗那骚乱发生期间，伊文思和海明威身在美国。海明威从西班牙先是去了纽约，然后又去了基韦斯特，在那里带上妻子和儿子们一同出发前往巴哈马群岛的比米尼岛（Bimini），那年夏天他们全家都待在那里。6月初，伊文思南下跟他讨论纪录片，以及海明威即将发表的演说。[60]

6月4日，这对好友飞往纽约，参加由美国作家联盟（League of American Writers）主办的第二届美国作家大会。共产主义报纸《工人日报》一面标榜这次大会是"各种政治归属的作家"的聚会，一面又大肆吹捧海明威即将发表的演说，"这位最'不关心政治'的作家……刚刚从西班牙的血腥战场上回来"。[61]然而为大会制定议程的却是美国共产党，共产党员发挥了主导作用，其中就有乏味无趣的斯大林主义者、该党总书记厄尔·白劳德（Earl Browder）；海明威的朋友，后来信仰了共产主义的好莱坞电影制作人唐纳德·奥顿·斯图尔特（Donald Ogden Stewart）；以及伊文思本人，他当时还在进行《西班牙土地》最后的剪辑工作。

会场设在曼哈顿西57街的卡内基音乐厅。建于

1891 年的卡内基音乐厅当时已经像个旧式建筑，这个富丽堂皇的歌剧院有一层层镀金的包厢，俯视乐池和舞台。今晚，这里座无虚席，容纳了 3500 名共产主义者和他们的朋友。香烟的烟雾缭绕，加上湿热，空气几乎令人窒息。然而观众们却密切关注着台上的演讲者。伊文思第三个起身讲话，播放了纪录片的一些片段，那是在"我觉得每一位诚实的作者都应该亲自前往的前线"拍摄的。[62]

海明威一贯不擅长当众讲话——有传言说他为了鼓足勇气，那天曾在曼哈顿中城的酒吧里一家一家喝过去[63]——他从伊文思停下来的地方继续讲了下去。这位来自奥克帕克的作家忍受着夹克和领带的束缚，在燥热的大厅里挥汗如雨，用他单调的几乎带有鼻音的中西部口音讲话，连念稿都有困难。"每次念起来感觉不对时"，海明威似乎会对手里的稿子很恼火，"气急败坏地重复那些句子"。[64]

那天为时 17 分钟的抨击法西斯的演讲，让人们宁肯相信共产主义是正义的一方。海明威告诉观众说，作家的问题在于"如何真诚地写作"。[65] 他接着说"世界上只有一种政府不会产生优秀的作家，那个体制就是法西斯"；一个"不愿意撒谎的作家是无法在法西斯体制下生活和工作的"。他没有说苏联作家的处境如何，在那里，作家们要想生存，也被迫撒谎。观众看样子很喜欢那次演说。对很多人来说，这是他们期待已久的，而海明威也没有让他们失望。他们又是吹口哨又是跺脚，对海明威报以经久不息的掌声。[66] 几天后，麦克斯·珀金斯激动地说海明威关于写作的说法是"永恒的真理"。[67] 6 月 22 日的《新群众》全文刊登了演讲。[68]

卡内基音乐厅之后，当代历史学家公司遭遇了危机。大概是在 6 月底的某个时刻，伊文思称他还需要2500 美元才能完成纪录片。海明威决定帮助伊文思，说伊文思是他绝对信任的人。他注意到包括麦克利什在内的各色人等都说他们无能为力，但他愿意为革命事业再做一次金钱上的牺牲，于是以 6% 的利息出借了 2500 美元，导致他自己的财务状况恶化，但解了伊文思的燃眉之急。[69]

7 月初，纪录片终于完成了。伊文思撰写、海明威编辑了一份脚本，把战争简化为一个简单的套路：[70]

> 我们有权通过民主选举来耕种我们的土地。如今军事集团和缺席地主们攻击我们，要再次夺走我们的土地。但我们是为权利而战，是我们在灌溉和耕种这片西班牙土地，而权贵们只顾享乐，任由田园荒芜。

由海明威录制旁白的纪录片开头展示的是一个共和国村庄的生活，在那里，村民们共同劳动，为自己创造更加美好的生活。然后纪录片转向一个人们为捍卫那种生活方式而战的连续镜头，有前线的场景，还有被战争蹂躏的马德里。盖尔霍恩很久以后还记得片中的炮击场景，女人们被浓烟窒息，揉着双眼，男人们"带着沉重的期待表情"慢慢地走向他们的敌人，准备进攻。[71]

7月8日，海明威、盖尔霍恩和伊文思为罗斯福总统及夫人放映了《西班牙土地》。盖尔霍恩联系了她的朋友埃莉诺①，说服后者邀请电影制作者们来到白宫。起初海明威不怎么看重邀请他们的主人；他们见面时，总统"全身带着哈佛式的洒脱，毫不性感又娘娘腔"。[72]那天很热；总统把他们带到了一间没有空调的餐厅，晚餐也乏善可陈：稀薄无味的汤，韧如胶皮的乳鸽，水煮莴苣叶。不过晚餐后，罗斯福夫妇热心地观看了电影。总统坐在伊文思身边，从头到尾都在讨论，到电影结束时几乎让伊文思不胜其烦了。他提议，海明威和伊文思或许"应该在电影中加入更多的意识形态宣传"。[73]

海明威和伊文思原计划请求终止美国因中立态度而出台的武器禁运。然而罗斯福滔滔不绝，让他们根本没机会提出这个建议。海明威能做的就是对罗斯福的亲信哈里·霍普金斯说，共和国需要武器才能赢得

———————————

① 即罗斯福总统夫人安娜·埃莉诺·罗斯福。

这场战争，此时他又声称自己喜欢这位总统亲信了。不管是纪录片本身还是这个小小的请求都没有让美国的政策发生任何变化，不过对两位艺术家来说，曾试图影响总统是个让他们飘飘然的经历。多年后，伊文思仍然记得当时的感觉："我们尝试过了，我们很骄傲自己那么做了。"[74]

第二天，罗斯福夫人在她的报纸专栏《我的一天》（"My Day"）中与读者聊到了来白宫参加晚餐的三位"很有趣的人"。[75] 荷兰人头发卷卷的，蓝色的眼睛深陷在眼窝里，是"极有艺术气质的大无畏的电影制作人"。让她印象最深刻的是他如何用纪录片拍摄"那些男人和女人的面孔……有农民、士兵、演说家，还有村里的主妇，所有的人……都是有趣的类型，你觉得自己会想去研究他们"。

盖尔霍恩则写信给罗斯福夫人，"无限"感激她安排这次会面，并有些焦急地问道："您真的喜欢这部纪录片，对吧？"她希望如此："尤里斯和欧内斯特很高兴……他们很敬佩您和罗斯福先生说应该强调冲突的原因，让它的力度更强一些——基本上就是这个意思。"[76]

7 月中旬，在鲍莉娜而不是盖尔霍恩的陪同下，伊文思和海明威带着他们的纪录片来到好莱坞，希望找到一些能够和愿意开出大额支票的友好观众，历史学家公司想用那笔钱为共和国购买救护车。[77] 崇拜海明威的那些演员和制作人太开心了，根本无法坐在著名作家和他的导演朋友身旁看完全片，特别是为左翼事业制作的纪录片。先是在米高梅公司举办了餐会，由奥地利美人路易丝·赖纳 [①] 主持，然后又是在另外两位巨星，弗雷德里克·马奇 [②] 和罗伯特·本奇利 [③] 各自的家中举办了盛大活动。在爱乐乐团演奏厅的电影放映票很快售罄。[78]

在爱乐乐团演奏厅，伊文思发表了海明威式的讲话，他说"我知道钱很难筹到，但死亡也一样没那么容易"的样子，简直"比海明威还要海明威"。[79] 海明威也没有甘拜下风，振振有词地起身请求帮助。他谈到了他们的事业——法西斯的扩张必须止于西班牙，他热爱的人们已经为这项事业献出了生命，随

---

① 路易丝·赖纳（Luise Rainer，1910-2014），犹太裔美国电影女演员，少年时期曾在奥地利维也纳学习表演艺术。她主演的《歌舞大王齐格飞》（*The Great Ziegfeld*，1936）和《大地》（*The Good Earth*，1937）曾连续荣获第9届、第10届奥斯卡最佳女主角奖。

② 弗雷德里克·马奇（Fredric March，1897-1975），美国电影演员，曾凭借《化身博士》（*Dr. Jekyll and Mr. Hyde*，1931）和《黄金时代》（*The Best Years of Our Lives*，1946）两获奥斯卡最佳男主角奖。

③ 罗伯特·本奇利（Robert Benchley，1889-1945），美国幽默作家，以其新闻专栏作家和电影演员的身份而闻名。本奇利曾参演希区柯克的《海外特派员》（*Foreign Correspondent*，1940）和歌舞片《好姑娘？》（*Nice Girl?*，1941）。

后又以自己的经历现身说法：[80]

> 不知道在座的各位有没有受过伤……发生的
> 那一刻……并没有很疼。……但大约半个小时之
> 后，当震惊褪去，疼痛就开始了……要是救护车
> 迟迟不来，你会真正感觉到什么是生不如死。

斯科特·菲茨杰拉德当天就坐在爱乐乐团演奏厅的观众席上，他觉得纪录片"令人赞叹不已"，并在他写给查尔斯·斯克里布纳之子公司的麦克斯·珀金斯（菲茨杰拉德和海明威两人的作品都是由他编辑出版的）的信中说，他在海明威的话里听出了"近乎宗教的东西"。[81]

好莱坞的盛大巡演终成为《西班牙土地》这部纪录片的高潮。在纽约 55 街剧院和华盛顿的国家新闻俱乐部（National Press Club）等地放映之后，纪录片获得的评论毁誉参半。电影艺术和政治宣传之间的矛盾让评论家们感觉很复杂。不久这部电影就无人问津了，成为电影史教学中的有趣案例。[82]

随后伊文思便出人意料地宣布，他在西班牙的任务完成了。他即将关注一场新的战争，那场战争正在中国升级。海明威和盖尔霍恩很难接受这突然的变故，不过这几乎肯定是共产国际的命令。从前线到白宫，他们跟荷兰人一起经历了那么多风风雨雨。现在

团队就要解散了，一名成员要前往地球的另一端。盖尔霍恩记得她当时觉得伊文思和海明威献身的方式是不同的：[83]

> 我们在纽约花了那么大力气宣传《西班牙土地》，就好像离了它地球就不转了一样。尤里斯没有重返西班牙之事始终让我惊愕不已。欧内斯特和我回去了，而他没有。我觉得他大概终归没有像我们那样，对那片土地投入了太多的感情。

海明威担心共产国际的注意力已经从西班牙转移至别处，在1937年夏天，这是他和盖尔霍恩无法想象的，事实证明确实如此。[84] 这位作家仍然在另一个方向前进，更加投身于共和国的事业了，这也让他和苏联人走得更近，在他看来，那是共和国最好的外国友人。在像伊文思这样忠诚的共产国际拥护者被重新调遣之后，海明威却加深了他跟留在西班牙国内的苏联间谍的友谊，他的友好姿态自然令那些人大喜过望。

第三章　重返西班牙：坚持到底

　　此次行程最艰难的部分之一，是说服修车库老板在那辆汽车几近完美的表面泼上油漆，以破坏它的外观。1937年夏末，海明威准备到西班牙的一个偏远角落去探访一个共和军游击队营地，出发前他希望尽可能保护好自己免受敌军空袭，这种自制的土法迷彩总好过裸奔。在保险杠上捆好一两个备用的汽油桶之后，他从巴伦西亚出发，先是在地中海沿岸较为平坦的柏油路上行进，随后转上通向特鲁埃尔（Teruel）山脉的小路。山路本不适合军用卡车和指挥车行进，如今它们一辆辆驶过，必定留下了一路的坑坑洼洼。海明威的车，大概又是一辆据说有着推土机一样强大变速箱的道奇车，用了大约两个小时走了45英里，缓慢而稳健地绕过一个个急转弯。

　　海明威的目的地是一个名叫阿尔凡布拉（Alfambra）的小镇，它有股质朴的美，一条与小镇同名的小河环绕着贫瘠荒芜的丘陵，河边长着一圈植被。海明威在一个被改装成营房的简陋房子里见到了他要找的游击队指挥官，很快就明白那里的负责人、快人快语的波兰共产党员安东尼·赫罗斯特（Antoni Chrost）并不欢迎来访者，尤其不欢迎记者。海明威这个名字对他来说毫无意义。欧内斯特拿出了中央军的通行证，上面盖满了显示签发机构权威的印章。通行证命令每一位共和军指挥官为持证人的工作提供协助，海明威总喜欢跟赫罗斯特这样的人说，他的工作性质更像作家而不是记者。

大概是通行证起了作用。赫罗斯特最终同意让作家三个星期之后回去参与一次破坏行动——虽然他会派人监视海明威，以防万一。第二次，海明威跟游击队员一起在营地和战场上奋战了四天。他们借给他一支左轮手枪，请他在前往目的地的 15 英里行军路上帮忙扛手榴弹和食物。

一支 30 人的队伍在黄昏出发，悄然穿过法西斯的战线，在一条公路附近（而不是在路上）前行，最终在黑夜的掩护下，他们爬到了希洛卡河（Jiloca River）上一座小桥上的铁轨附近。不久他们听到远处有火车驶来，看到机车的火光点亮了夜空。火车的行进速度不快，给了爆破手足够的时间小心准备炸药，海明威则伸手到背包里去找自己的照相机。在赫罗斯特的迫切要求下，他关掉了闪光灯，但还是利用爆炸那一刻的火光拍下了袭击照片：桥在火车头到达河边的前一刻倒塌了，车厢脱轨，铁轮掘翻了土地，半天才消停下来，变成一堆无用的废金属。游击队员们没等敌人反应过来，便立刻启程回营了。[1]

尤里斯·伊文思去中国之后，海明威曾三次重返西班牙。荷兰导演会继续给他这位美国朋友写详细的长信，其中一封写于1938年1月28日的信长达20页，敦促海明威坚持到底。[2] 海明威应该像1937年时一样，继续用自己的作品为共和军辩护；他应该把自己的反法西斯戏剧《第五纵队》（ *The Fifth Column* ）搬上舞台乃至大银幕；他应该与运动的参与者保持联系，让他们为他解释发生在巴塞罗那的事件；一旦他准备好了，一旦有什么他"愿意与我们的领袖人物之一"协商之事，就应该毫不犹豫地"行动"。最后，他应该来中国，这里是反法西斯战争的新前线。

伊文思的大部分建议都被当成了耳旁风。海明威不想去中国工作，更不要说与共产国际结盟。他将继续伊文思为他打下基础的事业，好好利用苏联和共产党的新联络人。不过他会以自己的方式支持共和军。他要自任政委。他不仅仅是伊文思及其事业的宣传员。伊文思似乎不明白，海明威在西班牙也有自己的追求，他还是个人道主义者、军事顾问以及最重要的，一位作家。正如他曾试图对游击队员们解释的那样，作家跟记者不是一回事。记者想要报道事实，一旦审查获得通过，便将它们公之于众，作家则希望吸收和消化战时的经历和体验。

最能替代伊文思在海明威生活中的角色的人，是德国共产主义者古斯塔夫·雷格勒，这是海明威在西班牙遇到的比较有趣，因而也很有魅力的人物之一。[3] 此人如电影明星一般英俊，他曾在《西班牙土地》中出演配角就是证明；他有点像更加理性的加里·库珀。[①] 雷格勒的战斗经历是他与海明威建立友谊的敲门砖。在第一次世界大战中，他曾在战壕里为德国皇帝而战。战后他成为一名坚定的共产主义者，为党的事业置生计乃至性命于不顾。他曾在1934年与伊文思合作拍摄了一部关于德国的宣传纪录片。那次经历给他留下了不好的印象：他觉得伊文思有点儿太花言巧语、太玩弄权术了。于是当他在西班牙遇到伊文思和海明威在一起时，他想这位"笑面虎伊文思"大概正在弄"另一部自欺欺人的纪录片"呢。[4]

1936年雷格勒住在莫斯科，他带着怀疑、厌恶和恐惧参观了斯大林早期的一次审判秀："我看到囚车

作家、水手、士兵、间谍

---

① 加里·库珀（Gary Cooper，1901–1961），美国知名演员，曾五获奥斯卡最佳男主角奖提名，两获奥斯卡最佳男主角奖，一次获金球奖最佳男主角。1961年获得奥斯卡终身成就奖。

停在莫斯科大剧院的后面。它们看上去跟沙皇警察用的那种厢式货车差不多……我（还）想起了在慕尼黑从我身旁过去，走向死亡的（一名囚徒）。"[5] 在苏联遇害的人里有他的一位保护人，伟大的革命家列夫·加米涅夫（Lev Kamenev），在那年8月被审判并枪决。雷格勒不知道下一个是不是他，所以当共产国际同意他的请求派他前往西班牙时，他大松一口气。在那里，他成为第十二国际纵队的一名政委。

有些政委会采取高压得多的手段，但雷格勒与他们不同，他认为自己的任务是一方面保持军队的士气，另一方面与平民合作。1938年，他成功地保护一批价值连城的画作免遭蹂躏，把妇女和儿童从交战的村庄中安全转移出去。[6] 他说政委有责任"停止两方面的……残酷行径"，这句话很可能是真诚的。再次为正义而战的感觉真好：在他看来，"英雄的西班牙"的风气正在吹散"莫斯科的恶臭"。[7] 他眼看着"正义的俄国"登上历史舞台，却担心"邪恶的俄国"也许就在不远处。

如果说伊文思曾试图让海明威了解"正义的俄国"，以及它为反抗法西斯所做的一切，雷格勒则毫不犹豫地透露给美国人何为"邪恶的俄国"及其种种恶行。他给海明威讲了一个故事来阐释两者的不同。一个法国部队的士兵曾自愿请他跟他们一起讨论一个问题。在最近的一次战斗中，两位法国士兵绝望崩溃，以为自己周围都是敌军,高喊着让大家赶紧跑。雷格勒让人逮捕了他们,后来认定他们犯了战斗疲劳症。他把他们送到一家疗养院,继而向国际纵队总政委、法国共产主义者安德列·马蒂报告了自己的做法。

马蒂还在法国海军当水手时就参加革命了。1917年俄国十月革命之后,他组织了一场哗变,阻止他的军舰在战斗中向布尔什维克开炮,因此在共产主义圈子里闻名遐迩。20年后出现在西班牙时,他已经是一名高级军官了,这位壮汉有发胖的趋势,双下巴,发际线逐渐后退,总是戴一顶过大的贝雷帽盖着。好像他的黑色皮夹克和大号手枪的震慑力还不够似的,他动辄高声大叫,几乎看谁都像叛徒。8

拿到雷格勒的报告,马蒂说他知道该怎么做,便接手了案子。然后他命令"一支俄国枪决小队"向那两名士兵开枪。9 雷格勒记得海明威听到这个故事,喊道"猪猡!"并朝地上吐了口唾沫。10 这个举动让雷格勒跟海明威亲近起来,后来他一次又一次地证明自己的友谊,对美国人吐露心中所想:"我把曾亲眼见到过的行动和危机的内幕都告诉了他。我让他了解我们的损失,只要有可能,便让他预先知道一些资讯,我相信他真的懂得……"11

就连雷格勒也没有在他的回忆录里提到,是他介绍海明威认识了残暴俄国的另一位代表,内务部情报

站长奥尔洛夫。会面地点是盖洛德旅馆，时间大概是
1937年春。奥尔洛夫并未以官方头衔跟海明威见面，
但他猜想海明威知道他的身份。（对盖洛德的常客们
来说，那几乎不是什么秘密。）首次会面没有太多内
容。他们一边喝着伏特加和西班牙白兰地，一边用英
语聊着他们对武器的共同兴趣，并没有谈及政治。盖
尔霍恩来了，她的魅力让奥尔洛夫折服；他们聊到了
两个人都喜爱的奥地利美食和音乐。[12]

1937年夏天，奥尔洛夫一直注意着新闻中报道
的海明威在纽约和好莱坞的壮举。尤其是他通过内务
部的渠道读到了关于在卡内基大厅举行的作家大会的
报道：[13]

> 据各个来源报道，海明威的演说是大会的
> 高潮。……他……猛烈攻击法西斯，用犀利的言
> 辞把他们碾成齑粉。……海明威在公开场合……
> 采取如此积极和坚定的政治立场，让（内务部）
> 大为惊喜。

基于海明威在纽约的英勇表现，奥尔洛夫决定内
务部将赋予海明威以全权，给予他在西班牙期间所需
或所想的任何官方协助。[14] 1937年9月，海明威重返
马德里，再次出现在盖洛德，告诉雷格勒他想更多地
了解共和军游击队，据说那些游击队员在战斗中表现

出了刚劲勇猛的作风。由于雷格勒可以随意出入内务部，他有机会亲自把海明威的需要告诉奥尔洛夫。奥尔洛夫曾在俄国内战期间有过与白军叛乱者战斗的经验，便想象自己是个游击队作战的专家，也乐意炫耀一下自己的作战计划。虽然这么做违背了内务部高度保密的要求，但奥尔洛夫还是为海明威破了一次例，毕竟海明威对他们的事业充满同情，又是身在西班牙的最有威望的记者，把他拉到自己的阵营是很有意义的。因此，奥尔洛夫安排海明威前往贝尼玛米特（Benimàmet），那是内务部地盘上的一个秘密游击队训练营。

海明威在贝尼玛米特的导游是奥尔洛夫的副手列昂尼德·埃廷贡（Leonid Eitingon），这位胸肌发达的内务部军官管理着游击队的日常事务，给人老练精干的印象。从照片上看，奥尔洛夫是个很紧张的人，而埃廷贡的照片却显出他的坚韧和人格魅力，甚至还有些许幽默，这着实不寻常，要知道他的工作可是谋杀斯大林的敌人。[15] 在海明威探访期间，埃廷贡非常费力地讨好他，引领他参观的路线显然是事先精心计划好的。苏联人引他参观和了解营地训练的每一个阶段，那些粉刷一新的灰泥建筑物竖立在毫无特色的平原上，看上去有一种严肃正经的气势，让作家海明威印象深刻。

中午，奥尔洛夫招待海明威享用了一顿盛大的午餐，拿出了他专为特殊场合准备的上好法国葡萄酒。他还倒了一杯名为巴切夫斯基的波兰伏特加，这可是罕见的好东西，是他请一位驻维也纳的内务部同事定期运到西班牙供他享用的。午餐后，奥尔洛夫和海明威前往训练营的一个步枪射击场去用苏联武器射击。午餐时喝了那么多酒，海明威仍然展示了一流的枪法，让奥尔洛夫大吃一惊。参观快要结束时，奥尔洛夫送了海明威一瓶珍贵的巴切夫斯基让他带回旅馆。海明威对内务部的盛情款待表示感谢，苏联人觉得他简直"大喜过望"。[16]

奥尔洛夫或许进而促成了海明威的阿尔凡布拉之行，1937 年秋，他在那里与共产主义游击队共度了四天时光。他们还允许他旁观了袭击民族主义者火车的战斗，该场景后来在小说《丧钟为谁而鸣》中推动了情节发展。有些证据是间接的：贝尼玛米特和阿尔凡布拉两地相距约 100 英里；海明威大致是在同一时间探访两地的；奥尔洛夫或许对波兰指挥官安东尼·赫罗斯特及其属下施加了影响乃至下了命令，后者可能是在贝尼玛米特训练的。奥尔洛夫本人也曾暗示两地之间有联系，多年后他肯定地说"海明威书中写到的大部分情节"都源于他的贝尼玛米特之行，还说他很高兴在伐洛夫这个人物的身上看到了自己。[17]

几个月后，奥尔洛夫和海明威又见面了。这是 1938 年 11 月 7 日布尔什维克革命的官方纪念日，也是胜利保卫马德里的两周年纪念日。整个西班牙共和军的领土上都在举办热烈的庆祝活动。[18] 在盖洛德午餐期间，海明威滔滔不绝地讲起他的贝尼玛米特之行有多么愉快，还说他带回去的那瓶伏特加真是绝世珍品。几杯酒下肚，海明威开始侃侃而谈。他"激烈地抨击佛朗哥和民族主义者"，"高度赞扬"国际纵队和共和党人。后来证明，这是奥尔洛夫最后一次跟海明威面谈，但这位精明的情报官员听说和阅读的内容已经足够他就这位美国作家得出结论了。奥尔洛夫记忆中的海明威不是苏联控制下的人，而是一个"坚毅的个人主义者，户外运动的高手，最重要的是在西班牙内战中，他是共和国事业真正的信仰者"。[19]

事实上，奥尔洛夫对像海明威这样的真正的信仰者是有所保留的。在工作中做决策时，奥尔洛夫既悲观又现实，并不受太多意识形态或信仰的驱使。多年后他会暗示说海明威因为被自己的信仰体系所困，显得进退失据："那位作家，还有像他那样的人，是战争的主要激励因素，因为他们让世界舆论倒向共和军一边……这毫无必要地延长了那场战争。"[20]

如果能听到这话，海明威大概会因为奥尔洛夫评价他的影响力如此之大而感到高兴。他一向自认有着超凡的影响力，坚信他口中和笔下的西班牙是他人的行动基础。举例来说，年轻的共产主义作家阿尔瓦·

贝西曾听说，海明威坚信贝西是听了他 1937 年 6 月那个炎热的夏天在纽约市对信仰者的讲话之后，受到激励，才前往西班牙并参加了亚伯拉罕·林肯营（在这个共产国际为共和国事业而组织的营队中，成员大多是美国人的，这一说法让贝西大为吃惊。[21] 在他的回忆录《战斗的人们》中，贝西引用了海明威的说法，说他知道"那次演说影响了很多孩子，激励他们来到这里"。[22] 贝西接着说，这是"那人的自大狂又犯了……我在（听他的演说）之前很久就决定去西班牙了。这么做是为了走出自己的婚姻"。

在战场上，海明威仍然时而旁观，时而参与战斗。他与《芝加哥论坛报》（*Chicago Tribune*）的杰伊·艾伦（Jay Allen）和《纽约时报》（*New York Times*）的赫伯特·L. 马修斯两位同行记者一起行进了很长的里程，每当有共和政府拥护者需要他的帮助，他会毫不犹豫地放下自己的记事本和笔。1937 年 12 月，他先是向艾伦演示了空袭时如何在嘴里衔着一支铅笔，让嘴一直张着，以此来保护鼓膜，然后又请艾伦来帮忙推一门陷在泥里的大炮，艾伦拒绝了，声称自己受雇来写新闻稿，又不是来参加战斗的，这让海明威很生气。海明威也不赞同艾伦紧接着就战争法大放厥词，说什么记者没有合法权利持有辅助武器。[23]

海明威在 1938 年春天一个阳光明媚的日子再次
投身战斗。那天他跟乔·诺思（《新群众》的那位著
名编辑）和马修斯一起驾车行驶在西班牙的一条山路
上，他们前面那辆卡车上的年轻人高唱着共和国歌
曲，用共和国的方式举起拳头向他们问候。他说那是
最为激动人心的时刻。但紧接着，卡车司机就转弯失
误，翻了车。孩子们横七竖八地躺在公路上。海明威从
自己的车上跳出来施以急救，而马修斯却拿出笔记本开
始对伤者提问。诺思记得他听见海明威对马修斯高喊，
说他要是再不滚开，他，海明威，就杀了他——那时诺
思觉得他跟海明威比较性情相投。[24]

到 1938 年春，不止一个中立观察家开始不再对
共和国抱有希望。民族主义者在北方站稳了脚跟，开
始进攻南方，为的是进一步分割共和国余下的领土。
3 月底，就连海明威也觉得有必要作最坏的打算了，
他跟另外两位记者一起，向法国和西班牙的美国使馆
求助，请他们准备遣送仍然身陷战争中的美国人，特
别是伤员。[25] 海明威再次表示愿意承担更多的筹资和
组织工作。他主张严格保密，因为他不想让人觉得他
已经丧失了对共和国的希望，几天后军事局势"不可
思议地"稳定下来之后，他才大松了一口气。[26]

海明威和马修斯四月初在战场上偶遇贝西时，他

的表现又像个为共和国摇旗呐喊的人了。他们相遇的地点在托尔托萨（Tortosa）镇附近，面对法西斯强有力的进攻，亚伯拉罕·林肯营那些训练不足的步兵正在那里帮忙守住阵线。贝西不怎么喜欢马修斯，觉得此人"愤世嫉俗""郁郁寡欢""跟个苦行僧似的"。此外，高个子大块头、脸色发红的海明威却像是"你能见到的最高大的人物之一"，"急切得……像个大孩子"，就战斗情况问个不休。海明威不肯灰心丧气。他表扬共产主义者"树立了榜样，不停歇地鼓舞军心，无条件地忠于信仰"，这有助于建立一支统一的反法西斯军队。他最后说，战争会进入新的阶段，政府方面的抵抗会加倍，因为到处都是善良的人们，看到被法西斯冷血杀害的"妇女儿童和老人"越多，他们只会越来越愤怒。[27]

只要看到一丝胜利的机会，海明威关于战争的话语和文章基本上都是乐观向上、对共和国一方有利的。问题是如何维护反法西斯人民阵线。他为北美新闻通讯社所写的文章读来更像是宣传而不是报道，更不要说他为苏联报纸《真理报》所写的文章了。[28] 他攻击法西斯，特别是他们轰炸平民目标的习惯，在他看来简直就是杀人。他描述了共和军的艰难、隐忍和勇敢。听到有人指控亲政府部队犯下暴行时，他为他们辩护，他呼吁民主国家放弃自己的不干涉政策。

和其他许多人一样，海明威热切地坚信西班牙是终结法西斯之地。如果民主国家不行动起来而让法西斯取得了胜利，他们就要承担"命运带来的全部后果"。[29] 他对共和军一方的缺点不做任何探讨，也不想从民族主义的视角报道这场战争。有人请他这么做时，他只有一次心不在焉地试图进入民族主义者的地盘。[30] 新近创立的《眼界》（*Ken*）杂志发表了两幅反共产主义漫画之后，海明威甚至打消了为该杂志做编辑的念头，因为他想，"给人扣上赤色分子的帽子加以迫害"会破坏人民阵线。[31]

海明威 1937 年的戏剧《第五纵队》讲的就是抓捕间谍的事。[32] 故事说的是一个名叫菲利普·罗林兹的美国人，他和海明威一样，与金发女友一起住在马德里的佛罗里达旅馆，是齐科特酒吧的常客，常常有多余的食物分给比他运气差的人。但跟海明威不同的是，他的主业不是作家。罗林兹自称是个"警察"，是"反间谍"专家，在这场"不宣而战的战争"中，他"已经报名要打到底了"。罗林兹有些不恰当的台词，诸如"我的时间就是党的时间"，以及"关于命令只有一个定义，必须遵守"。他已经在西班牙待了大约 12 个月，上司是名叫安东尼奥的鹰钩鼻安全官员。大多数学者认为，安东尼奥这个人物的原型是佩佩·金塔尼利亚［Pepe Quintanilla，此人碰巧还是海明威在战前结交的艺术家路易·金塔尼利亚（Luis Quintanilla）的兄弟］，一个冷酷的秘密警察。罗林兹非常擅长抓捕间谍——"秘密的'第五纵队'成员",他在城中四处转悠时总是竖起耳朵打听这类信息,要么就是审问囚犯。他甚至还领导过一次袭击,目标是法西斯守卫的一个秘密炮队观察哨,抓住了下令炮击马德里平民目标的那些人。这部戏剧最终给读者留下的结论是,共和国要想继续下去,就需要像安东尼奥和罗林兹这样的人。

海明威的立场如何?十几年后再回首那段经历,他承认,在那场西班牙战争中,他变得"如此气急败坏地充满正义感",以致他自己"回想起来都觉得恐怖"。[33] 对海明威来说,西班牙内战不仅是想要当战士的作家的一条出路,也不仅是他下一篇报道或下一本书的资料来源。无论在口头上还是行动上,战场上还是战场下,海明威都在为共和国和反法西斯而战,不管那是否对他的事业有丝毫助益。他愿意牺牲个人的利益,也愿意牺牲自己的事业。

海明威不止一次近乎宣称,在这场战争中,为达目的可以不择手段。和许多其他左派作家和知识分子一样,他深深爱上了反法西斯、亲共和国的事业。在令人眼花缭乱的十年危机中,那是一个绝对正确的政治反应式:自由对压迫、民主对独裁、进步对反动、平民对寡头、生对死。那是思想者很可能会理想化的事业。伟大的英国诗人 W. H. 奥登(W. H. Auden)就在他关于西班牙的不朽诗篇中说出了许多人的心

声，他问道：34

> 你们想干什么？建立正义的城吗？好，
> 我同意。或者立自杀公约，浪漫的死亡？
> 那也不错，我接受，因为
> 我是你们的选择和决定：我是西班牙。

在为吉姆·拉德纳（Jim Lardner）这位在国际纵队的最后几次战斗中牺牲的美国年轻人撰写的悼词中，海明威几乎呼应了奥登的理想主义和宿命论：35

> 我们的死者现在已是西班牙土地的一部分，
> 而西班牙的土地却永远不会死亡。每个冬天看起
> 来它是死去了，但每个春天它会再活过来……
> 从来没有谁比那些死在西班牙的人更庄严地埋入
> 土地。……

1938 年底，国际纵队解散，共和国的外国志愿者也被遣送回国，这一决定的官方理由，是安抚不干涉委员会（Non-Intervention Committee），该委员会是欧洲各国政府为限制外国势力干预西班牙内战而建立的。但他们的离境同时也再次标志着胜利的希望渺茫。10 月底，政府急不可待地在巴塞罗那安排了一场送别游行，外国士兵们穿行在友好的民众中，那天

估计有 30 万民众到场。民众朝士兵抛掷了无数鲜花，以至于游行队伍不得不在花海中曳地而行，所经之处，人们都高举着共和军领袖和斯大林的大幅照片。他们倾听着外号"热情之花"的多洛雷丝·伊巴露丽（Dolores Ibárruri）的讲话，后者行为夸张，是个共产主义领袖和演说家，她告诉国际纵队队员，他们可以骄傲地踏上征程；他们已经完成了自己的使命，此刻他们已经归入历史，成为传奇。讲话之后，号手们为那些在战斗中牺牲的外国人吹奏起《思念曲》（"Taps"），用一位见证者的（同情的）话说，"全巴塞罗那都脱帽饮泣"。[36]

1938 年 11 月初，当他在共和国首都巴伦西亚听说这一事件时，忠实信徒海明威的信仰动摇了。因为无法再对未来报以乐观情绪，他崩溃了。一次空袭中，海明威和盖尔霍恩在下榻的旅馆里遇到一个外国人：曾经指挥过加里波第纵队（Garibaldi Brigade）的意大利人兰多尔福·帕恰尔迪（Randolfo Pacciardi）。他正准备离开西班牙，又无家可归（意大利已经在法西斯的统治之下）。盖尔霍恩记得，他伤心欲绝、无家无国、不名一文，却丝毫没有抱怨命运的不公。[37]

见了帕恰尔迪之后，海明威和盖尔霍恩继续上楼来到自己的房间。不久她听到了欧内斯特的哭声。他在楼梯上，靠着墙，为帕恰尔迪而哭，他说："他们不能这么干！他们不能这么对待一个勇敢的人。"[38] 盖尔霍恩写道，海明威痛哭的是政府随便敷衍说几句感谢的话便解散了国际纵队，让帕恰尔迪这样的人落寞而归，"没有……钱，没有证件，也看不到未来"。[39]这是盖尔霍恩第一次，也是唯一一次听到海明威哭泣，这让她更加深爱这个男人了。

海明威自己对他在巴伦西亚情绪崩溃的解释是，"如今活着的人中怕没有谁不曾在战争中哭泣，只要他参加战争的时间够长。……有时那是因为另一个人受到了极大的不公，有时是因为某个一起同甘共苦的兵团或部队解散了……再也不会重聚"。[40]

和帕恰尔迪一样，很多外国人离开西班牙之后都命运叵测。英国人、加拿大人和美国人可以回国，但因为他们为共和国而战时跟军队中的许多共产主义者有染，也会受到官方的怀疑。苏联人及其盟国的人可以回到苏联，但许多人将死于新一轮毫无意义的斯大林主义大清洗。德国人和意大利人无法回国，不得不寻求其他国家的庇护，而这么做往往是徒劳的。

大约与国际纵队撤离同时，海明威最后一次离开了西班牙。他知道，西班牙战争远没有结束。而他也远没有准备放弃为捍卫共和国价值观而战斗到底。和他笔下的人物罗林兹一样，他也喜欢说自己已经报名要打到底，并不止一次地宣誓要继续与法西斯作战，不管打败敌人需要多久，哪怕是持续五十年的不宣之战。[41]

第四章　**丧钟为共和国而鸣：**

海明威见证了历史

到 1939 年 2 月初，佛朗哥的军队占领巴塞罗那后，数万名共和军士兵、随军流民和同情者走在从北面和东面出城的公路上，避开正在城中为胜利狂歌痛饮的法西斯分子。法西斯只要看谁像共和国的人，就不由分说地开枪射击。那些双车道公路其实更像乡间小路，有尘土飞扬的路肩，路上挤满了难民，有的搭乘轿车和卡车，有的步行，还有的坐在驴背上。农妇们赶着鸡牵着羊；母亲们领着孩子，人群涌向法国的避难所。[1]

几辆卡车载着法西斯的飞行员，这些是俘虏，不知为何仍在共和国空军的手里。那些飞行员和他们的敌人互相辱骂，发誓彼此不共戴天，诅咒对方下地狱。但大部分共和军士兵都安静有序地行军。在即将越境进入法国前那个阳光明媚的日子，他们最后一次整顿队形，继而由几位军官进行了一次小型阅兵仪式，军官中就包括臭名

昭著的安德列·马蒂。随后，士兵们把自己的步
枪扔在成堆的武器装备中，任其凌乱地散布在西
法边境西班牙这边的石头地面上。有些留下来战
斗到最后一刻的国际纵队队员向前靠拢，唱着
歌挺进法国。听到法国宪兵命令他们安静，喝道
"禁止唱歌！"时，他们感到阵阵凉意。[2]

作家海明威在基韦斯特读到了共和国濒死挣扎的
消息。他的心仍在西班牙，但已经接受了共和国末日
将近的结局。他的态度就像第一个从战场归来的退伍
老兵那样，听到自己的同志们仍然手持武器在战斗，
感到既愤怒，又内疚。有些记者报道赤色分子的暴
行，或者声称佛朗哥一方更加人道（这当然是歪曲事
实，但不止一个知名记者这样报道），令他怒不可遏。
在写给岳母（鲍莉娜·菲佛的母亲，海明威虽然已
跟玛莎·盖尔霍恩浓情蜜意，但仍对鲍莉娜的母亲充
满依赖）的信中，他说那些指控根本不是事实。[3] 他
见过"一个个城镇被炸成平地，居民横死，路上成群
的难民一再遭到轰炸和机关枪扫射"。那是"一种摧
毁内心一切信念的谎言"。想到他的好友们还身处战
火最炽之地，他简直无法忍受，早知今日，真不如和
他们并肩待在一起。他接着说，他"整个战争期间，
在西班牙的每晚都能安然入眠"，饥饿时时伴随，他
却感到了从未有过的快乐。他最后说，"人的良心很

奇怪，它既不受安全感的驱使，也不被死亡的威胁所控制"。[4] 一天后他写信给麦克斯·珀金斯说他"每晚噩梦不断……那确实是些可怕的梦，可怖的细节清晰可见"。[5] 这很奇怪，因为他在西班牙从未做过噩梦。

这些都没有改变他对政治的看法。他仍然因为民主国家袖手旁观、任共和国自生自灭而悲愤不已。西班牙"以不同的方式被出卖和背叛了十几次"。[6] 在他看来，英国仍然是头号大恶人。他还在宣传他的戏剧《第五纵队》，该剧主旨就是为实现反法西斯的目的，可以动用残酷的手段。纽约的制作人们不急着上演这部戏，原因恐怕是"这场战争变质了"，但海明威仍希望把它搬上舞台。"哦天呐，我多么希望我当时把它写成小说"，他对珀金斯说。[7] 然而当时身陷战局，他没有时间写小说。

几周后，战争终于在那年3月结束了。民族主义者进入马德里之后，实施了各种野蛮暴行，仿佛一切都按照共和军宣传员所写的剧本如期上演。先是寻欢作乐。为庆祝胜利，占领军的士兵放手掠夺、尽情吃喝。神父、民族主义警察和共和军保皇派穿上各自彰显立场的服装和制服，在公共场合耀武扬威。与庆祝活动同时进行的是全面镇压。大城市纷纷点燃了焚烧"马克思主义"书籍的火堆。像在巴塞罗那一样，共和党人及其同情者被当作国家敌人清洗出去。他们遭遇的报复至少是失业和丢掉生意。成千上万的人径直被枪杀。谁也不知道到底还有多少人被赶入临时建立的集中营——或许有几万乃至数十万。有些人被关押数月乃至数年；更多的人被判处长期劳改，有时这些判决就在临时军事法庭进行。[8]

那些成功逃离西班牙的共和党人的境遇也没有好多少。除墨西哥外，没有一个民主国家欢迎难民。离得最近的民主国家法国很快就被难民潮淹没了，难民人数一超过20万，法国的态度就变得愈加矛盾。身在法国的大部分共和国难民就像进入了另一种集中营，食物糟糕，卫生条件恶劣，几乎没有什么可以用来遮风挡雨。

在海明威和盖尔霍恩看来，民主国家的声望几乎降到了历史最低点。它们在西班牙的记录已经够糟了，如今又加上了捷克斯洛伐克，1938年9月，它们在慕尼黑出卖了捷克斯洛伐克。面对希特勒声称苏台德区（Sudetenland）是德国在捷克斯洛伐克境内的"合法"领土，为避免战争，英国首相内维尔·张伯伦（Neville Chamberlain）和法国总理爱德华·达拉第（Édouard Daladier）屈服了。希特勒得寸进尺，把那个国家剩下的领土也全都纳入自己的势力范围，于1939年3月完成了吞并过程。和海明威一样，盖尔霍恩也把发生的一切归咎于英法两国，特别是英国，"张伯伦把欧洲拱手让给了独裁者"。[9]

现在是海明威收心工作的时候了。3月23日，他写信给苏联文学好友伊凡·卡什金说："一旦战争开始，唯一的目标就是胜利——我们没有实现那一目标。现在，去他的战争吧……我没死在战场上，所以必须要工作了。"[10] 他接着对卡什金说自己正在写一部小说；已经写了 15000 字。他告诉卡什金，自己的心仍在西班牙，还痛斥那些没有出力捍卫共和国，而今却在攻击为共和国而战之人的败类。"我们"已经"竭尽所能地战斗，毫无私心"。两天后他在写给麦克斯·珀金斯的信中表达了同样的意思。看到法国那样对待共和国，他觉得自己没有义务跟他们站在同一立场反对德国。不管怎么说，此时他更重要的任务是写短篇小说和一部关于战争的长篇小说。[11]

　　海明威已经写了五部关于战争的短篇小说，包括《蝴蝶与坦克》("The Butterfly and the Tank")、《告发》("The Denunciation")和《决战前夜》("The Night before Battle")。[12] 这三部都以不加掩饰（有时难免显得啰唆）的细节描述了他在共和国的战斗生活。那位阿尔瓦·贝西在战场上见到的乐观的海明威，如今变成了现实主义的海明威，愿意公开讨论共和国的缺点，但愿共和国的领袖们更能干一些就好了。《蝴蝶与坦克》定下了基调，讲的是一个人在一家名叫齐科特（就是现实中海明威常常光临的那家酒吧）的酒吧里恶作剧，愚蠢地为之送命的故事。就像蝴蝶遭遇了坦克，一个人的玩笑也会与战争的严肃性发生碰撞。《告发》是一个冷酷的故事，讲的是当看到一个法西斯军官出现在马德里他最喜欢的酒吧（不足为怪，自然又是齐科特酒吧）时，必须要告发他。问题在于这个法西斯军官现在穿的是共和军军装，还问了许多关于战事的问题。故事的两位主人公安排秘密警察来审问这位不请自来者，后将他带走，当作密探执行了枪决。在《决战前夜》中，一位美国共产主义战士确信他会死于第二天的一场不明智的战斗。他对共产主义事业笃信不疑，也了解身为战士必将身处危险，却对那些下令战斗的领袖们的能力提出了质疑。

海明威写这些小说的时候，欧洲的局势继续恶化。欧洲大陆已经为近在咫尺的战争做好准备。西方同盟国开始与苏联谈判，探求是否有可能为对抗德国结成军事同盟。但此举三心二意，自然毫无结果。1939 年 8 月 23 日，苏联和德国两国的外交部长宣布他们签订了一份互不侵犯条约，承诺未来十年不彼此攻击。希特勒签订此条约是因为他想在西线放手一搏，斯大林则想在万事齐备之后再与希特勒开战。（他杀死了那么多优秀军官，因而需要更多时间为战争做准备。）两位独裁者还愉快地签署了一份瓜分东欧小国的秘密附录，第一个被祭出的就是波兰，不久它就会有一个德国区、一个苏联区了。两天后，英国签署了一份《英波互助协议》，正式成为波兰主权的早期担保国。

苏德条约成为一颗炸弹，粉碎了打响战争的最后障碍。[13] 东翼一旦安全，希特勒的军队便把焦点放在了西面的法国和英国。共产主义苏联和纳粹德国结盟也改变了左翼政坛的图景。人民阵线，也就是自由主义者、社会主义者与共产主义者反对法西斯的脆弱（且往往是神秘的）同盟，就此瓦解了；同时瓦解的还有共产国际，整个 1930 年代，它都在宣传人民阵线的反法西斯思想。对许多共产国际领导人来说，苏德条约就是一纸死刑判决书，他们终将死于看似不可避免的清洗。那些在共产国际的旗帜下为共和国而战的国际纵队成员们如今被召回莫斯科，被捕并遇害，原因是他们现在太过国际主义，因为曾生活在西欧而受到了污染。天才的威利·明岑贝格曾为共和国事业出生入死，如今却成了孤家寡人。1940 年他的尸体出现在法国的一棵树下，多半是被内务部所杀。对左翼犹太人来说，党不再是他们对抗希特勒和反犹主义的安全的政治大本营。如果留在党内，他们就等于跟自己的仇敌希特勒站在同一条战线上，而希特勒可毫不掩饰要彻底消灭他们的意图。

党的路线向来教条武断、自以为是，仿佛只有一种思想正确的世界观。它们从来没有为微妙情感或个人解读留有太多余地，但大多数党员都能够聚焦一两个投其所好的基本路线，例如反法西斯。如今，党突然推翻了这一核心教条，并要求忠诚者们捍卫这一变化。这样的逆转把诚实的男女变成了说谎的人。

对于四分之一的美国共产党员来说，这太过分了，他们彻底放弃了这项运动，再也没有回头。其中有些是文学人物，像曾担任《新群众》编辑的格朗维尔·希克斯（Granville Hicks）。他几乎迫不及待地以低调而知性的方式解释他何以离开组织。他被党的独裁宣言所震惊，觉得他们"完全丧失了清醒和逻辑……如果党的领袖们无法明智地捍卫苏联，就必然会以愚蠢的方式来捍卫这个国家"。[14]

另一个重要的叛逃者是海明威的朋友、人道主义的政委雷格勒。起初他无法相信斯大林与希特勒签订了一份单独的协议。也许这只是又一次不负责任的空穴来风？看到报纸后他才相信那居然是真的。和希克斯一样，雷格勒也无法坦然接受党如今的双重标准思想。曾有一位共产主义医生声称该条约阻止了"真正的战争的爆发"，是"为无产阶级的利益"而签署的[15]，雷格勒无法苟同，虽然那是一个勇敢的人，一个坚强的行医者。

海明威怎么看待苏德条约？雷格勒的书中有几处暗示。西班牙内战之后，雷格勒和海明威仍是好友。他们保持着通信联系，海明威在 1939 年和 1940 年尽其所能地帮助雷格勒，共和国崩溃之后，雷格勒成了难民，海明威一直往法国寄钱给他。后来在第二次

世界大战之初，海明威又发动舆论将雷格勒从愚蠢的
敌侨集中营中释放出来。[16] 雷格勒后来在回忆录中写
道："我们没有钱，也没有朋友，除了海明威，他的友
谊坚如磐石。"[17] 最后法国人终于释放了雷格勒，他
先是去了美国，后来又到达墨西哥，他和妻子在那里
靠绘画和写作勉强度日，他们的作品非常有趣，销路
却不佳。他写作的书籍包括两部关于西班牙内战的小
说，其中一部显然是自传。

《伟大的圣战》（*The Great Crusade*）出版于
1940 年，讲的是一个有良心的共产党员渐渐开始反对
斯大林主义的故事。故事的主人公要在两条战线上战
斗：既要在战场上与法西斯作战，又要反对破坏共产
主义事业的斯大林主义分子。小说篇幅很长，有时晦
涩难懂，却是真情实意之作。其中一章有一个段落提
到对忠诚的革命者而言，幻灭的过程何其痛苦。革命
知识分子尼古拉·布哈林在 1930 年代的清洗中被迫
承认莫须有的罪名，从此便开始质疑生命的意义，追
问自己为何全身心地投入了一场逐渐变质的革命。但
他的求索没有答案，只有"无尽黑暗的虚空"。[18]

海明威或许没有逐页阅读过那部小说，也没有过
多地考虑它隐含的意义，就停下自己的小说，为这部
关于"国际纵队的黄金时代"的小说撰写了序言。他
对雷格勒和第十二国际纵队赞誉有加，雷格勒曾在第
十二纵队服役，海明威也常常到访。海明威写道，战

争期间，那是他心灵的归属。纵队的战士们非常勇敢，几乎始终充满欢乐，因为那时他们认为共和国必将胜利，那是他们一生中"最快乐的时光"。[19]

海明威接着写道，在哈拉马河（Jarama River）附近的山坡上进行的"唯一一次十分愚蠢、计划和执行都毫无章法"的战斗令他愤愤不平，那次战斗大大削弱了该纵队的力量。计划和指挥战斗的那个人"后来在回到俄国后被枪决"，他对这一结局倒还满意。海明威没有提到那位指挥官的姓名，但那想必是共产主义战士亚诺什·加利茨（Ja´nos Ga´licz），海明威称他是一位厌恶新闻记者的匈牙利人，还说他"当时就该被枪毙"。海明威又一次让苏联人无功受赏，内务部不可能是因为加利茨无能而枪毙了他。相反，他之所以被枪毙，一定是因为他曾在西班牙服役，在斯大林偏执狂的观点看来，这足以把他变成一个可疑人物了。[20]

在《伟大的圣战》的序言中，海明威还提到了苏德条约。他的观点与雷格勒大相径庭。德国人认为斯大林首先不该放弃西班牙共和国，更不该牺牲共产主义理想，跟希特勒签什么战术协议。海明威则相反，他愿意相信斯大林是好意："国际纵队在西班牙战斗时，苏联可没有跟希特勒签署任何条约。只有当他们（苏联人）丧失了对民主国家的信心，才产生了（苏德）盟约。"[21] 海明威对条约的支持让读者们大跌眼镜，看似断章取义的误读。但这确实是他当时的典型思维方式。他因为斯大林曾在 1936~1938 年支持共和国和国际纵队而向后者致敬，并坚称在慕尼黑协定之后，苏联独裁者为了自保而别无选择，外人无权为此对他横加指责。[22]

雷格勒似乎了解好友的想法，他说海明威基本上是个"不懂政治"的人。跟政治比起来，欧内斯特倒是更了解丛林法则。他更像个猎人而非政治家；他看待问题"黑白分明"，要么生，要么死。[23] 他不明白"现代独裁者哪怕对童军法则也没有丝毫尊重"。[24] 同样，雷格勒曾在西班牙对一位更有同情心的苏联人说，海明威也不拥护西方民主，他赞同的生活方式，是在像非洲的高山或基韦斯特海域那样的地方最充分地体验生命。[25]

其后几个月发生的事件令人眼花缭乱。9 月，德国入侵波兰。法国和英国向德国宣战，但对波兰的遭遇却无能为力；希特勒轻易便占领了倒霉的邻国，为斯大林根据两国的条约占领波兰东部铺平了道路。接下来发生的事情令许多虔诚的共产主义者目瞪口呆。11 月，斯大林入侵邻近的民主小国芬兰。那是一种旧式的武力抢地，跟沙皇或罗马皇帝的做法如出一辙。芬兰人像大卫对战歌利亚一样反抗入侵，战斗一直持续到 1940 年 3 月。与此同时，英法两国在重兵把守的法德边界与德国开战了。这就是 1939~1940 年冬天的所谓"虚假战争"（Phony War），没有什么实质性进展。

1940 年 5 月，当德军攻破了比利时境内林木茂密、看似难以逾越的阿登森林（Ardennes Forest）时，虚假战争结束了。一队队坦克和机动部队包抄了边境的防御工事，几乎没有遭遇什么阻力就突破了盟军的防线。希特勒用短短六周时间就占领了法国，把英国赶出了欧洲大陆。英国，这个因为没有支持西班牙共和国而遭到海明威最多批评的国家，如今只能以一己之力对战轴心国，只能靠海外领地给予支持。新首相温斯顿·丘吉尔决心一战到底，但英国的前景却很糟糕。很多美国人怀疑它根本无法战胜希特勒，怀疑美国是否应该予以支持。盖尔霍恩就和许多人一样，认为"英国似乎总算要为西班牙和捷克、波兰和芬兰付出代价了"。[26]

在第二次世界大战开始后最初几个月，海明威仍在聚精会神地写那部关于西班牙内战的小说，偶尔露面写几封信或关注一下盖尔霍恩。她在一封信中说他对待手稿"像一头动物"，要么把它紧抱在怀里，要么藏在抽屉里的其他文件下面。他从不愿意给任何人看，也不愿意谈论它。[27] 盖尔霍恩出发前往芬兰去报道苏联入侵时，海明威只是赞扬了她投身战争的过人

胆识，却对苏联入侵邻国的行径只字不提，不止一位
幻灭的共产主义者对此颇有微词。[28] 当他再次转而关
注西线时，也只是再次对英国口诛笔伐。例如在 1940
年 5 月，他提醒麦克斯·珀金斯注意英国人曾经多么
堕落。在西班牙，"（就在）我们不计回报地为他们跟
希特勒和墨索里尼战斗时，他们却让我们陷入最大的
麻烦，要知道只要他们给我们一点点援助，我们就能
无限期地牵制住法西斯，令其动弹不得"。他预言说
他们会卷入他所谓的"英式滥交"——也就是说，他
们会从战场上撤军，对同盟弃之不顾。[29]

欧洲发生的灾难刺激了海明威曾经的好友阿奇博
尔德·麦克利什，后者公开反对美国的中立态度。在
1940 年春天的一系列谈话和文章中，刚刚被任命为
国会图书馆馆长的麦克利什悲叹道，居然有这么多美
国年轻人对战争持怀疑态度，几乎到了绥靖主义的地
步。他认为这要归咎于那些反战小说，比如海明威关
于第一次世界大战的经典《永别了，武器》。海明威
愤怒地回击，说麦克利什搞错了。德国人了解战略战
术，盟军却一无所知，这跟反战小说可没什么关系。
麦克利什一定"心有不安"，而他海明威没有，他曾
"在各条战线上与法西斯战斗"，知道这一切是怎么回
事。[30] 他建议麦克利什读一读《第五纵队》（他那部
关于不惧亲力亲为的反间谍的戏剧），再去观看一次
《西班牙土地》（他们一起制作的纪录片）。他还略带

挖苦地说起西班牙的前线，他曾亲自前往，而麦克利什却没有。三周后，海明威还在对麦克斯·珀金斯抱怨麦克利什，写道："如今人们又是绝望崩溃又是歇斯底里又是宣泄怨气，我可不想再写什么呐喊助威的东西了。"[31]

麦克利什选错了攻击目标。海明威关于西班牙内战的伟大小说《丧钟为谁而鸣》事实上就是写全力以赴地面对战斗的。它与出版于1929年的《永别了，武器》全然不同。早期出版的那本书写的是一个脱离现实世界的爱情故事。战士弗里德里克·亨利把战争抛在脑后，因为一系列不幸的事件而被迫当了逃兵。他跟情人凯瑟琳·巴克莱一起逃往中立区瑞士。巴克莱怀孕了，世界缩小成为亨利和巴克莱周围的一个小圈子。孩子是死胎，巴克莱不久后也死于并发症。与之相反，关于西班牙那本书的书名就让读者去寻找故事与外部世界之间的联系；"丧钟为谁而鸣"是约翰·多恩的诗句，那首诗开头第一句就是"没有人是一座孤岛，在大海里独踞"。

这部新小说以海明威与共产主义破坏分子打交道的经历为原型，讲述了一支在法西斯敌后行动的游击队为时四天的故事。他们的任务是在大进攻开始时炸掉一座桥，从而阻止法西斯的行动。美国游击队战士罗伯特·乔丹不但没有当逃兵，反而为反法西斯事业献出了生命。乔丹思想活跃，总是禁不住考虑自己怎么会如此沉迷于政治和战争。他知道战争为何而打，也知道该怎么打，跟海明威一样，他也相信共和国需要共产主义纪律，才能战胜法西斯。

在乔丹看来，共产主义纪律并非完美；只是它最符合当时的要求。乔丹自己也承认某些共产主义领袖凶残无能，他们的行为对战局的破坏不亚于法西斯探子。首恶就是法国人安德列·马蒂，也就是雷格勒跟海明威说起过的那位国际纵队总政委。海明威对自己描述的场景确信不疑，甚至都懒得在小说中掩盖马蒂的真实身份。[32]

对乔丹来说，法西斯实施暴行是已知的事实，他们曾经轮奸了他的爱人玛丽亚就是一例。乔丹还知道共和军的记录也绝非无瑕。他就听说过一次暴行，不亚于战争期间发生在一个名为隆达的地方的事件。[33]在小说中，占领那座小镇之后，共和军决定迫使它那些德高望重的镇民（他们要么真的是，要么被怀疑是民族主义的同情者）从两排挥舞着木叉、连枷和镰刀的人中间走过。那些民族主义者全都或多或少带着些尊严而死，作者没有把他们大而化之地写成法西斯恶魔，而是着笔描述了个人的死亡。海明威对卡什金说，"我努力展现（战争）各个不同的侧面……让自己慢下来，诚实面对，从多个视角审视它"。[34]

海明威不偏不倚的态度得到了很多评论家的赞赏。埃德蒙·威尔逊就赞美 1937 年那个"佛罗里达饭店的斯大林主义者"海明威死去了,"艺术家海明威(又回来了)……就像看到一个老朋友回来了一样"。[35] 然而这样的公正态度又让他失去了左派的朋友。曾一度做过西班牙共和国外交部长的胡里奥·阿尔瓦雷斯·德尔巴约(Julio Alvarez del Vayo)在 1940 年底读到《丧钟为谁而鸣》时,替许多人说出了心里话,他写道,海明威的书让他这样的流亡者感到"悲愤",在他们看来,该书根本就没有抓住那场战争"你死我活"的真正本质。[36] 美国共产党员阿尔瓦·贝西曾在战场上遇到海明威后将他引为知己,在他看来,此书不啻背叛,是对一项崇高事业的残忍曲解。贝西带着一丝遗憾为《新群众》撰文,称海明威本可以为这场人民战争写一本伟大的书,但他却掉入了个人主义的陷阱,以战争为背景写了"一部国际化的爱情故事"。[37]

海明威把政委马蒂描写成"一个傻瓜、疯子和……杀人犯"[38] 尤其让贝西生气,攻击马蒂会让"我们共同的敌人"感到快意。贝西承认,海明威并非有意诽谤西班牙人民或苏联,但他讲述这个故事的方式却达到了那样的效果。"海明威表扬了单个共产主义者的个人主义英勇行为……(却)责难和中伤他们的领导能力、他们的动机、他们的态度。"[39] 其他评论家,如林肯营的指挥官、同是海明威好友的米尔顿·沃尔夫,责备这本书无视民族主义者犯下的暴行——就算说了也是轻描淡写,他强调,那些暴行是政策问题。民族主义者们一直在有组织地杀人，而红军并没有。[40]（或者至少程度不同。如果对内务部反对托洛茨基主义者和其他左派异见分子的运动忽略不计的话，这倒是真的。）尤里斯·伊文思最终加入了批评的行列，但他没有愤怒声讨。他会提出温和的判断，说海明威在写这部小说时，"回到了他原来的（非政治）视角"。[41]

伊文思错了。战争已经彻底改变了海明威。他曾经满怀激情地赞同共和国，反法西斯，而今仍然如此。1939 年唯一的改变，是他不再为了保护共和国而自我审查和删减了。他现在能够道出自己所见的全部真相，这是雷格勒等某些前共和军成员鼓励他做的。[42] 在战争中，雷格勒曾跟海明威分享过一些党的秘密，但作家没有利用那些材料，因为那时党还在为共和国而战，而共和国还有一线生机。[43] 只有当战争结束之后，他才可以尽情抨击那些破坏了革命事业的人。共产主义者们在微不足道的事情上浪费了时间：亚伯拉罕·林肯营乃至由此类推的其他国际纵队成员，都"太关注意识形态，没有足够的训练、纪律或武器装备"。[44] 他们总是被那些无能的指挥官无谓地牺牲。

雷格勒断定，无数读者会从海明威的小说中学到教训，那些都是他们在现实生活中拒绝学习的。凭借着猎手对偷猎者的憎恶，作家描述了"间谍病那些可

耻的、凶残而愚蠢的运作，那是苏俄的梅毒"。[45] 人
道主义政委雷格勒知道，强化革命纪律的方式有很
多。就像他比喻中的猎手一样，他不反对杀戮，但他
反对无证杀戮，认为那是违法的。雷格勒理性地确信
海明威跟他想的一样。不到两年后，这个德国人就会
改变自己的看法，质疑海明威的判断了。

第五章　**秘密档案：内务部在行动**

　　1940 年 7 月，热浪来袭的第 11 天，纽约的气温接近 30 摄氏度。那天海明威住在距离曼哈顿中城的大中央总站只有一个街区的巴克莱酒店套房里，客厅的窗户开着，茶几上的电扇搅动着湿热的空气。水桶里的冰块都化了。窗台和桌子上各放着几瓶白石啤酒，一瓶只剩下五分之一的苏格兰威士忌放在地板中央，哪位要是啤酒喝多了，想来一口更刺激的，伸手就能够到它。作家穿着睡衣接待来客，敞着胸，浓密的胸毛露在外面。说着英语、法语和西班牙语的朋友和熟人进进出出。这位是个律师，那位是有着骄人战绩的内战老兵。每隔几分钟，电话铃声就会响起，打断他们关于其他共和军士兵遭遇的谈话：那些士兵有的滞留在法国，有的被召回莫斯科枪毙了，有的正在某个纳粹集中营里经受百般折磨。

　　一位名叫鲍勃·范·格尔德（Bob Van Gelder）的《纽约时报》记者替读者捕捉到了忧

虑与活力交加的海明威，当然最明显的还是作家脸上成功的喜悦。虽有这样那样的事情分心，他很难不注意到，在采访海明威的过程中，时时有乐观活泼的情绪凸显出来。有一丛浓密的黑发从小说家的前额吹开，他"看起来跟一头大象一样高大强壮"。他很难克制自己，谈话时身体向前倾，把座下的椅子一点一点往听者那边蹭。他满脸洋溢着欣慰和满足，因为他刚刚把自己那部战争小说交给出版商斯克里布纳。

经过 17 个月的扎实工作，他凭直觉知道《丧钟为谁而鸣》会是一部杰作。然而来自欧洲的坏消息又让他无法满足于写作的桂冠。世界已爆发战争。佛朗哥的同盟正在进军；6 月 14 日，希特勒占领了巴黎，如今已将大部分欧洲大陆握在掌心。海明威对范·格尔德说，那就意味着"西班牙的仗不得不再打一次了"。[1] 和以往一样，他可不打算错过这个机会。

到 1940 年夏，海明威已经在考虑如何以不同以往的方式，把精力投入到他曾坚定信仰的事业中。7 月，他还住在纽约的巴克莱酒店时，欧内斯特就在信中对麦克斯·珀金斯说，他会继续与敌人战斗，不过这次是以他自己的方式。[2] 一种挑战法西斯的方式当然是写作和记录战斗，就像他的战时作品《第五纵队》和

《西班牙土地》那样。他新近完成的小说《丧钟为谁而鸣》也吹响了战斗的号角。写作当然不是唯一的战斗方式，他愿意探索其他的可能。他甚至愿意在此期间，让自己的公开形象保持低调。正如他后来在写给儿子杰克的一封信中所说，不管他决定在这场战争中做些什么，他都会"保持安静，不会高声宣扬"。[3]

早在 1940 年 10 月，海明威的个人生活还在经历改变时，他就已经开始寻找适当的战时工作了。跟第二任妻子鲍莉娜的离婚程序已接近尾声，他和盖尔霍恩正在规划着未来的新生活。那位永不停歇的准新娘正在寻找海外记者的工作，希望婚礼后不久就启程前往亚洲。海明威有一封写于 10 月 21 日的信中提到了他们有可能来一次亚洲之行，那时《丧钟为谁而鸣》刚刚在位于第五大道 597 号的斯克里布纳书店面世一周。[4] 十天后计划取消了，11 月 21 日他们在怀俄明州的夏延（Cheyenne）举办婚礼之后不久，该计划又再次重启。[5] 这对新婚夫妇从夏延开车前往纽约，在设施齐全、陈设讲究的巴克莱酒店度蜜月。

在纽约，盖尔霍恩巩固了她为《科利尔》报道中国人对抗日本侵略者的工作任务，那场发生在遥远大陆上的战争已经断断续续进行了很长时间（首次小规模战斗可追溯至 1931 年），以至于很多西方人都把它忘记了。海明威多少有些不情愿地同意同行，并答应为好友拉尔夫·英格索尔（Ralph Ingersoll）新发行的左派小报《下午报》(*PM*)做些报道。

海明威似乎还同意为美国财政部长小亨利·摩根索做些"调查"工作，他是罗斯福政府中强有力的人物，总喜欢给生活多姿多彩的环球旅行者海明威派点儿任务。[6] 几个月后的 1941 年 1 月 27 日，摩根索在自己的内部会议上轻松地问起："欧内斯特怎么样啊？"一位名叫哈里·D. 怀特的人回答了他的问题，跟部长说海明威还不错，"非常乐意（为我们）调查任何事"。[7] 怀特是财政部的二号人物。他显然已代表摩根索接近海明威，跟后者保持联系，并安排他与部长会面。海明威本人在 1941 年 7 月写给摩根索的信中解释，怀特曾请他研究"共产党－国民党的争议，看看有没有什么可能对您有用的情报"。[8]

怀特正在核查一个借款人的信用。财政部已经在向中国提供经济支持，正准备把那个国家列入《租借法案》(*Lend-Lease Program*)。根据该法案，只要是用于对抗法西斯，就可以按优惠的条件从美国购买武器。他和摩根索想让海明威履行一次事实调查任务，这是当时的普遍做法，有时也是为间谍工作打头阵。政府高官可能会请德高望重的国民或政治家前往海外，深入了解当地风物，汇报见闻感想。纽约顶尖律师和共和党国际主义者威廉·J. 多诺万（William J. Donovan）1940 年曾前往英国，为海军部长和总统报告该国还有多少持久力与德国作战，也是为履行同样的任务。[9]多诺万走遍英国各地，会见了政治和军事精英人士，回国时详细汇报了情况，为自己1942年创立的情报机构——战情局——铺平了道路。摩根索希望海明威从事类似的活动，让海明威受宠若惊。这正是他渴望的那种认可。在他自己的心目中，他不只是一个小说家或新闻记者：他是个见多识广的人，深谙世故，且颇能利用自己的见识去影响事态的发展。[10]

这对新婚夫妇决定在瞭望庄园（Finca Vigía）过圣诞节，那是哈瓦那郊外他们先租后买的一处宅子。过了新年，他们会重返纽约，然后启程前往西岸。海明威会在纽约城里住一段时间，他有很多人要见，得一一安排。[11]

一个名叫雅各布·戈洛斯的人迫切地想在海明威出发前往中国之前见他一面。戈洛斯是那种真正非同寻常的人，在谍报史上不时浮出水面。1890年，他出生在乌克兰一个富有的犹太家庭，那时乌克兰还是沙皇俄国的领土。他八岁时就因为散发反沙皇传单而第一次被捕，客气地说，这表明他的家庭是左倾的。[12]（很多俄国革命者都是犹太人，为的是反抗国家认可的反犹主义，以及因此而发的频率惊人的大屠杀。）

第一次被捕并没有浇灭戈洛斯的革命热情；他继续散发布尔什维克传单，后来还参与印制。第二次被捕之后，他声称自己倒地装死而逃过了一场集体处决。1907 年第三次被捕时，17 岁的他已经是一位经验丰富的老布尔什维克了，这次他被流放到西伯利亚。两年之内，他一路向东逃了出来，步行到达中国，然后又经由日本到了美国。和在俄国一样，他在美国继续从事革命事业。先是在底特律，后来又来到纽约，他融入那里的流亡群体，与侨居的秘密策划者打成一片，他们根本不喜欢美国，每时每刻都在焦虑不安地思考着故国的政治局势。

1915 年，戈洛斯成为一位美国公民。1917 年，革命终于爆发，布尔什维克在俄国夺取了政权。戈洛斯留在美国，成为美国共产党的首批党员，且随着它的发展壮大而逐渐成为领袖人物之一。随着时间的推移，美国共产党频繁更名，也建立了不少分支，但有一点始终未变：它一直是莫斯科的驻美机构，也是苏联情报机构的职能部门。党员既可本人从事间谍工作，也可以起到支持配合的作用。不久，戈洛斯成长为一名卓越的辅助者，成为在苏联情报机构和美国社会之间搭建桥梁之人，但他只为苏联服务，不考虑美国的利益。

不管他在美国居住了很多年，戈洛斯的样貌和说话方式始终像个俄国革命家。他长得矮胖敦实，身高还不到一米六，蓝眼睛厚嘴唇，发际线已日渐后移。照片上显示他剩下的头发（据说是红色的）看来

浓密厚实，仿佛自带光环。他从未改掉口音，衣着邋
遢，鞋子也通常是磨坏的。这位革命家对物质享受不
感兴趣。他的私人物品主要是党的装备和宣传册。但
他非常自信，总是用自己的判断来代替内务部上司的
判断。（从莫斯科的视角来看，这就像他在私藏情报
及其来源。在情报界，这类似于爱上特工下属之罪，
往往意味着组织者对特工和对任务一样重视。）他的
行动判断绝非完美，但对一个外行来说已经够好。他
孩童时期便加入的政党可是历史上最擅玩弄阴谋的政
党之一，这培养了他对密谋策划的天然直觉。他还培
养了高超的人际交往能力，也颇擅于跟女士们周旋。
（1920 年代，有一次在苏联休假期间，一位情妇甚至
称他是"俄罗斯最性感的男人"。[13]）持有美国公民
身份，又对纽约了如指掌，则是额外的巨大优势。

最重要的是，戈洛斯是个真正的信仰者。他整个
一生都在高举共产主义终将胜利的火炬，坚信那会为
工人阶级开启一片天堂乐土。虽然其人颇擅弄权，但
他真诚的革命热情往往会凸显出来，这提高了他招募
间谍和与之合作的效率。他是那种能够招揽外国人，
动员他们为他窃取机密的人。虽然很难把戈洛斯与海
明威遇到过的其他共产党员相比，但他的独立和真诚
却多少有点像雷格勒，也就是作家海明威会喜欢和信
任的那种人。

1932 年，戈洛斯成为世界旅游公司（World

Tourists Inc.）的总经理，那是美国共产主义阵线的雏形。它表面上看起来是个旅行社，推广它的主要旅行目的地苏联，但它的主要性质却是苏联情报界的辅助机构。起初内务部希望戈洛斯为它的特工采购如假包换的美国护照，他为此招募了一位身负赌债的美国护照职员，内务部可以利用他的赌债做文章。日久年深，戈洛斯承担了更多的行动任务，负责招募和运作间谍，甚至还承担起审查所有并非由他招募的新任美国间谍的责任。[14]

到 1930 年代末，由斯大林发起的一系列事件造成了独一无二的后果，使戈洛斯变得几乎无人能够取代。独裁者的清洗对美国情报站的影响跟那些欧洲情报站一样严重；英语流利、经验丰富的内务部官员纷纷以最不足信的借口被召回莫斯科。以斯大林偏执狂的观点看来，见多识广让他们成为高效的间谍，同时也让他们变得可疑，因而内务部清除了很多最优秀的特工，包括来自纽约的情报官员。与此同时，苏联对关于美国的政治、经济和技术机密的胃口日增。工作量更大，而人员却减少了。戈洛斯便是剩下的工作人员之一。

他最终担起了三项要求严苛的工作：世界旅游公司的总经理、美国共产党高级官员和内务部纽约情报站的支柱。有时他每天要见情报站人员三四次之多（对于秘密关系甚至谨慎关系而言，这样的会面次数高得惊人；冷战期间克格勃规定，与敏感的特工一年会面的次数也就三四次。）在 1940 年和 1941 年，据说被戈洛斯培养为秘密关系的美国人在 10 个到 20 个之间。他或许不是那种从党的干部中精挑细选出来，继而在莫斯科以外的机构接受培训和评估的专业情报官员，但他比大多数内务部的野心家更了解美国，因而也比他们更加高产。

当时，美国共产党内的美国人日渐增多，党不再需要那么严重地依赖流亡者了。这样的趋势自然意味着机遇。在本土出生的美国党员或同路人有机会渗透到流亡者无法接近的政府机构和行业中。随着这类间谍的人数剧增，也就需要更多的美国人来担任内务部官员和美国间谍的中间人（间谍行话也称之为"保险开关"）。举例来说，一位在美国出生的女士如果有大学文凭，那么她去见一位美国政府高级官员，就不会像如此俄派风格的戈洛斯那么引人注目。

伊丽莎白·本特利就是个这样的美国人，这位姿色平平的瓦萨学院毕业生在战后以"红色间谍女王"的名号出尽风头。本特利在大萧条期间的所见所闻让她良心不安，因而加入了美国共产党。参加各类会议，和其他同志共事减少了她的孤独感。戈洛斯发现了她的潜力，逐渐招募她从事"特殊工作"。他把她变成了一个出色的"保险开关"。[15]

新闻记者也能发挥同样重要的作用。一位著名记者若有良好的社会关系网，就能成为一名中间人，同时还能自己收集情报，或找到有潜力的新人。如果众所周知他不是共产主义者，他的潜力就更大了。能够到美国境外旅行又是个加分项。海明威符合所有这些条件。在内务部看来，他既是个小说家，又是成就卓著且同情苏联的新闻记者。招募人员会利用存放在莫斯科的海明威档案中的情报，其中记录了他 1935 年在《新群众》杂志上抨击美国政体以及从西班牙发回的反法西斯／亲苏报道，更不用说 1937 年 6 月他在卡内基大厅发表的高调演说了。[16]

详细记录目前仍然被锁在莫斯科，但几乎可以肯定，内务部是在 1940 年 10 月到 12 月间决定接近海明威的。1990 年代初，前克格勃官员亚历山大·瓦西里耶夫曾在克格勃档案里读到过有关海明威的文本，他猜测说戈洛斯大概在《丧钟为谁而鸣》甫一出版就阅读了这部小说。与那些攻击这本书的教条主义左派分子不同，戈洛斯的目光显然没有停留在海明威对共和军过错的种种描述，而是越过那些，看到了他的间谍潜质。[17] 或许戈洛斯知道，作家如此重申独立性，会让他成为一个更有吸引力的目标。书中还展现了他对发动游击战争的共产主义非正规军的赞赏。内务部甚至可能还知道他曾在雷格勒的书中为苏德条约辩护；在 1940 年秋发表的该书书评中，设在莫斯科的共产国际干部处注意到，海明威为该书撰写了序言。[18] 他仍然是个坚定的反法西斯斗士，且为此原因，仍然是亲苏的。他甚至愿意无视斯大林的罪行，反而批判美国的外交政策。由此可见，海明威在诸多方面有着苏联想要的一切特质。

西方世界没有人知道是谁介绍戈洛斯和海明威认识的，但他们有不少共同的熟人。乔·诺思这位总是笑脸相迎的纽约共产主义者就曾为戈洛斯锁定其他潜在的新人。[19] 诺思和海明威的人生轨迹已经不止一次有过交叉：他曾在 1935 年说服海明威为《新群众》写那篇文章，两人在西班牙又共同经历过激动人心的时刻。内战以后，诺思写了一部书赞美那些在亚伯拉罕·林肯营服役的美国反法西斯斗士，海明威为该书写了一篇慷慨激昂的序言。[20] 他们上一次见面是 1940 年夏天，诺思在古巴报道一次西班牙难民大会。重逢给两人都带来了意外的喜悦。海明威邀请诺思来哈瓦那旧城内他常光顾的佛罗里达酒吧跟他聚会，两位老兵舒服地坐在缓慢转动的吊扇下，聊了好几个小时。[21]

中间人也有可能是某位美国共产主义者，比如不怎么成功的小说家约翰·埃尔曼，他是海明威的多年好友，曾长期为美国共产党做地下工作。[22]（1926 年到 1940 年，他还是约瑟芬·赫布斯特的丈夫，后者是海明威的好友甚至密友。）根据一份供述，埃尔曼曾从中周旋，至少促成了一次非常成功的招募，即身处理想高位的国务院官员阿尔杰·希斯（Alger

Hiss）。[23] 最后一个中间人可能是海明威的好友尤里斯·伊文思，这位电影导演在 1939 到 1941 年频繁出入纽约，不止一次鼓励海明威见见他的共产主义同志们。他曾试图发送一份含义隐晦的两行字的电报，看上去像是在安排一次秘密会面："给你打电话但你下乡了……他们说（他们）想今天再跟你喝几杯。"[24]

虽说介绍人是个未解之谜，但我们确切地知道戈洛斯是在 1940 年底的某个时间见到海明威的，很可能就在他与盖尔霍恩在纽约度蜜月期间。他们见面了，而且戈洛斯的目的就是要招募海明威为内务部工作，这些都是事实。不过具体到他们见面的细节，我们就只能根据戈洛斯的历史和苏联一贯的做法来猜测了。

戈洛斯和中间人都知道，跟陌生电话相比，自我介绍更有希望开启一段秘密关系。中间人或许在巴克莱酒店接上海明威，开车把他送到下东区某个不为人知的小吃店，戈洛斯曾选择在那里跟其他人见面，比如他与本特利见面的第二大道那家安静的小饭馆。小店的装修和菜单都乏善可陈，它或许有一间里屋，或者至少有个安静的角落供他们谈话。光顾小店的工人阶级不大可能认出这位大作家。

中间人很可能把海明威送到那里就离开了，让二人自己相互认识，这是秘密关系的另一个前提。海明威或许点了些喝的东西。两人简短地寒暄，可能聊了聊新出版的那部小说，之后大概各自呈上资格证明，或许都难免夸大了自己的成就。美国人可能谈到了西班牙，声称自己曾是一名战士而不仅仅是一个作家，苏联人或许暗示他一直在美国从事重要的特殊工作。戈洛斯或许就反法西斯主题进行了发挥，谈到苏联是阻挡法西斯意识形态的最后屏障。他几乎肯定恭维了海明威，说作家如果能跟苏联人合作反法西斯，一定能再创辉煌。对戈洛斯这么一位情报工作老手来说，大概不难猜到眼前这位身材魁梧、骄傲自负的美国人喜欢听什么。

大约在同一时间，他们首次见面前后，戈洛斯或许曾提示内务部的纽约情报站，他们有可能招募另一位著名记者从事间谍工作。考虑到海明威的声望和戈洛斯的经验，这不可能是一时兴起的、"听起来不错"那一类招募。共产国际的某一次行动大概会一时冲动，但内务部针对某个重要目标的行动则不大可能。共产国际也有其秘密，但它的存在主要是为了创造和扩大宣传，内务部则相反，它是专业的间谍机构。伊文思那样的人制作电影，戈洛斯这类人招募和安排间谍。他对莫斯科的某个总部负责，莫斯科可不喜欢惊喜，通常总是要尽可能地控制事态的方方面面。

如果苏联的间谍头子们按部就班行事，在戈洛斯向海明威提出招募邀约之前，纽约和莫斯科之间可能会发送多封电报就此案例进行讨论。电文中会描述与海明威的初次接触，以及情报站何以认为他有潜力成为一名间谍。莫斯科中心可能会在海明威档案中对相关信息加以总结，其中或许包括奥尔洛夫在西班牙会见海明威的回忆。在合适的时间，莫斯科会准许纽约方面继续其招募尝试。几乎可以肯定，它更希望戈洛斯不要过早地对海明威提出邀约，最好是等到两人熟悉彼此之后。这的确是事实；过程如下：作家先是同意帮助内务部，然后两人做出安排，决定保持联系。

现存且已向研究人员公开的记录表明，戈洛斯向莫斯科汇报了他招募海明威为间谍的工作。那些记录中的一个重要里程碑，是在瓦西里耶夫揭露的秘密档案中，关于海明威档案的一份总结报告。[25] 作家档案中的文件可能包括发自纽约的电报，根据那些文件，该总结报告是内部资料，根本不会向苏联保密系统之外的任何人开放阅读。这一事实让它拥有了很高的真实性。

该总结报告的时间可追溯至 1948 年，它写道："在（海明威）出发前往中国之前，（戈洛斯）已基于意识形态的理由招募他加入我们的事业。"在情报语境中，这就意味着海明威接受了与苏联人建立秘密关系的建议。戈洛斯或许明确提到了内务部，又或者他只是谈到了苏联"特工"，这个简称对海明威应该没什么难懂的。提到"意识形态理由"就意味着他认同苏联的政纲（或至少部分认同），且他接受该邀约并非因为钱或者其他任何补偿。这也基本可以排除勒索或胁迫；没有谁会去胁迫一位政治思想一致的人成为新间谍，何况还是像海明威这样声名显赫的大人物。

该秘密档案的记录没有提到戈洛斯有没有为海明威布置具体任务。戈洛斯或许十分高兴，哪怕目前看来海明威只是可能成为一名新闻记者间谍，也就是能利用自己的广泛交际网为内务部服务的人。[26] 这对苏联人来说并不罕见，他们通常会利用一个预备期来测试某一位新招募的特工，看看他最适合做什么工作。海明威或许觉得他知道苏联人想要什么，鉴于他曾在西班牙跟他们的间谍有所接触，在《丧钟为谁而鸣》中描述了游击战，还在《第五纵队》中涉猎了反间谍的世界。或许内务部希望他扮演那部戏剧的男主角的角色，也就是秘密警察的一员，就他在酒吧中遇到的相关人士向上峰汇报——只不过现在他要汇报的信息范围远远扩大了，或许还应包括他在工作过程中从权贵那里搜集的情报。

作为一名优秀的招募人员，戈洛斯不可能略过一项任务不提，那就是为与其他人进行秘密会面做出安排。当时他已经因为超负荷工作和健康问题而深感力不从心，无法离家远行。如此一来，内务部该怎么与它在中国（或其他地方）新招募的特工保持联系呢？海明威怎么知道应该信任谁？在一份呈交给莫斯科的报告中，戈洛斯表达了自己的意见，即内务部必须尝试在中国与海明威见面，或者如果他经由苏联前往中国的话，会面也可以在祖国进行。戈洛斯写道，他已经让海明威准备在美国境外与"我们的人"会面了。作家给了俄国人几张"邮票"，大概是像古巴邮票那种罕见的东西，也知道只有见面时拿出那些邮票的人才是信得过的。戈洛斯最后自信地预言道："我相信他会与我们合作，并……尽其所能为我们做事。"[27]

戈洛斯发这封信的邮戳日期是 1941 年，从若干方面来看，它都有着十分重要的意义。信中的措辞确认了这样的结论，即早在海明威确定行程（该行程改了好几次）之前，他和戈洛斯就已经建立了某种关系；只有当他们保持着有效关系时，戈洛斯的报告才有意义，因为只有以此为凭，他才能说海明威会与苏联人合作。[28] 戈洛斯提到海明威时使用的是真名而非代号，这表明秘密关系刚刚建立不久；内务部直到 1941 年下半年才为他指定了一个代号，即"阿尔戈"（内务部通常会为招募的间谍指定一个代号。他们往往会选择适合该间谍的代号：受过大学教育的本特利的代号是"才女"，一个收受贿赂的国会议员的代号为"骗子"。内务部内部的某人颇有文学功底，很可能还知道海明威痴迷航海。在希腊神话中，阿尔戈是伊阿宋和阿尔戈英雄们出海冒险所乘船只的名字。）在苏联或中国与新招募的特工见面是个好主意；这会是双方了解彼此而不必担心被调查局发现的好机会，自 1939

年开始，调查局就已经盯上戈洛斯了。

内务部接下来采取的行动之一，是收集一本《丧钟为谁而鸣》，1941年1月8日，有人通过邮包从纽约寄了一本给莫斯科。[29] 在读到海明威的档案时，瓦西里耶夫断定，在卢比扬卡（Lubyanka）的斯大林亲信们收到了这本书，算是为新招募的海明威建立了完整档案；卢比扬卡是他们位于莫斯科市中心的总部，在一座老旧的保险大楼里，楼上是办公室，地下室设有牢房。[30] 毕竟要想了解海明威关于反法西斯的看法，那部小说是有用的指南。

乍看之下，海明威被招募的故事显得浮泛无根，虚而不实。记录断断续续，现存的报文和备忘录之间有明显的分歧，所署日期也非常混乱。原件本身尚未开放，只有手写的副本和笔记。如果有内务部档案中所有文件的复印件，像1980年代调查局公布的传真件那样，整个事件就可信多了。[31]

根据调查局公布的传真文本，读者可以拼接出调查局认为自己所知的关于海明威的一切。故事从一连串简讯、备忘录和批注中一点点浮出水面，所有那些都只供内部阅读，大多是为某个具体的目的而写，如记录某个事件，更新某一早期报告，或请求批准某项行动。那些自然不同于写一个有头有尾、让广大读者看得懂的故事，不过情报工作就是这样。如此说来，

"完整的"调查局档案与"不完整的"内务部档案差别不大，二者都是碎片信息的集合，有些信息还是错误或片面的。然而从碎片中可以看出规律，且正因为有瑕疵，反而让一切更加真实可信了。

这一事实曝光的背景也是一样。谁也编不出这么离奇的故事，也不可能是有谁在玩弄阴谋。[32] 1991年苏联崩溃的剧变本身，恰是它当年创建那些秘密部门所力图避免的结局。内务部及其后继的克格勃充当着革命的矛和盾，它们会反过来保护那些为之服务的人。一旦苏联消失，克格勃的退役人员就像一家突然宣布破产的公司的雇员，而公司存续期间并没有给他们攒够退休金。他们只好自谋出路，面对经济和政治的混乱局面，更不要说公众现在有权公开指责他们了。不管是谁，该如何面对这一局面？他们还有什么东西可以利用？间谍机构通常都是为窃取新机密而存在的，但或许他们还可以出售旧的机密，将出售所得用作退休基金。

兰登书屋（如今的企鹅兰登书屋）旗下的子公司皇冠出版集团（Crown Publishing Group）看到了商机，为在苏联崩溃后接管克格勃职能的俄罗斯新的对外情报局（SVR，以下简称"外情局"）提出了一份商业计划书。皇冠出版集团为该机构的退休基金提供大笔款项，作为回报，外情局将向皇冠的作者们提供关于克格勃行动的历史信息。这类故事不光是书籍的有趣素材，同时或许还有助于改善克格勃的公共形象，因为从中可以看出他们过去曾为国家做出过怎样的贡献。外情局的高级管理层不顾许多克格勃传统派人士的反对，满腔热情地同意了这项计划。

每本书至少应有一个俄罗斯研究人员参与，人选须由外情局亲自挑选。该研究人员会梳理克格勃的原始档案，亲手记录，然后利用自己的笔记对调查结果予以总结。在把最终的叙述分享给西方历史学家之前，须将其提交给一个外情局审查委员会进行审查。他们的计划不是分享原始笔记，而只是利用它们撰写总结。只要其身份还没有曝光，谁也无法从那些总结中辨认出任何来源。最终结果并非将秘密和盘托出，而是写一本关于苏联间谍活动的光荣历史。[33]

最先问世的是一本亚历山大·奥尔洛夫的传记，1936 年到 1938 年，他担任内务部驻西班牙情报站站长，因此海明威曾于 1937 年在盖洛德旅馆见过他，苏联秘密警察经常会到那里去奢侈地放松一下。[34] 这本关于奥尔洛夫的书出版于 1993 年，看上去像是为将来的书籍提供了一个很好的模本。它表现了奥尔洛夫其人的复杂性，既没有回避争议，也没有力图掩饰他所从事事业的杀人本质。为取悦怀疑论者，书中还有几页从原始档案中摘取的传真文件。

同一系列中还有一本计划出版的书是关于 1930 年代到 1940 年代苏联在美国的间谍活动的。外情局挑选亚历山大·瓦西里耶夫作为该书的俄罗斯研究人员。作为一名曾担任克格勃官员的新闻记者，他会以外人无法达到的准确性和深度来理解和总结那些档案。他1993年开始该项目，筛查了堆积成山的关于曾为苏联当过间谍的美国人档案，发现所涉人员数量之多，远超任何人的想象。他往往会把那些文件誊抄一遍，逐字记录下来。工作进度到了一定的阶段，他就开始撰写叙述总结提交官方审查，为西方历史学家写书铺平道路。

形势在1995年和1996年发生了变化。皇冠因为缺钱而取消了该出版项目。主张强硬派路线的人再次控制了外情局。他们坚信官方秘密神圣不可侵犯，也没工夫考虑开放性这类自由主义观念。那些强硬派中有一个人对瓦西里耶夫说，待他们替换了新的管理层之后就"准备收拾他"。[35] 瓦西里耶夫觉得这是威胁，就逃到了西方。他后来安排人把他的研究笔记私运出来给他，其中包括他的原始手写笔记以及他抄写的部分海明威档案。

该原始材料从未打算公开，这一事实增加了它的可信度。海明威学者们现在可以读到关于该作家的原始苏联文件的抄本了，其中有些是在行动还未进行时撰写的。完美的资料来源自然是内务部的整套海明威原始档案，但在外情局于遥远的将来公开档案之前，西方研究人员只能依赖瓦西里耶夫，这位曾经代替我们阅读过那些档案的称职的见证者。[36]

关于海明威成为间谍一事，是否只有片面之词？历史学家可以依赖不完整但真实的苏联记录，但海明威本人有没有就此事公开发表过任何评论？很可能没有。十年后，在写给最好朋友的信中，他会写到他当年曾在西班牙为苏联人做过"杂活儿"，且内战后一直和"毛子们"保持联系，他们跟他分享了一些秘密——但他没有细说是什么秘密。[37] 除此之外没有任何证据表明他曾对第三方说起过戈洛斯和内务部，哪怕对盖尔霍恩也没有，盖尔霍恩和他的很多政治观点一致，但在两人的婚姻中仍属于地位较低的一方。[38] 他与苏联间谍机构的关系是一个严肃的事业，不可以在喝酒时跟朋友随便聊几句或者付诸文字，不像西班牙内战和他在二战时参与的其他保密性较低的冒险，那些都被他写成了文章。他了解保密的必要，那是高超间谍技艺的基础之一。在艺不压身的海明威看来，从事间谍活动是他的又一项生活技能，这倒也没错。

1941 年初，海明威向戈洛斯奉上邮票时，便在与苏联间谍的秘密交易中占据了主动。（邮票是信物，表明拿出它们的男人或女人可以信任，很像其他苏联间谍把果冻盒撕成不规则的两半，能够拿出另一半跟他们手里的那一半对上的，就是他们要找的间谍同事。）普通的日常交易没必要出示这类信物，它们只用于秘密行动。如果一段关系没有秘密可言，作家或接头者完全可以带上一封介绍信，像伊文思在西班牙内战期间为海明威所写的那种。但对秘密关系而言，信物的效果就好得多。它本身没什么出奇的，真正的目的只有发起人知道。

从 1938 年 11 月奥尔洛夫听他讲述西班牙内战到 1941 年 1 月他跟戈洛斯打交道期间，海明威的变化不大。他反法西斯的决心仍然强烈，就连长期的共产主义者也暗自称奇，或许是因为他们很多年没有见过真正的战士了。海明威是基于意识形态理由加入的新人——戈洛斯的这一说法没有错，但他不像是坚信共产主义的"真正的信仰者"。他不信仰马克思主义或列宁主义；他"只是"加入了成果斐然的反法西斯队伍，或者至少他认为内务部颇有建树。他知道它是如何训练游击队、在法西斯敌后破坏铁路，并试图以纪律来约束西班牙共和国的。

虽然他跟许多基于意识形态理由加入组织的新人不同，但海明威和其他间谍也有不少共同点。招募过程是由某一事件触发的，该事件要么打破了未来间谍的情感平衡，要么彻底改变了他或她的世界观。对海明威而言，那是 1935 年发生在佛罗里达州礁岛群的飓风，他因而比以往任何时候都更加猛烈地抨击美国的政体，批判他们显然置一战老兵的生死于不顾，任由几百人惨死在那里。之后在西班牙内战期间，他全身心地支持共和国，对情报工作日渐着迷。现在他要采取下一步行动了。他同意成为间谍，是因为保密生活能满足他的某种需要，更不用说随之而来的冒险令他兴奋异常。许多间谍是因为某种幻灭而有了那种需要的。在海明威这里，他已经尽一切努力与法西斯斗争，却未能让民主国家听从他的建议，尤其是他自己的国家。他现在准备诉诸其他的秘密方式了，就像一个配偶因为无法在婚姻关系中得到完全满足，而同他人开始一段私情（这种事海明威一生中倒是做过不止一次）。

他跟其他间谍的另一个共同点，是想当然地认为日常规则对他不适用。几十年来，海明威一直是按照自己的规则生活的。在文学中，那与他革命性的写作风格有关。他在1940年以一部伟大的政治小说实现了写作上的突破，此时又在准备新的突破了。他欢欣鼓舞、信心十足，随时准备投身新的冒险。在一封写给麦克利什的妻子埃达的信中，他说写出最优秀的作品，随后又看着自己的作品大卖，让他感觉"好极了"。他多希望"过去那些要去见世面的日子"能有这多钱。不过他暗想，跨越千山万水前往中国或许会给"一个男人一点发挥作用的空间"。[39]

海明威一直在政治和战争中寻找那种发挥作用的空间。他喜欢军事装备，也喜欢和士兵们在一起，但他不想加入任何人的军队。他更喜欢与非正规军人，特别是游击队，建立某种松散的联系，那让他觉得自己参与了行动，却仍然保有随意来去的自由。他不是共产主义者，甚至不是同路人，但他愿意为共产国际制作电影，随后又乐于加入内务部共同与法西斯作战，反法西斯是他最重要的政治热情。

假如海明威在文章中提到与戈洛斯的见面，他或许会承认自己喜欢这位经验丰富的老革命，被他的提议吸引了。海明威同意第二次见面，随后便有了第三次和后面的若干次。最后到 1941 年 1 月，美国小说家同意与莫斯科合作。和许多间谍一样，海明威不会使用"招募"一词。虽然他清楚自己跟苏联间谍机构建立了某种秘密关系，他可能把那种关系看作是合作，而非在接受莫斯科的指令之路上迈出了第一步。[40] 然而"招募"是苏联人使用的词汇。他们相信当海明威同意戈洛斯的提议之时，就是开启了一段他们打算影响和掌控的秘密关系。在他们的概念里，特工当然要服从莫斯科的命令。他会因此从内务部那里获得某种酬劳。酬劳的方式可能是钱，也可能是免于被敲诈的自由，保证家人的安全等。在海明威这里，没有证据表明他除了共同投身反法西斯战斗和对此关系保密之外接受过其他任何回报。但那就够了。

海明威大概不觉得他背叛了自己的国家。他对"新政"没有多少好感，而且仍为罗斯福没有支持西班牙共和国而愤怒不已。美国没有为打击希特勒出过什么力，让他很难遏制住自己的失望之情。1940 年的一天，他照例阅读每日来信，其中往往会包括一些书迷和评论家的意外来信，其后他回了一封短信，那封信问他，一个忠诚的美国人怎么能在外国买房子并定居在那里。他在电报中写道：如果问他是否打算成为美国之外任何一个国家的公民，"绝对是（对他的）亵渎"。他认同很多美国革命先辈，但"其中并无贝内迪克特·阿诺德 ① 之流"。[41]

司法部会同意他的说法吗？这算是叛国吗？海明威同意为内务部服务是否违反了任何法律？当时的美国间谍法还不完备，或许也不适用。海明威不是政府官员，他无从知晓任何可供泄露给对方的官方机密。他也没有为战时的敌国提供任何援助或慰问。美国没有参战，苏联也不是敌国。珍珠港事件之后两国甚至联手抗敌，直到战争结束。海明威最多可能违反了 1938 年的《外国代理人登记法》（*Foreign Agents Registration Act，FARA*），该法律要求任何人作为某一外国势力的"政治或准政治代理人"都须公开披露。[42] 这当然包括附属于某一外国间谍机构；如果当年有人起诉（包括戈洛斯在内的）苏联间谍，也当以

---

① 贝内迪克特·阿诺德（Benedict Arnold，1741-1801），美国独立战争时期的重要军官。阿诺德起初为革命派作战，并且屡立战功，后来却变节投靠英国。他在美国至今仍是极具争议的人物。

该法案为依据。

　　尽管如此，海明威也有充分的理由对他与内务部的关系保密。即使在战前，美国官员对极左派都充满怀疑。调查局一直盯着美国共产党，西班牙内战老兵回国之后备受歧视。他本人就曾提交申请，后来存入国务院的海明威档案，其中包括他保证不会卷入西班牙的冲突。[43] 他可不想再给那份（或其他任何）档案增加内容，或者让它影响自己的工作。何况他一贯喜欢独立自由。他不止一次高调声称作家绝对不该依附于政府或政党。如他自己所说，那些拥护某一政治事业，为其服务，或信仰它的作家生前或许仍是作家，但他们死后怕会遗臭万年。[44] 海明威或许曾想象自己为对付共同的敌人而加入内务部，但他绝不想某一天打开报纸，看到这样的标题赫然在目："海明威的红色间谍身份曝光。"这是他打算保守一生的秘密。

第六章　**探还是不探：中国和战争的压力**

1941 年 4 月的一天，玛莎·盖尔霍恩独自一人来到中国重庆的集市上。她喜欢那里的喧嚣热闹，与之相比，她和海明威暂住的那片城区太乏味了。狭窄的巷子里奏着一曲生动的交响乐——"食物和香料、花香、烤栗子、熏香和鸦片的甜香"混着小贩们"如歌的"叫卖声，他们什么都卖，从木材到棉花到猫铃、小刀和挖耳勺。[1] 她意外地碰到一位高个子的欧洲女人，那个"头戴男式毡帽，长裤外面套着一条印花棉裙"的女人挤到她跟前，问她和海明威想不想见一见周恩来。[2] 那人让盖尔霍恩第二天跟丈夫一起回到集市，不过在此之前要四处走走逛逛，确保没有人跟踪他们。盖尔霍恩对周恩来一无所知，她问海明威时，他说周是他们自西班牙内战时期的好友、荷兰共产主义导演尤里斯·伊文思的熟人。他们得去会会他。在盖尔霍恩看来，"接下来的场景跟詹姆斯·邦德一模一样，但詹姆斯·邦德

系列问世已是多年以后了"。³

头戴男式毡帽的女人领着这对夫妇来到盖尔霍恩前一天没有走到的巷子深处，那路线像迷宫一样弯弯曲曲的，然后她给两人戴上眼罩，让他们上了一辆人力车。到了目的地，眼罩被摘掉后，他们发现自己身处一间粉刷一新的小房间。房间里有一张桌子和三把椅子。桌旁坐着的那位共产主义领袖将在 1949 年到 1976 年担任中国总理，那天他穿一件普通的敞领白衬衫，黑裤子，脚上穿着一双凉鞋。

海明威和盖尔霍恩 1941 年的中国之行本可以成为两人的第二次蜜月，事实上她却称之为"超级恐怖之旅"。⁴ 海明威对跟新婚妻子一起去远东之事仍然心情矛盾。在她后来所写的那部还算温厚善意和有趣的回忆录《我和另一个人的游记》（*Travels with Myself and Another*）中，她会称他为"不情愿的旅伴"，简称"U.C."。①

就算撇开海明威的态度不谈，那也是一次漫长而艰难的旅行，早年间他们从据说中立的法国绕道西班牙就常常遇阻，有时还需冒险，这次却远比那时艰难得多。美国还没有参战，但世界上大部分地区已是战

---

① "Unwilling Companion"，即"不情愿的旅伴"的首字母缩写。

火纷飞，就算对海明威这样的名人来说，船票也是一票难求。他们最后只好将就着乘坐一艘服役 38 年的轮船"梅森尼亚"号（Matsonia）。

这对夫妇早已习惯了跨大西洋航行的舒适惬意，没想到从旧金山到檀香山这一段航程上，太平洋居然波浪滔天。当他们 1941 年 2 月初到达夏威夷时，虽然有人列队欢迎，但海明威实在没什么好心情。他愤怒地高喊着他不喜欢脖子上被人挂上花环，要是再有一个人用夏威夷语对他说句"你好！"，他就"啐他一脸"。[5] 和盖尔霍恩一起去珍珠港的海军基地参观也没有让他心情转好。在那个遮风蔽日的热带海湾，他们看到美国的军舰和军机一排排列在那里。海明威对盖尔霍恩说，美国使用的制度在第一次世界大战期间曾非常盛行，但已经造成了灾难性的后果："把一切装备和队伍都塞在一处，（可能会）……被彻底消灭。"[6] 他知道要把损失降到最低，要保护他们免受日本人已经在谋划中的空袭，就要把装备和人分散开来。几周后的 5 月，他悲愤地表示，从 1930 年中期他和盖尔霍恩倾尽全力抗击法西斯时起，美国军队就一直在打盹儿，从未清醒过。[7]

行程继续。这对名人夫妇从夏威夷出发，乘坐泛美世界航空公司的波音"飞剪"号飞机跨越太平洋前往中国。那次飞行用了五天时间，先在大洋中的中途岛和威克岛，后来又在关岛和马尼拉岛降落停留，再飞最后一段航程到达香港。[8] 那是国际航空旅行的全盛期。庞大的水上飞机就像是飞行的休息厅：舒适安逸、设施完备、服务上乘。"飞剪"号着陆补充燃料和新鲜补给时，乘客们可以在风光秀美的潟湖游泳，或者在更舒服的环境中沐浴、用餐和睡觉。海明威不介意艰难困苦，特别是为他信仰的事业奋战时尤其如此，但他对奢侈享受也一向来者不拒。

2月22日，海明威和盖尔霍恩终于来到中国。那里可是玩弄密谋的绝佳场景。中国已经与日本交战多年，后者和纳粹德国和法西斯意大利一起组成了"柏林－罗马－东京轴心"。那场残暴的战争似乎看不到尽头。日本人的目的很简单——也就是原材料和领土——为达此目的，他们无所不用其极，往往大批杀戮中国人，不管是平民还是军人，根本不屑于为杀人找理由。侵略罪行罄竹难书，就连佛朗哥都难望其项背。如果说，像海明威喜欢写的那样，西班牙内战期间的民族主义者是杀人犯的话，在中国的日本人简直就是杀人狂。即便如此，在外来威胁下，中国人也只做到了在表面上同仇敌忾。其下暗流汹涌的，是旧制度和共产主义革命者之间的激烈冲突。

旧制度的代表是军阀蒋介石，此人是中国国民党的领袖。蒋是名义上的国家元首和三军统帅。在毛泽东和他的副手周恩来的指挥下，共产主义者也拥有自己的军队，规模小得多（纪律也较严明）。双方为警惕地相互对峙所花费的时间和精力大致跟对付日本人一样多。苏联人、德国人和美国人都曾在不同时段为蒋介石及其军队提供过支持。有一次，海明威和盖尔霍恩偶尔在一所中国军校的墙上看到他们间接用图片讲述了此事：那里的墙上并排陈列着罗斯福、张伯伦以及看样子似乎是希特勒、墨索里尼和斯大林的肖像。[9] 除此之外，中国境内和周边还有不少欧洲国家的殖民统治地，让局势变得更加复杂，那些欧洲国家至今还坚信他们能在远东控制局面呢。

那些殖民统治地之一，就是英国的海外领土香港，海明威和盖尔霍恩就是从那里进入中国内地的。1941年初，那里还算是世外桃源。在游记里，盖尔霍恩记录了当时的香港，那时它还远不是战后依山傍海高楼林立的现代都市。在它的正中心是山峦起伏的维多利亚岛，名为"山顶"的区域人烟极为稀少，俯瞰着熙熙攘攘的香港市。殖民统治者住在山上奢华的宅邸里，房主的地位越高，房子就越居高临下。山下海边的生活则相去万里。那里的人们住的窝棚简直就像用马口铁皮和木材临时搭建的。周围是喧嚣的闹市，到处拥挤着行人、人力车和自行车。[10]

虽然母国已经兵戈扰攘一年有余，日本军队也对殖民地形成了包围圈，但在香港，时间似乎凝滞了。海明威后来为拉尔夫·英格索尔的小报《下午报》报道说，这个城市的饭馆位列全世界最佳，人们还沉迷于和平时期的娱乐，像赛马、板球、英式橄榄球和英式足球等。[11] 海明威也贡献了自己的娱乐方式，他把自己的"血腥玛丽"招牌鸡尾酒介绍到当地，还用"远方的趣闻轶事"娱乐他的作家同行们，比如他曾在爱达荷州的一间酒吧里把挪威法西斯领导人维德孔·吉斯林（Vidkun Quisling）揍了一顿。[12] 还有个夜晚，他和一位海军军官表演了"匕首短剑术"，展示如何不费力气地把一个人斩首。[13]

海明威拿出对英国人一贯的否定态度批评这种超现实氛围，他写道，"危险笼罩此地已经太久，人们都习以为常了"。[14] 这座城市"非常欢愉"，"士气高昂"而"道德低下"，因为漂亮的中国女孩纷纷涌入香港和中国的富翁们泡在一起，按海明威的计算，大概有 500 个富翁目前住在此地。大作家看似愉快地报道说，英国的官方立场是，如今没有娼妓可管了。

关于英国，海明威还有话要说。他很有兴味地说起一个故事，是关于一位中国将军想知道英国人到底怎么看待中国军队的。[15] 美国作家模仿着曾经跟他聊过此事的英国军官的口吻说："我们不怎么看好中国人，你知道……强尼（指中国人）还不错，是个好小伙儿……但你知道，他们打仗时一塌糊涂。我们根本不相信这人打过仗。"中国军官说了个谜语作为回敬：为什么英国参谋官都戴着单片眼镜？答案是这样

他们就可以对他们不懂的事睁一只眼闭一只眼了。海
明威的结论是，待日本人进攻殖民地时，驻港英人的
下场会"像掉进陷阱的老鼠"。[16] 后来证明他在这个
问题上的确先知先觉，就和他对驻夏威夷的美国海军
的说法一样准确无误；战争结束之前日本人的确占领
了香港——他们偷袭珍珠港之后八小时，便火速攻入
香港。

海明威不在乎英国是不是当时跟纳粹德国交战的
唯一一个大国。它仍在欧洲为捍卫民主而孤军奋战。
根据 1939 年 8 月签署的苏德条约，另一个反法西斯
大国苏联仍然与德国和平共处，随后在 1941 年 4 月，
斯大林又签署了第二个互不侵犯条约，这一次是跟德
国的盟国日本。

在包括中国共产党领导层在内的很多人看来，这
是惊人的背叛之举。当时碰巧在中国的美国新闻记者
西奥多·怀特（Theodore White）在他的日记中写
道，苏日条约就像"平地一声惊雷"。[17] 当怀特把这
个令人震惊的消息告诉海明威和盖尔霍恩时，他们不
动声色的冷静态度让他大感诧异。几个月后，海明
威在另一篇写给《下午报》的文章中解释了自己的态
度。他用曾在西班牙用过的方法来测试第二个互不侵
犯条约——也就是说，他不去管政客们说了什么，而
只看他们做了什么。苏联一直在为中国政府提供对日
作战的援助。该援助是否仍未中断？苏联顾问是否仍

在中国工作？两个问题的答案都是肯定的。"苏联给中国提供的援助比任何其他国家都要多"，援助仍在继续。[18] 既然如此，谁又能因为斯大林保护自己的东部边境不受打击而对他说三道四呢？

海明威没有讨论该条约让双方军队从其他目标中腾出手来的说法。日本人的任务就是在华作战。换句话说，斯大林方便了日本人在华作战。讽刺的是除此之外，海明威在1941年中国之行期间的其他一切言论，目的都是支持中国对抗日本，正如当年在西班牙，他曾倾尽一切心力帮助他们打击法西斯。

虽然海明威在前往东方之初或许是盖尔霍恩"不情愿的旅伴"，但随着旅行继续，他们的角色互换了。盖尔霍恩挑剔又有洁癖，讲究得近乎吹毛求疵，越来越难以忍受中国恶劣的卫生条件和普遍失序。海明威几乎恰恰相反。他觉得没必要每天洗澡或把住的地方布置得一尘不染。一旦事情没有按原计划进行，他那个冒险家自我便跳将出来，反而乐在其中。何况冒险还包括与中国领导人会面，就更加好玩儿了。海明威通常很喜欢见到那些对他平等相待的政治领袖。

这对夫妇在重庆逗留了一周多时间，在盖尔霍恩看来，那是"灰暗、混乱、泥泞的"战时陪都。[19] 他们在那里见到了蒋介石和共产党领袖周恩来，以及蒋手下的多位将军和官员。这位国民党最高军阀喜欢自称"委员长",他和蒋夫人(盖尔霍恩觉得她"还是个美人,也是著名的妖妇")专门招待海明威夫妇在他们的私宅享用午餐,那里让盖尔霍恩想起了密歇根州大急流城(Grand Rapids)的一处朴素干净的房子。[20] 瘦削秃顶的蒋介石身穿一套普通的灰色军装——美国将军约瑟夫·史迪威(Joseph Stillwell)曾因为他的头形怪异而给他起了个外号叫"花生米"。如果不戴假牙,他看上去就像个"防腐的僵尸"。蒋夫人操一口流利的英语,把丈夫对共产党的高声抱怨翻译给他们听,还想方设法对来访者说毛的军队没有为对日作战做出任何重要的贡献。相反,国民党旗下为对抗日军而保留的 60 个师还要"监视着共产党的一举一动"。

蒋介石注意到,共产党也给美国记者们讲述了动人的故事,仿佛他们才是确保抗战胜利的主力。会面期间,就在蒋夫人准备用美色诱惑海明威时,盖尔霍恩问他们,为什么政府不照顾那些活下来的麻风病人,而让他们沿街乞讨呢?中国第一夫人反唇相讥,说她的同胞比西方人更加人道:中国人不愿意把麻风病人锁起来,让他们脱离社会。还有,她接着说,在盖尔霍恩的祖先还"住在树上,浑身涂满迷彩"时,中国人就已经有了伟大的文化。[21] 盖尔霍恩总结说,"这两位冷血的统治者一点儿也不关心他们活在水深火热中的人民"。[22]

盖尔霍恩认为,蒋氏夫妇与他们的对手周恩来形成了鲜明对比。30 年后，盖尔霍恩已经不记得这位共产主义领袖在那个粉刷一新的房间里跟他们谈话的内容了，却仍然记得周给他们留下了极好的印象："那是第一次，也是唯一的一次，让我们觉得和中国人在一起很自在……我们认为周是胜利者，是我们在中国遇到的一个真正的好人……如果他是中国共产主义者的一个典范的话，那么未来就是他们的。"[23] 会面几周之后，海明威形容周恩来是"一个魅力超群、才智过人的人，（他）有力兜售了共产主义的立场"。[24]

安排这次会面的那个欧洲女人名叫王安娜（Anna Wong），是个嫁给了中国共产党员的德国女人。她何以会接近盖尔霍恩，为我们提出了几个有趣的问题。这是尤里斯·伊文思在千里之外操控的人吗？还是内务部间谍戈洛斯希望安排海明威在中国见面的秘密联络人？两个问题的答案都是有保留的否定。伊文思很久以前便离开中国，那时他已经回到美国，正四处找工作呢。如果他在中间促成了这次会面，很有可能只是极其随意地建议海明威或王安娜，如果两人碰巧同一时间在同一地点的话，不妨见上一面。如果戈洛斯推动了见面的安排，则这一事实可能会在海明威的内务部档案中有所反映。然而档案中并没有关于在中国的秘密会面的记录。相反，1948 年审查档案的内务部办事员写下的记录是，"在中国没有与'阿尔戈'（海明威的代号）再次联系"。[25] 就算海明威和戈洛斯为

了准备在中国与某人秘密会面着实费了一番力气，还
定下了接头暗号，最后也没在那里派上用场。

　　这次与周的会面，更可信的幕后故事是周恩来得
知海明威来到重庆，决定利用这个机会，要知道战时
的重庆可是个很难保守秘密的城市。当时王安娜的工
作类似于共产党的新闻官，就顺理成章地安排海明威
和盖尔霍恩在听完国民党的观点之后，听听共产党对
时局的看法。[26] 为了让周恩来可以不受蒋介石的小喽
啰的干扰，会面是私下进行的，更像个吹风会，而不
是什么秘密联络。盖尔霍恩把它形容为邦德电影的场
景并不十分准确。

　　海明威以新闻记者或政府特使的方式整理了他从
蒋氏夫妇和周恩来那里听来的情报：撰写文章、编制
报告。这些是当时通行的做法，也反映了他所支持的
政策。他为《下午报》所写的报道情绪较为乐观，就
像他在西班牙内战期间的报道一样。在一次采访中，
他解释说蒋介石的军队很重要，因为它在美国准备保
卫其太平洋军事基地期间牵制了日本的兵力。[27] 他表
扬共产党的军队"出色的战斗"作风。他没有详细讲
述共产党与国民党之间的紧张关系，因为他不想自己
的任何言行削弱当前头等大事，也就是打击法西斯。
[28] 为此目的，他也没有公开发表对英国的负面评价或
谈及美国在太平洋的前景，只是在跟几个朋友或熟人
聊天时才说到这些。

　　仍然悬而未决的有趣问题是：海明威在东方逗留了那么长时间，原本计划的秘密会面怎么取消了？戈洛斯花了那么多精力安排的会面，为什么貌似什么也没有发生？

　　一个可能的解释是在兵荒马乱的战争期间安排一次会面太困难了。海明威和盖尔霍恩自己都不知道他们下一个小时或者第二天会在哪里；交通和通讯极不可靠。盖尔霍恩的游记中通篇记述着各式各样的失联和危险，还有令人汗毛直竖的飞行或乘船旅行，基本上都是九死一生。不过鉴于海明威夫妇见到了周恩来，这种海明威很难与内务部会面的说法就有些站不住脚了。如果周恩来的人能够找到海明威并进行一次谨慎的会面，内务部在中国的行动人员有无可能如法炮制？海明威本人曾与国民党统治区的小型苏联军事顾问团有过一次友好的邂逅，他们不可能在没有内务部的监督下进行部署。当班的政委会报告上峰，说来了一位情绪激昂的外国人，让天性内敛的俄国人不得不注意他，因为他自己走上前来，跟其中一个他碰巧认识的军官漫不经心地打招呼："最近怎么样啊，同志？"[29]

　　还有两个可能的解释。首先，和许多间谍一样，海明威或许在跟外国势力签约之后便陷入了犹豫，即便他仍然对该政权心怀仰慕。一位研究间谍的心理医生曾称之为"宿醉期"，发生的时间往往在几个月后。[30] 这有点像买主懊悔：在讨价还价后敲定了一个重要交易，然后又疑心自己是否以划算的价格买到了合适的东西。此时这位买主或许希望能跟卖家保持一点距离，有时干脆希望离后者远一点儿。

在 1940 年末，海明威还是比较容易说服自己相信跟内务部合作是得体行为的。他因为西班牙而对民主国家大失所望，以及他对苏联人的同情，打消了他的疑虑。《丧钟为谁而鸣》大获成功又让他充满能量。然而成为一名间谍仍然是朝着背离美国社会主流价值的方向迈出了一大步，很少有美国人会理解或原谅有人迈出这一步。海明威喜欢做一个了解内幕的人。建立一段秘密关系，处理各种机密情报，那些可都是令他痴迷的最为"真实的内幕"，给了他一种优越感。[31] 然而这是要付出代价的。他无法把自己了解的人事与他人分享，1941 年，他多半已经开始感觉到，这是一个巨大的负担。

早在西班牙内战期间，海明威就已经看到极左派在美国是极少数，也非常不受欢迎。他知道他的许多朋友不过就是因为曾在西班牙抗击法西斯，回国之后便遭到冷眼，就连受伤的老兵也往往受到排斥。1939年后，海明威一再表示愿意支持他们，当忠诚的古斯塔夫·雷格勒在西班牙内战之后无处可去时，是海明威慷慨地解囊相助。然而这并不一定意味着大作家能够轻易跨越雷池，毫无心理负担地成为间谍。

另一个解释是，海明威近乎躁狂的冲天干劲让他有点招架不住了。此前四年，他完成了一件又一件人生大事，远超大多正常人的负荷：出轨、离婚、再婚；全身心地投入西班牙的失败事业；切断与基韦斯特的联系搬到古巴；写了一部 470 页的世界文学杰作；到一个未知世界去探访另一场战争。同意为苏联做间谍只是这一长串事件中的一项而已，对大多数被内务部雇用的美国人来说，那可是压力极大的计划。这一切构成了他后来在写给文学友人阿奇博尔德·麦克利什的信中提到的所谓"从 1936 年到 1946 年（反法西斯）战争的技术压力"。[32] 在随后的一封致麦克利什的妻子埃达的信中，他还说这"几十年"来，压力已经让他"不堪重负"了。[33]

海明威离开中国时的言行也符合买主懊悔和疲惫的心态。这对新婚夫妇决定分头回国。她还要为《科利尔》做其他工作，就先行出发到了当时还是英国殖民地的新加坡，几天后又到了当时是荷兰属地的巴达维亚（Batavia，也就是后来的雅加达），在那里写完了她的报道。她那位"不情愿的旅伴"几乎在她离开的那一刻就开始想念她了，在回国途中写了好几封甜蜜又苦涩的信给她。没有她，在亚洲的旅行渐渐变得乐趣全无。一封来自编辑麦克斯·珀金斯的信带来了作家舍伍德·安德森和弗吉尼亚·伍尔夫去世的消息，更让他陷入了苦闷。他焦虑地发现，作家们"显然正在成群地死去"。[34] 他和伍尔夫不熟，但他会想念安德森，1939 年和 1940 年几位作家的相继去世就曾让他心碎，特别是他一度的密友 F. 斯科特·菲茨杰拉德。[35] 从香港启程分段向东飞行之后，他变得越来越阴沉暴躁，在水上的长途飞行期间他喝劣质的中国白酒，中途停留时总是对许多仰慕者不耐烦地咆哮。一位同行记者记得他"无礼而易怒"，如果有人问他到中国做什么去了，更会引得他暴跳如雷。[36]

从 5 月 6 日到 12 日，这位不耐烦的旅人在菲律宾短暂停留，那时它还是美国的一个附属国。这是距离美国本土最远、也最容易受到攻击的太平洋陆军和海军基地，不到一年之后就被日军占领了。在马尼拉，海明威来到 G-2（陆军参谋部二部），那是美国的一个军事情报部门。他似乎跟他们分享了自己关于中国战局的印象，很可能还提到了自己关于日本的意图和能力的想法。几天后他在写给盖尔霍恩的信中说，他在马尼拉完成了"好几项 G-2 的差事"，与那些军官们共事，他们"似乎对（他提供）那些情报心怀感激"。[37] 不过他接着又说他要为政府提供的服务有限。他在下一行写道："你和我都必须尽力摆脱眼前这场愚蠢的战争。"最终他们都将不得不投入其中，为赢得即将到来的战争出力，但眼下他们得为自己和他们的"崽子们（原文如此）和母亲还有圣鬼"专注于"写作的营生"了。[38]

海明威写这封奇怪的信时，心里在想什么呢？他对美国（和英国）政府的态度仍然十分矛盾，那是西班牙内战的后遗症。直到多年以后，他才终于不再因为民主国家无视西班牙共和国，没有早做准备打击法西斯而对它们充满愤恨。然而如今他对苏联似乎也有了一点厌倦的态度。几个月前，在完成了自己的畅销书《丧钟为谁而鸣》，又娶了一位精力充沛的年轻女士之后，他乐意去冒更多的险。正是在那样的上升期，他接受了内务部的邀约，宣称自己愿意前往一个不熟悉的大陆去探访另一场战争。然而到旅行即将结束时，他开始变得萎靡不振，听上去又好像从西班牙回国之后那样避世离俗，至少过一阵子再重出江湖。

6月中旬，基韦斯特那家"邋遢乔"酒吧的主人，他一起钓鱼的同伴乔·拉塞尔（Joe Russell）突然离世，对他造成了更大的打击。（就算在写给摩根索的正式信件里，海明威也称拉塞尔是"我最好的朋友之一"，说他因为拉塞尔去世而取消了前往纽约和华盛顿的行程。[39]）他再次利用这段时间休整康复和集中精力写作，因为不久他又要投入新的冒险：他相信，美国与轴心国之间的战争不久便会打响。无论是谁提出什么严肃要求，需要海明威投入时间和精力，都必须要等一段时间，包括希望从这位潜力极大的新手这里有所收获的苏联情报官员。

与此同时，海明威仍然乐意阐述自己的观点，回应政治大人物的专门邀请。1941 年 6 月，他再次来到纽约，接受拉尔夫·英格索尔为自己的日报《下午报》而对他进行的采访。那是一个经典的海明威式访谈：一些大话，几个有趣的事实，一两个很有见解的观点，再加上很多大而化之的总结。[40] 他从纽约来到华盛顿，在那里至少与财政部长摩根索进行了短暂的会谈，摩根索仍是他急于讨好的人。[41] 会谈的细节已经无从考据，但可以肯定他对未来局势做了预测并慷慨地提了些建议。[42]

几周后，海明威给部长写了一封长信。[43] 作家就他们上次会面没有谈到的一个话题，也就是中国国民党和共产党的摩擦，进行了深入阐述，他认为此问题的严重性怎么说都不过分。据他判断，内战爆发的风险极大。海明威言辞谦恭有礼，但并不羞于举荐一项政策："要百分之百地确保我们在任何时候都不会以任何形式为内战提供援助。"[44] 换句话说，如果蒋介石要把枪口转向共产党，美国人应该撤销援助。

严格来讲，海明威在中国并没有从事间谍活动。他没有跟任何人秘密会面，没有谁让渡、偷盗或购买任何国家机密。但他和盖尔霍恩接受了私下谒见，也分享了一些机密。共产党人和国民党人都利用他向美国公众和政府传达自己的观点，而财政部长也的确在他一从中国归来就会晤了这位经验丰富的旅行家，从他那里获得了情况通报。跟1937年和1938年马德里盖洛德旅馆没有多大差别，海明威再次因作为局内人跟高官过从甚密而备感满足。

与摩根索的会面尤其让他高兴。蒋介石或周恩来与摩根索的区别在于，部长愿意倾听海明威的意见而不是给他传达意见。海明威与内务部打交道的部分动机，就是在西班牙内战期间，华盛顿方面根本不听从他的建议。如今情况发生了变化。与政客们谈话或许不如间谍活动那样刺激，但对一个已经厌倦了国际阴谋的人来说，是个不错的替代品。或许这就是为什么海明威似乎没有在跟戈洛斯会面之后密切跟进；他现在有其他的事情可做，也收获了不小的成就感。

为他与摩根索牵线搭桥，从而让海明威除了给苏联人做间谍之外还另有事可做的那个人，本人就是美国政府内部"职位最高"的苏联间谍。45 摩根索的得力助手亨利·迪克特·怀特长期同情共产主义，一直在把保密消息秘密传递给苏联情报部门。他非常清楚自己的所作所为，也了解这么做的风险很大。从苏联角度来看，怀特的问题在于他不擅于接受指令。他跟海明威一样，是个坚信自己可以也应该按照自己的外交政策行事的人。他自行决定给苏联人传递什么样的情报，以及如何与他们见面。

没有证据表明苏联人指示他联系海明威，或怀特曾把海明威的资料传递给了苏联人。两人也不大可能怀疑对方与内务部有什么特殊关系。很难想象这两位城府很深的人会冒那么大的风险彼此交换情报。当怀特请海明威汇报自己的中国之行时，几乎可以肯定他代表的是财政部，而非莫斯科。

更深层意义上的讽刺是，中国之行顺利转变成为与另一个情报部门的关系，其对海明威的意义将远超过他与苏联人的关系。故事要从一个名叫查尔斯·斯威尼（Charles Sweeny）的雇佣兵说起，据说他曾是法国外籍军团的一名军官。自1920年代起，他和海明威就是好友，作家一直乐于接待斯威尼，特别是当有战事发生，他急于以他特有的激情兜售某种疯狂计划时，更是把斯威尼当成绝好的听众。斯威尼吸引的朋友都跟他本人一样，不适合任何特定的模板，这使得他很自然地把海明威介绍给了另一位美国人，美国海军中校小约翰·W.托马森。

这位骄傲的得克萨斯人身穿笔挺合身的军装，短短的深棕色头发中分，行止庄严姿态完美。他是一战老兵，是1918年在战壕里艰苦作战的英雄。就算在当时喝酒成风的海军，他也算是个酒鬼，与此同时，他还是个颇有成就的素描画家和短篇小说作家。［他的海上故事，尤其是第一部著作《坚韧的刺刀》（Fix Bayonets）中收录的那些，正在成为未来几代海军崇拜的经典。］海明威和托马森早已听说过彼此，除了其他联系人外，二人的编辑都是可敬的麦克斯·珀金斯。[46]

1941 年夏，托马森在华盛顿海军情报局的"海军主楼"里，那座不起眼的混凝土办公楼是 1918 年盖起的海军临时总部。[47] 在林肯纪念堂和华盛顿纪念塔之间那一大片广场上建起了一个杂乱的长方形"临时建筑群"，海军主楼就是其一。由于他们是从宪法大道上的那个门进入海军主楼的，海明威和盖尔霍恩或许没有注意到这座建筑唯一一个救赎的特质：它紧邻反思池而建，林肯曾经面池而立，沉思默想。相反，倒是那里的官僚体制让盖尔霍恩久久难忘；她后来回忆说她和海明威被"召集到那里……回答有关中国的问题"，两人"阴沉地"告诉"桌边的情报官员，这场战争后，共产党将接管中国"。[48]

她说对了大部分，不过当天的气氛并不阴沉。会议的氛围相当积极乐观。托马森很赞赏她的分析头脑，曾带着一点点屈尊对珀金斯说"她看上去还是很独立的"——也就是说，她并不只是"非常聪明体面"的海明威的附属而已。[49] 总而言之，托马森很高兴终于见到了这位传奇作家，并希望日后有更多的见面机会。他会如愿以偿的。短短几个月后，世界大战的战火就会烧到美国人这里，而两位战士作家托马森和海明威，也将想方设法在加勒比地区共同对抗纳粹。

第七章　骗子工厂：一场秘密的陆战

1942 年，调查局特工 R. G. 莱迪被派到古巴的美国大使馆。大使馆坐落在优雅的普拉多大道上，普拉多大道连接着港口和国会大厦，是哈瓦那老城和新城的分界线。那条地势渐高的海滨大道两旁种着茂密的月桂树，两条车道中间有大理石凳为之增色。大使馆的所在是用有石柱的宅邸改建的办公处，原是前总统乔斯·米格尔·戈麦斯（José Miguel Gomez）在 20 世纪初为他的家人建造的。

关于莱迪的生平和工作，我们所知不多，只知道他在古巴代表调查局，而海明威为此对他憎恶有加。那年春天的一个下午他们一起玩回力球——有点像壁球，不过用的是硬质球，能以危险的高速在球场上横冲直撞——海明威在向古巴朋友介绍莱迪时，说他是美国的盖世太保。海明威后来说那是开玩笑，但莱迪不信。作家不久再次露出真面目。海明威手下有一个身高近两米的年轻美国运动员，名叫温斯顿·盖斯特。有一天哈瓦那警察盯上他，把他带到中央警察局里粗暴殴打。获释后，盖斯特驱车来到瞭望庄园向海明威汇报。

盖斯特的事情激怒了作家。他觉得此事是调查局从中作梗，认为他们是与古巴警察联手，意在针对他海明威。虽然时间早已过了午夜，海明威全然不顾盖斯特还穿着此前去赴宴的燕尾服和黑领带，把他塞进汽车，开车十英里，到了哈瓦那码头区一间朴素的小型公寓。那是美国外交官罗伯特·乔伊斯的家，此人一直在尽力协调调查局与海明威这类业余间谍的工作。乔伊斯打开门，看到通常悠闲随和的盖斯特委屈得快要哭出来了，而海明威"雷嗔电怒"，让他平息怒火还真不容易呢。

乔伊斯这位诚实的和事佬只好叫来了莱迪，让他传话给古巴人别再为难盖斯特。在海明威的怒视下，莱迪"神色凝重地听完，"便"沉默地离开了"。乔伊斯的干预解决了眼前的危机，对长期关系却没有改善。海明威对调查局的态度只会越来越差，这给他带来了不可预知的后果。[1]

海明威爱上了这个岛国，它距离基韦斯特只有90英里，却因为独特的热带景观、西班牙语腔调和放荡的生活方式而充满异国情调。海明威是在1932年那次惊心动魄的马林鱼垂钓之旅时被这片"深蓝色的大河"（他为古巴海域的墨西哥湾暖流所起的名字）吸引的。[2] 那年，两周的行程延长到两个月，开启了他一生中最长的一次爱恋。

墨西哥湾暖流紧邻古巴首都哈瓦那，距离莫罗城堡两百多码[①]，那是16世纪建造的西班牙式大城堡，守卫着海湾入口。要塞的灯塔看守人可以在望向海面时看到暖流。如果他面朝另一个方向，越过一个小水湾，就能看到哈瓦那老城，看到那些教堂的尖顶，还有从海边开始绵延的粉色、黄色和蓝色联排住宅。国会大厦的穹顶令人过目难忘，据说是世上第三高的建筑。某些人会觉得，如此克隆位于美国首都华盛顿的国会山让它看上去不伦不类，跟周边景物也不协调，但或许正因为这样，它恰恰可以提醒人们，北方那个强大的邻国总喜欢保留其干涉古巴内政的权力。

1932年后，海明威屡次返回古巴，通常都是为了去钓鱼。到1930年代末，他早已在这个岛国安家了。1940年，大概就是在他与内务部的招募人戈洛斯见面那段时间，他买下了 Finca Vigía，意译为瞭望庄园，此名源于它坐落在哈瓦那郊外几英里的山坡上，远处隐约可以看到海。在瞭望庄园，13公顷的香蕉树、热带灌木丛和随意生长的花园环绕着一个破烂不堪但

---

① 约合200米。

惹人心痒的单层灰泥宅邸，那是一位加泰罗尼亚建筑师在 1886 年建造的，通常被粉刷成白色调。一棵木棉古树在前门旁伸展出茂密的枝叶，欢迎海明威和他历任妻子、他们的猫狗，尤其是书。大部分房间不久就会变成海明威书房里主图书馆的各个分馆。几乎每个看得见的平面上都高高堆起一沓沓书；到 1961 年，整座宅子里大约有 7500 册书。

美国作家喜欢这个岛国为富有侨民提供的多种选择和自由。古巴的生活要比国内更丰富多彩和刺激好玩。规则不同，甚至在很多方面，这里压根儿没有规则。钓鱼当然是最棒的，但是正如海明威对他远在大陆的读者所说，这里还有射击俱乐部，可以对着活鸽子射击，那要比打陶土盘子有趣多了；还有斗鸡，美国许多州已经把它定为非法了；以及古巴棒球，年长的叔叔站在击球位置，每次击中球，就示意他年轻的侄子替他跑垒。叔侄二人是海明威热情的邻居，住在瞭望庄园对面的村庄圣方济各德保拉，他们是另一个吸引海明威在这里安家的因素。最后但同样重要的是，海明威喜欢古巴凉爽安静的清晨，那是绝佳的写作环境，不亚于他所知的任何其他时间和地点。他喜欢破晓时分起床独自工作，起初是在城中心"两个世界"（Ambos Mundos）旅馆的专门工作室里，那是他初来哈瓦那时最喜欢的比较正规的欧式旅馆；1940 年后他就在瞭望庄园那些凉风习习、阳光明媚的房间里工作了。他写作时几乎总有一只猫或一条狗蹑手蹑脚地潜入房间，在他脚下凉爽的黄色花砖上舒展地趴着。

古巴社会也很适合这位在循规蹈矩的芝加哥郊区长大的人，这里比美国社会随意得多。海明威愉快地注意到，男人进城只要穿上鞋子就可以了，就算是最特殊的场合，也只需要一套干净的白衬衫和长裤。美国驻古巴大使斯普鲁尔·布雷登第一次邀请海明威在自己的宅邸参加晚宴时，他发现这位侨居作家没有任何"赴宴服装"，不得不从朋友那里借来夹克和长袖衬衫。[3]（夹克还算合身，衬衫就没那么走运了，海明威不得不把黑色领带往上系一些，才能合上领口。）

布雷登称古巴的治理方式是"强盗行径"。[4] 和许多曾经做过殖民地的国家一样，一小撮腐败的统治阶级过着舒适的特权生活，与下层社会壁垒分明，他们对此安之若素，甚至还冷漠残暴地剥削后者。海明威总说他反对右翼的古巴独裁制度，却又在上层和底层之间游刃有余。他既能享受精英俱乐部的会员待遇，又能跟靠双手劳动的人你来我往。要是他们还有一项他看重的技能——通常是与钓鱼、划船或射击有关的技能，他就更乐意跟他们交朋友了。

海明威在造访中国之后就来到古巴，回到了岛上生活那令人愉快的节奏中。他看似还保留着多项选择，1941 年 8 月他曾对朋友说，不要试图规划跟海明威一起做任何事，因为他"很有可能"会在近期重返中国甚至前往苏联。[5] 这反映出他和盖尔霍恩在 1941 年夏天的焦躁不安。对于两人来说，最迫在眉睫的问题都是——仍然是——他们将在新的世界大战中扮演何种角色。盖尔霍恩仍然渴望到枪林弹雨中去报道那些大事件。海明威还想参与，但他采取了更加观望的态度。

苏联此时也卷入了战火。希特勒在 1941 年上半年已经准备好了侵略的战争机器。这是一个几乎不可能掩人耳目的巨大工程，但斯大林固执任性地无视许多送上门来的警告。情报之一便来自出色的苏联间谍理查·佐尔格（Richard Sorge），这位德国共产党员是被派驻东京的外国记者。他假装成忠诚的纳粹分子，设法获得了德国驻东京大使馆的机密，屡次冒着生命危险把那些消息通过短波通信传递给莫斯科。[6] 另一个警告来自英国首相温斯顿·丘吉尔，他因为斯大林毫无反应而备感失望。丘吉尔后来描写苏联领导人"坐等着……恐怖的屠杀逼近俄国。此前我们一直认为他们是自私的算计者。这一时期他们简直就是蠢货。若论及裁决者的战略、政策、远见和能力，斯大林和他的政委们在这一时刻证明，他们是第二次世界大战中完全自投罗网的糊涂虫"。[7]

1941 年 6 月 22 日，德国陆军和空军开始了对苏联的猛攻。大约 145 个师在从北到南绵延 1000 多英里的边境线上展开进攻。苏联那半是沼泽、半是毫无特色的平原的边境，瞬间就从原始的一潭死水变成了第一道防线，原本那里唯一的特色就是没有特色，此时则成了数十万名士兵厮杀搏命的史诗级战场。

斯大林的数次清洗大大破坏了苏联红军的领导层，它对战斗毫无准备，因此德国人在战役的最初几个月节节胜利，不断向东推进（一度让斯大林陷入了紧张症状态，私下里也不得不承认他对形势的判断有多糟糕）。1941 年的第三和第四季度，超过 2993000 名红军战士死亡或在战斗中失踪，这还不算被德国人抓到的俘虏，单是战争前几周，俘虏人数就达到了 40 万。[8]

那年最后几个月，苏联人开始利用刚从远东调集的生力军反击，稳住了紧邻莫斯科以西的防线，为这场凶猛残暴的战争的后面三年半打下了基础。东线无疑是二战中人力和武器最集中的战场。它的规模令大多数其他战场相形见绌，堪称世界历史上最大规模的武装冲突。统计数字就很能说明问题：二战中德军的伤亡有 80%~90% 发生在这条战线上，也就是说大约有 400 万名德国士兵死于东线，而据估计苏联士兵的死亡人数达到 1100 万。[9]

如今再说苏联是首屈一指的反法西斯力量自然比以往任何时候更有道理。苏联人似乎是唯一蹈锋饮血、杀敌致果的人，应该得到全世界的支持。《新群众》编辑约瑟夫·弗里曼［此人曾在 1920 年代与海明威见面，帮助把他的作品介绍给苏联人，他后来写的回忆录《美国的约书》（*American Testament*）出现在基韦斯特海明威家里的书架上］就是这么想的。不可避免的对决终于发生了。两个势不两立的制度开始交战，它的结果将决定人类的未来：[10]

> 纳粹制度必须被彻底消灭，世界才有可能继续前进，苏联在紧要关头挺身而出，是唯一最有能力对那个制度给予致命一击的。美国应该给红军一切必要的援助，以便它能给我们一切所需的帮助。

当海明威 1941 年夏天提到有可能前往苏联或重返中国时，他或许在考虑再次从前线发回关于战争的报道。这是我们可以从当时的背景和他最近期的历史推知的。干吗不顺势继续他和盖尔霍恩已经在中国开始的系列报道呢？

还有一种可能。他或许还记得苏联人仍然想让他到海外从事间谍工作。几个月后的 1941 年 11 月，一份来自莫斯科中心的指示命令内务部纽约站"找机会让他（海明威）出国，到我们感兴趣的国家去"，想必是让他像在中国那样联络精英和收集情报。[11] 这条指示隐含着内务部总部的假设，即它的纽约站一直与海明威保持着联络，或者至少存在与他联络的秘密渠道。谁也无法从这样试探性的碎片信息中判断出纽约站是否执行了该指令。然而苏联人的确通过另一种方式联络到了海明威。

德国侵略开始后不久，海明威收到苏联外交部长维亚切斯拉夫·莫洛托夫（Vyacheslav Molotov）的一封电报，莫洛托夫是战前臭名昭著的苏德条约的设计师之一，这时他热情可亲地邀请海明威访问苏联。莫洛托夫说海明威的书在苏联出售的版税有一大笔卢布，可供海明威旅苏期间随意支配。[12] 由于卢布无法在西方交易，不能汇出或兑换成美元，苏联人无法寄支票给海明威，但可以邀请他在他们的国家花费这笔钱。

我们很难不对这个提议产生怀疑。这不是体验苏联美好生活的好时机。那个国家的西半部都是硝烟弥漫的战场。无论哪一位苏联官员，一分钟也不会忘记德国的坦克集群正在逼近莫斯科及北部的文化之都列宁格勒。生死决战在即，难道乖戾的强硬派莫洛托夫或者获准代表他的某一位副手真有闲心去关心给一个外国人付版税的事？还是这个邀请其实是把海明威召来莫斯科的借口，以便内务部有时间深入了解他，把他变成一个卓有成效的间谍？苏联人急需朋友和物资。或许他们可以诱导海明威以某种方式向他经常见面的美国大人物说情。至少，他曾说自己非常赞赏苏联军队，现在可以写一两篇有利于他们的报道。[13] 这大概不是近乎全能的内务部第一次要求或命令外交部长代表它行动。看到德国人兵临都城之下，或许能让一个尚在观望的反法西斯间谍彻底皈依，就像四年前的保卫马德里之战曾把他推向左派一样。

海明威到底没去苏联。1941 年 12 月 7 日那个周日的早晨，日本海军的飞机突袭了位于夏威夷瓦胡岛上的珍珠港美国海军基地，战舰编队遭到严重破坏，造成约 2000 名美国军人死亡。袭击发生的第二天，战舰残骸上还在冒着黑烟时，罗斯福总统对国会发表讲话，将 12 月 7 日定为历史上的"国耻日"，请求两会联席会议对日宣战。之后发生了多少令人始料未及的连锁反应，德国对美国宣战了。美国现在已在三个大洲进入交战状态，战火从地球的一端烧到了另一端。

那年秋天海明威与盖尔霍恩和儿子们一起，在爱达荷州太阳谷度过了一段悠闲的打猎时光，从广播上听到珍珠港的消息时，他正开车一路南行回古巴，刚刚跨越得克萨斯州的州界。他再次觉得自己的话得到了可怕的印证。他在 1941 年初参观珍珠港时就曾预言，美国军舰和飞机那样聚集在一处会极易受到攻击，果然一语成谶。四天后，在圣安东尼奥市宽街 3617 号的帕克汽车旅馆（那是得克萨斯州的第一批汽车旅馆之一），他写信给麦克斯·珀金斯，说"我们无敌海军的神话破灭了"。[14]

海明威为灾难开出的短期补救措施很直接：海军部长应在两个小时内被替换，"那些应对瓦胡岛事件负责的人……全都应该枪毙"。[15][由于美国和苏联体制不同，两位 12 月 7 日在珍珠港负责指挥的官员哈斯本·E. 金梅尔（Husband E. Kimmel）海军上将和沃尔特·C. 肖特（Walter C. Short）将军，倒没有为此送命。但他们另有悲惨结局，一系列没完没了的官方调查对他们的能力和荣誉提出了质疑。]

第二天早晨 5:45，海明威又开始不依不饶地写信给他的出版商查尔斯·斯克里布纳（Charles Scribner），说因为他们的"懒惰、犯罪般的粗心大意和盲目自大，我们从这场战争的第一天起就被玩了个够，而现在到底还能不能、什么时候能赢得这场战争，还是得永远打下去，还真得到耶稣基督那儿去下一番苦功夫"。[16] 他没有用同样的口气批评过战时的苏联领导层，后者在战争最初几个月的表现可以说比美国领导人差得多。

相反，到 1942 年 3 月他和盖尔霍恩去墨西哥城参观几个斗牛比赛并顺便访友时，他仍然明确表示出对苏联人的肯定态度。[17] 那时，墨西哥是除西班牙外第二个挚爱斗牛的国家。很多墨西哥城市的市中心都有一个斗牛场，围绕着斗牛组织了好几个节日，就像因为海明威的早期大作《太阳照常升起》而举世闻名的潘普洛纳斗牛节一样。墨西哥还是仅有的少数几个欢迎左派政治难民的国家之一。最著名的难民就是斯大林的头号大敌列夫·托洛茨基，他死前的那些年就是在墨西哥城科约阿坎（Coyoacán）区中一个绿树成

荫的安静街区度过的，那里距离他的前任情人、著名
墨西哥艺术家弗里达·卡罗（Frida Kahlo）住所的天
蓝色房子不远。

托洛茨基的房子就远没有那么惬意友好了，它更
像个小型的城堡，高墙铁门，还有武警在瞭望塔上俯
视着街上发生的一切。托洛茨基试图保护自己免受内
务部爪牙的攻击。本地党员攻击大革命，动用的手段
可不光是贴大字报羞辱那么简单。1940 年 5 月，内
务部派遣了一整车的墨西哥共产主义者，其中包括戴
维·西凯罗斯 ①，在开车路过时对着托洛茨基住宅的
门窗用机关枪扫射。他们没有击中托洛茨基，但击中
了他的孙子，还劫持了一位保镖，后来又把保镖杀害
了。几个月后的 8 月，一个内务部的暗杀者假装成朋
友，用那种登山者携带的冰斧打中托洛茨基的后脑，
杀死了他。

海明威从西班牙内战时期以来的密友古斯塔夫·
雷格勒住在城南一个名叫阿胡斯科（Ajusco）的不起
眼的城区。前政委处境艰难。到此时，他已经公开宣
称脱离组织了。"共产党发出了一条密令——'雷格
勒跟我们已经不在一条战线上了，因此他现在是我们
的敌人。'" 18 这引发墨西哥一家报纸刊登恶意漫画，

---

① 戴维·西凯罗斯（David Siqueiros, 1896-1974），墨
　西哥油画家和壁画家，墨西哥现代壁画的开拓者，也
　是墨西哥共产党的领导人之一。

将他描绘成纳粹和托派分子，这个组合本身就很荒谬可笑，但如果能煽动当地共产主义者搞破坏的话，其性质仍然不失为严肃。身份不明的年轻人开始监视雷格勒的住所。大作家来访时，他意识到了威胁的存在，但似乎没有抓住问题的实质。"他只看到了人身危险，"德国人在回忆录中写道，"还给我钱，让我去买把左轮手枪"。[19]

海明威敦促好友不要理睬报纸上的攻击。或许在一次斗牛之后，海明威、雷格勒和雷格勒的妻子玛丽·路易斯（Marie Louise）一起去坦皮科俱乐部（Tampico Club）喝酒。那个饭馆坐落在墨西哥城的旧城区，周围一圈都是优雅的西班牙殖民地建筑，吸引了很多富人和艺术家光临。喝了几杯后，海明威不再有那么多政治顾忌，就像他当年在西班牙跟奥尔洛夫一起喝伏特加，热心于共和国事业时一样。一走出俱乐部，海明威就无法控制自己了。他有重要的话要对雷格勒说。他"拍了拍"雷格勒的肩膀，"（把他）一把推到（饭馆的）大理石外墙上"。[20]

海明威问道，"你为什么要离开他们（共产党）？"玛丽·路易斯试图阻止，但海明威不肯松手放开好友，后者仍然因为曾在西班牙受伤、之后又在法国的简陋营地里耽搁而虚弱无力。海明威"陷入了惊人的情感混乱。'你当年在西班牙为什么信（仰）他们？你知道必须要有一个组织，现在有了。

回到他们中间去吧'！"海明威最后总算放开了雷格勒，但他还没说完。他情绪平静了一些，但语气仍然急切，他对雷格勒说，民主国家根本无力对抗纳粹。"美国完了，比法国好不到哪儿去……俄国人是唯一在战斗的。"[21]

在墨西哥的重逢，雷格勒和海明威两人都永生难忘。在 1947 年 2 月所写的一封个人风格鲜明的出色信件中，海明威哀叹他非常勇敢的好友在苏德条约签署之时离开了共产党。[22] 海明威写道，雷格勒过去对共产主义"就像信徒……信仰宗教"。而 1942 年在墨西哥，雷格勒就"像一个被解除圣职的神父一样可悲"。他和朋友们说起来，好像内务部的酷刑监狱在西班牙内战中起到了核心作用。对雷格勒来说就是那样。他只关注暴行了，显然不记得自己当初为什么为共和国而战。海明威承认自己知道"我们（强调语气）在西班牙枪杀的人中，有很多死得很冤"，但那只是"整个事业中微不足道的一小部分"。虽然他承认滥杀无辜，仍一心关注他自己认定的更大的善，即反法西斯斗争，和 1936 年一样，1942 年，这一斗争仍然主要是由苏联推进的。

珍珠港改变了美国的生活。起初，袭击引发了一股排外主义潮流。许多十分诚实和爱国的公民如果碰巧跟日本或德国有联系，便会遭到怀疑或更糟的待遇。在太平洋沿岸各州，数万名日裔美国人在整个战争期间被羁押，表面原因是为防范他们犯下叛国或间谍罪。在此过程中，他们失去了家园和营生。

古巴加入了美国抗击轴心国的战斗，岛国的局面也跟大陆没有多少区别。这里的人也在搜寻企图颠覆国家的敌侨。海明威和盖尔霍恩因为有西班牙内战的经验，自信了解威胁所在。正如盖尔霍恩几个月后写给她在《科利尔》的编辑查尔斯·科尔伯（Charles Colebaugh）的信中所说："（当地的）西班牙人法西斯秘密社团中，有 770 个德国人……30000 个西班牙人。"[23] 他们可以组织一个第五纵队，一个秘密的行动人员队伍，颠覆政府。不该过高估计危险，但需要对此谨记在心。别的不说，美国大使就"始终非常担心当地的纳粹活动"。[24]

盖尔霍恩知道，那些在别的事情上很理智的美国官员对各种离谱的故事听风就是雨，也总是会把这类故事上报给华盛顿。许多，或者说大多数这类报道都是八卦或谣言。例如，早在 1939 年 9 月，驻哈瓦那大使馆就发现"越来越多的证据表明，当地西班牙商人中或许绝大多数都有亲希特勒情绪……不过（那些人）谨慎地不流露出真实情感"，这一定会让华盛顿的读者好奇，别人又怎么会知道那些"真情实感"是什么。[25] 另一个不得要领的报道是由调查局的一个秘密线人提供的，它被发到了华盛顿，在调查局和国务院的高层间传送，其中包括什么一个不知姓名、长着龅牙的意大利老绅士在"利卡"号（Recca）轮船上工作，他去探望一个名叫霍普的青年，给他带了一些山楂和其他新鲜水果之类的信息。[26] 很难解释这到底有什么值得怀疑或报告的。

与此同时，哈瓦那大使馆注意到了海明威，这位反法西斯斗士对该城市了如指掌，似乎也对神秘的情报技艺谙熟于心。海军武官、海军陆战队上校海恩·D. 博伊登向华盛顿汇报说，海明威在任何时候、任何地点碰到法西斯，都不怕与他们对峙。举例来说，有个案例事关一个名叫迈克尔·菲佛（Michael Pfeiffer）的人，他是"最招人讨厌又大放厥词的希特勒政权支持者之一……（他）不分场合地大发牢骚……（而且）如果不是因为害怕挨揍，他大概早就因为元首（阿道夫·希特勒）的资格问题跟欧内斯特·海明威拔拳相见了"。[27]

大使馆内另一个与作家海明威维持着交情的人是耶鲁大学背景的外交官罗伯特·P. 乔伊斯。从官方照片上看，乔伊斯像个聪明人，或许还像个知识分子，是东岸社会精英的一员。他身穿讲究的深蓝色细条纹西装，带着一丝傲慢的眼神盯着照相机。所附照片上他的妻子简冷静、优雅、大方，看上去像是这个年轻人仕途道路上的完美补充。

海明威和乔伊斯的关系一开始并不好。他们第一次见面是在 1941 年春夏之交，乔伊斯觉得海明威带着"一种轻微但还算客气的敌意，对未来再次见面根本没有兴趣。我很快发现，这种态度是他跟文职政府官员和一般当局打交道时一以贯之的反感和怀疑立场。（但）……欧内斯特不久就知道，我是个不怎么守规矩、低效而缺乏热情的官僚"。[28]

事实上，乔伊斯其人颇有些官僚手段，只不过他不是那种被规则束手束脚的人罢了。他的生活态度让两个人有可能成为朋友。乔伊斯成了瞭望庄园的常客，他和简常常是周日下午唯一在那里吃晚餐的客人，会跟海明威和盖尔霍恩边喝酒边聊天，一直待到热带的深夜才驱车回家。乔伊斯虽然"一点儿也不喜欢海明威热爱的那些户外活动……和平时期打猎，战争期间杀人"，他们在一起却觉得非常自在。[29] 海明威以缓和的语气说出自己更加极端的观点，如此一来，两人会共同憎恶乔伊斯所谓的"希特勒主义、马克思－列宁主义……（还有）小资产阶级的从众"。[30]

大概是在 1942 年初，作家首次告诉乔伊斯说他，海明威，可以在哈瓦那建立一个反间谍局，以自己的方式为战争做贡献。该局成员可以监视实际存在和潜在的轴心国同情者，就是盖尔霍恩写到的那些德国人和西班牙人。海明威解释说他 1937 年在马德里跟共和国反间谍机构共事时，学到了必要的技能。（他的戏剧《第五纵队》中暗示了他在西班牙发现法西斯间谍的能力。）他说他甚至愿意自己出资，在古巴进行类似的尝试。[31]

这个想法与为苏联人做间谍截然不同。海明威没有结束与苏联人的关系，但至少在那段时间，他想把时间投入到另一种情报行动中，一种他自己发起和控制的行动。在他的整个间谍生涯中，他始终希望能掌控局面。

海明威的想法值得跟乔伊斯的上司讨论一下，那是大使馆的另一位耶鲁大学毕业生斯普鲁尔·布雷登。布雷登大使有着那种海明威理解的气场；他是个身材魁梧的人，年轻时曾是游泳和拳击高手。他仍然动作敏捷，从他充满活力又姿态优雅的探戈舞中，"根本看不出他有 260 磅"。[32] 1942 年夏天，大使同意在佛罗里达饭店见面，这彰显了他的灵活性。海明威常去的位于市中心的佛罗里蒂达，也就是常客们喜欢叫作"小佛罗里达"的地方，对大多数外交官来说太随意了。泥灰外墙通常刷成淡粉色；内墙主要是黑白瓷砖，长长的黄褐色吧台安置在一面大镜子前，四周有木制的廊柱围着。临街的入口有 11 个之多，客人们进进出出，方便海明威邀请某个激怒了他的人出去打一架。后来，侍者们就开始穿上稍带滑稽风格的红外套了。

虽然布雷登很谨慎地与海明威保持一定的距离，两人还是很快找到了共同语言。（海明威后来请大使跟他一起打拳击，年纪稍长的大使拒绝了，但握了握作家的双臂，发现它们"和普通人的大腿一样粗，像岩石一样坚硬"。[33] 不过布雷登非常欣赏组建一个业余反间局的想法，以至于他后来声称那是他自己想出来的。

当布雷登意识到海明威"与（哈瓦那的）三教九流都很熟络"，而大使馆可以利用他的朋友圈时，他有了他自己所谓的"一条妙计"。[34] 1942 年 8 月，大使对他的手下说了自己想要招募海明威为之服务的计划。[35] 监视敌侨的行动事实上属于调查局的职权范围，它在大使馆派驻了几名特工，然而这样一来，法律参事办公室有几个月就要面临人手不足了。就在这时，海明威出现了。布雷登在大使馆召见作家时，宣称无论现在还是将来，"这些西班牙人必须受到监视"，并请海明威来扛下这副担子。小说家兼间谍大师欣然同意，并着手组建他后来所谓的"骗子工厂"——大使馆为反间谍行动使用的官僚术语是"刑事部门"，海明威则称之为"骗子工厂"。

作为骗子工厂的头目，海明威向乔伊斯汇报工作，布雷登已为后者设置了一个非同寻常的职位：大使馆的情报处长。这就意味着这位不幸的外交官要陷入陆军、海军以及海明威和调查局多方的地盘之争。[36] 美国政府中似乎没有谁擅于协调；各个部门和机构各自为政简直臭名昭著，他们最擅长的是保护和争取自己的利益。

布雷登的判断是准确的，海明威的确有能力动员大使记忆中的"一个奇怪群体……包括调酒师；……码头小偷；……潦倒的回力球球员和前斗牛士；……巴斯克神父；各式各样的流亡贵族；好几个（西班牙）亲共和国分子"。[37] 骗子工厂的成员总共有 20 到 25 人，少数几个是全职线人，其他都是兼职。1942 年 9 月起，他们以独特的方式开始了工作，每个月的预算大概是 500 美元。[38]

乔伊斯喜欢讲述一个"富家花花公子"的故事，海明威为后者指定的代号是 R-42，并把他派到距离哈瓦那 30 英里的马里埃尔（Mariel）去执行任务。海明威跟乔伊斯说他"让 R-42 在当地的一家妓院过夜，那是马里埃尔最好的住处了。那里既干净，供应的饭食又可口。老鸨是个退休的哈瓦那妓女；是我的朋友，一个很好的女人。（没任务时，为了消磨时间）我给了他一本（欧内斯特·）勒南的《耶稣传》① 让他读"。[39] 当乔伊斯问他这名特工怎么看待那部 19 世纪的法国畅销书，其中把耶稣描写成一个普通的人而非神时，海明威回答说："鲍勃，R-42 对那本书可着

---

① 《耶稣传》(Life of Jesus，1863 年) 是研究中东古代语言文明的法国哲学家、作家约瑟夫·欧内斯特·勒南 (Joseph Ernest Renan，1823-1892) 的著作，该书宣扬种族观念，把种族概念融入神学和耶稣的人性之中，在当时广为流传。

迷了，看到一半他就迫不及待地翻到了最后一章……想看看结局到底如何。"[40]

如果只关注骗子工厂古怪的各色人物或把R-42写成一个富家花花公子——几乎可以肯定他就是海明威忠实而卓有成效的助手温斯顿·盖斯特——就太小瞧他们了。的确，海明威把一群三教九流的朋友都召来为他工作。的确，骗子工厂不是个专业的反间谍机构，并非通过监视或渗透，以系统的方式立案侦察。他们没有任何寻找目标的方针，特工们并不清楚自己在寻找什么，只是在实际看到时才会模糊地若有所悟：或许某个外国商人站在佛罗里蒂达的弧形长吧台那儿问了太多关于海港轮船的问题，又或者某个打着黑色领带的社交名流在某个深夜晚餐会上对温斯顿·盖斯特说在这场战争中轴心国必胜。当特工们有事汇报时，他们会设法出城来到瞭望庄园，在海明威的书橱中间或那间50英尺长的客厅里柔软的椅子上坐下来，一边喝酒，一边用随意夹杂的西班牙语和英语交谈。酒似乎永远喝不完，"参谋会议"往往一直延续到凌晨。

海明威的领导风格或许不合常规，但非常有效。他激励自己的工作团队以忠诚和热情投入工作。就算在酒后，海明威也要求特工关注细节，汇报完整。会后，他大概会整夜不睡奋笔疾书，写作和编辑报告，天亮后驱车12英里从瞭望庄园来到大使馆。他放着普拉多大道街面上那个头顶国徽的前门不走，更喜欢经由一个私密的侧门进入，把自己的工作所获交给乔伊斯。乔伊斯对海明威的勤奋非常景仰，直到战后，他还记得作家"提交了一大堆报告"。[41]

毫不奇怪，调查局对骗子工厂的工作不以为然；莱迪向华盛顿报告说它的工作成果毫无价值。[42] 然而大使馆中最重要的顾客——大使本人——却觉得它们至少跟他桌上的其他报告一样有用。1942 年 11 月，他发电报给华盛顿，说海明威"正在收集关于西班牙人活动的情报……（情报）准确、进行了精心核查和复查，事实证明很有价值"。[43] 换句话说，虽然骗子工厂没有发现任何法西斯间谍或让大使得以改变古巴的力量平衡，却的确报告了一个他感兴趣的课题。

乔伊斯和布雷登通常偏袒海明威的事实并未改善他与调查局的关系。当乔伊斯宣布大使馆计划使用海明威的服务时，莱迪"对乔伊斯先生指出，应该认真考虑一下海明威先生与调查局诸位代表的关系问题"。[44] 莱迪记得海明威曾经在 1940 年签署过一封谴责调查局的公开信，因为他们以违反《中立法》（Neutrality Act）为由，在底特律逮捕了支持西班牙内战的活动家。为此原因，海明威"被指控同情共产主义，不过我们获知，他否认了且（继续）……坚决否认跟共产党有任何从属关系或对其有任何同情"。[45] 还有海明威在哈瓦那的回力球比赛上介绍莱迪的方式。乔伊斯试图向莱迪保证海明威没有针对调查局；作家总是在签署一个又一个请愿书，根本不管上面写了什么，而他把调查局比作盖世太保纯属开玩笑。[46]

乔伊斯知道这并非实情。乔伊斯和海明威都在为影响听众，也为手头的工作以自己的方式阐释讯息。事实上正如乔伊斯后来所写的，"欧内斯特（通常）会对调查局及其工作和人员报以强烈的敌意"。[47]一个原因是，他显然认为由于很多调查局特工碰巧是罗马天主教徒，他们一定是佛朗哥的同情者。他喜欢把调查局称作"佛朗哥的混账爱尔兰人"或"佛朗哥的铁骑士"。用乔伊斯的话说，海明威认为调查局"对战时复杂情报的微妙之处一无所知"。在他看来，他们是一群没有海外经验的"头脑简单的拙劣警察"。他觉得他们非常业余，而因为有西班牙内战的经验，他才是专业人士。[48]

海明威指责调查局无力处理复杂情报就大错特错了。脱密公开的调查局记录显示了该机构对于他侵占该局地盘的微妙反应。至少有一名特工认为调查局应该与业余的海明威对峙，揭开他"冒牌货"的面具，J. 埃德加·胡佛本人介入，确保调查局谨慎行事。一方面，局长让他驻哈瓦那的代表"婉转地与布雷登大使讨论"让像海明威这样一个连政府官员都不是的人参与谍报工作的"弊端"。[49]另一方面，胡佛又不想施加压力，因为海明威不但能获得大使的信任，在白宫也有些关系。（总统本人曾对胡佛说起过，海明威提议美国帮助被羁押在古巴的欧洲人，其中大多是法西斯主义的受害者，而海明威也多次对哈瓦那的一名特工宣称，"调查局最好跟他搞好关系，因为他对华盛顿的影响大着呢。"[50]）这一切都没有改变局长对于招募这位作家的态度。在胡佛看来，海明威是"最不适合……担任任何这类职责的人。他的判断力（可）不怎么好"，而他酗酒的记录则让他从事情报工作的能力变得更为"可疑"。[51]

海明威对情报工作的兴趣持续了很长时间，但他的间谍冒险则很短命。一种狂热情绪可能几周或几个月之后又会另有所好。骗子工厂就是一例。不久，作家就准备进入另一场冒险了。乔伊斯猜想这是因为海明威开始忧虑骗子工厂占用了他的大部分时间。但由于这位业余间谍不想全然不顾创作，他开始想办法为自己的组织另找新的领导人。[52]

不管他的动机如何，海明威对乔伊斯说，他想把行动转给一个名叫古斯塔沃·杜兰的西班牙人负责，后者曾"和他（海明威）一起在西班牙内战期间为共和国一方从事情报工作"。[53] 杜兰是另一位时时出现在作家生命中的杰出人士。他有着棱角分明的英俊相貌，还多才多艺。用海明威的话说，杜兰是"拿破仑那种百年一见的军事和情报天才"。[54] 他最初是一位同情左翼的作曲家和艺术经理人。1936 年，杜兰全身心地投入西班牙共和国事业。虽然他基本上没受过什么军事训练，但凭借着直觉的战斗天赋，他升任师长，还曾短期担任过军事情报处（SIM）处长，主要受亚历山大·奥尔洛夫指挥，也就是 1937 年与海明威交好的内务部头目。战后杜兰设法来到英国，在那里娶了美国名媛邦蒂·克朗普顿（Bontë Crompton）。[55] 大约就在这时，海明威把杜兰写进了《丧钟为谁而鸣》，他在其中以一位"好极了的将军"的形象出现，也就是好友罗伯特·乔丹在完成了炸桥任务之后渴望在盖洛德旅馆见到的人。

应海明威的请求，乔伊斯安排杜兰获得了美国公民身份，好让他来古巴接管骗子工厂。[56] 到 1942 年秋，杜兰已经来到古巴，大部分时间都耗在瞭望庄园，处理骗子工厂的日常事务。没过多久他就宣称那些报告"都是些没有意义的琐碎信息"。[57] 更糟的是，他觉得海明威的那些预防措施——诸如把手枪放在五斗柜的衬衫底下——都是毫无必要的小儿科。[58] 到那年年底，他便把注意力转向大使馆，把自己变成了使馆的文化参赞和大使的讲演稿撰写人。

杜兰觉得比起管理骗子工厂，自己有更重要的事情可做，这让海明威怒不可遏。因此海明威再次深夜出现在乔伊斯的门口，发泄他的失望之情。"鲍勃，我想向你报告古斯塔沃是个混蛋，我要解雇他，不让他做骗子工厂的主管了。"[59] 一段伟大的友谊就这样结束了，同时结束的，是一个非同寻常、只在某种意义上有些成效的间谍组织，1942年到1943年的几个月里，它占用了海明威的很多时间和精力。他已经把更多的精力投入另一种间谍冒险上了，因而还是没有多少时间为苏联人做事。

第八章

“皮拉尔”号与海战：我国政府的一名秘密特工

　　1942 年 12 月 9 日上午 11:30，午餐时间，海明威把他的舱式游艇"皮拉尔"号停泊在古巴西北岸翁达湾市（Bahía Honda）附近的科罗拉多礁，登上舰桥高处，朝水面望去。那天天气晴好，海面平静，他不需要费什么力气就能看到，一缕黑烟从一艘轮船上升起。那艘轮船似乎正在朝他开过来。到中午，它还在几英里远，但通过 10 倍双筒望远镜望去，他现在可以分辨出它白色船身的右舷侧画着四面红金色的西班牙国旗，认出它是"科米拉斯马奎斯"号（Marqués de Comilla）远洋班轮。

　　随后，12:10，他注意到另一艘船，"一条漆成灰色的船"，距离他六到八英里远，这一发现让他心跳加速。[1] 它看起来像是海岸警卫队快艇，拖着一个又长又矮的像油罐的东西，但它没有烟囱。到 12:15，他决定出海查看，便以七节的中速朝西北偏北的方向驶去，对于一艘看似捕鱼而不是加速参与战斗的船只来说，这样的速度正好。

两艘船的距离接近三英里左右时，灰船扭身将舷侧对着"皮拉尔"号，在"皮拉尔"号又长又低的甲板上留下了其潜望塔的影子。"在全然无风的海面上威严地移动着"，[2]在海明威的朋友、如今在"皮拉尔"号战时巡逻舰上担任大副的温斯顿·盖斯特看来，它身形大得像一艘航空母舰。作家－水手的回答是："不，沃尔菲，很遗憾它是一艘潜水艇，传话让大家做好准备靠近。"后来他在战后把这一段写进了自己的小说。[3]

每次船长带着他的舱式游艇和船员们开船越过防波堤进入湾流时，他便期待着这一时刻的到来，毕竟他们为此训练已久了。他继续朝着可能是潜水艇的船只驶去，"口干舌燥但内心欢喜地"缩短距离，渴望着一场战斗。[4]船员们拿出冲锋枪和手榴弹，把这些武器放在目标看不见的地方。海明威希望把自己的暴力计划隐藏起来；德国人最好只能看到"皮拉尔"号在努力捕鱼，等他们发现它的真实目标，就已经晚了。船身撞到了一条大梭鱼，进一步巩固了它只是一条渔船的印象。[5]

时间缓慢地流过了几分钟。下午 1:25，潜水艇改变了航向，开始加速。"皮拉尔"号试图追赶，但目标这时的移动速度已经太快了。15 分钟后潜水艇就驶出了他们的视线，把"皮拉尔"号孤身留在海上。随时准备为国家牺牲的勇士海明威对此事件很失望；他后来写道，他和船员们全都已经准备好进入永恒的"英灵殿"了，"个个高兴得像山羊似的"。[6]

"皮拉尔"号是海明威战时海上冒险的核心所在。他称它为"轮船"，但这艘只有38英尺的船不过是条汽艇而已。它的船身呈黑色，在海里行驶的位置很低，即使在白天也很难被发现。它棱角分明，看上去有点儿像装饰派艺术作品。作家保罗·亨德里克森（Paul Hendrickson）曾写过一本关于"皮拉尔"号的专著，他认为这条船"有些鬼气森森"。[7] 1942年和1943年，海明威把它用作间谍船，也算恰如其分。

海明威在维勒造船厂（Wheeler Shipyard）的产品目录上看到这条船时，他很喜欢桃心木和冷杉木的设计，当时船就停在纽约布鲁克林的东河（East River）岸边。他请船厂改造了基本船型，牺牲了一些舱式游艇的舒适度，增加了渔船的功能性，加了一个小型拖钓发动机、辅助油罐以及铜板内衬的鱼箱。海明威写信给一位朋友说，经过改造，它变成了一条"极其适合钓鱼"的船。[8] 它可以在大部分天气下出海，在船身长度的距离内即可转弯追捕一条鱼。它能用不到20加仑的油拖钓半天时间，几秒钟就可加速到16节。虽然功能齐全，它仍然很舒适，适合长期出海，有五个很大的床铺，还有宽敞的甲板。

从海明威把"皮拉尔"号带回基韦斯特起，这条船在海明威的生命中一直扮演着很重要的角色。1935年的大飓风发生前，他花在船上对它进行风浪测试的时间和他待在白石街家中的时间一样多，风暴过后，他正是驾驶着"皮拉尔"号向西北进发，全力救援。在上马泰坎伯礁岛和下马泰坎伯礁岛，他轻松驾驶它穿过砂砾，把它用作浮动的救济站。正因为有了这样的经历，他才为《新群众》写出了那篇怒不可遏的文章，吸引了莫斯科间谍头子们的注意。[9]

1930 年代末，海明威已经驾驶"皮拉尔"号穿越了从佛罗里达到古巴的海峡。在古巴海域，船和船主一起在湾流中安顿下来，连续多日，他会和家人、朋友们一起拖钓深蓝色大海里的大鱼——马林鱼、金枪鱼和剑鱼。很少有什么事会让海明威像驾驶"皮拉尔"号出海那样深深着迷。

相比之下，在骗子工厂工作的诱惑就小多了。骗子工厂是海明威在珍珠港后首次涉足战时工作，虽然听起来非同寻常，但在战争初期，那也不能算是多么荒诞离奇的事。大使馆看到有一个需求，海明威满足了这个需求，并能在很大程度上按照自己的主张来行动。然而那个工作并没有他曾经希望的那样刺激或高效。早在骗子工厂全面运作之前，海明威已经找到了一条线索，可以追溯至他和盖尔霍恩 1941 年 6 月从中国回国时在华盛顿暂住的那一周。

正是在那时，这对夫妇在华盛顿广场上的老海军办公楼里见到了小约翰·W. 托马森海军中校。这位第一次世界大战的英雄与海明威有很多共同的朋友和兴趣：战争、文学和艺术，烈酒就更不要说了。海明威和托马森很快就建立了信任。在海明威看来，这位海军军官的话值得一听，是"我交谈过的人中头脑最聪明的"之一。[10] 他们不久便开始寻求合作共事的方式。1942 年春，他们开始合作一部文集，题为《战争中的人们：最佳战争故事汇编》(Men at War: The Best War Stories of All Time)，该书于那年下半年付梓。[11]

海明威那年夏天在古巴为《战争中的人们》写了序言，其中毫不掩饰他的爱国豪情。他把这本合编的书题献给儿子们，这是他对扩大的反法西斯战争所做的贡献。他会让美国的年轻人事先体味一下未来的命运。他一开头就口气严峻地写道，"这本书不会告诉你们如何去死，"[12] 但它会讲述很多关于战斗和死去的人们的故事。"所以说读过这本书后，你会知道你将要经历的东西不会比前人经历的更糟。"他带着特有的对苏联和中国共产主义战士的赞美，挑选出其中写得最好的，那是一篇"必读"的夸张故事，作者是美国共产主义者（以及苏联间谍）艾格尼丝·史沫特莱（Agnes Smedley）。[13] 这位老中国通曾在香港见过海明威一面，她用华丽的辞藻写到了毛和周的八路军中那些坚忍的战士，他们中有些只是孩子，每个人都随时准备着为这场伟大的事业做出任何牺牲。

在这篇序言中，海明威通常对美国领导人的批评态度有所缓和。珍珠港事件的发生，是因为他们"忘记了"轴心国曾经没有事先警告便袭击了苏联。[14] 不过他接着说，他不准备深究谁该为这场灾难负责，只想警示人们不要低估我们的敌人，并提醒读者，我们到底为什么而战。他曾在 1930 年代因为民主国家没有更多支援打击法西斯而毫不留情地批评它们，如今则截然不同，他对美国作战目标的描述堪比白宫新闻发言人的官方稿。美国将为宪法权利和特权而战，"任何想要以任何方式把那些权利和特权从我们手中夺走的人，必将失败"。[15]

海明威现在提议驾驶"皮拉尔"号在海上与敌作战。他乐意成为他所谓的"我国政府的一名秘密特工"。[16] 准确地说，他想要成为托马森和海军情报局的远航特工，唯一一个身负秘密使命在古巴海域上航行的美国人。那是个很浪漫的想法，把他对"皮拉尔"号和海洋的热爱融入一场可以写成文章发表在《户外生活》（Outdoor Life）杂志上的冒险中［这场冒险后来出现在他死后发表的小说《岛在湾流中》（Islands in the Stream）里］。他既可以不离开自己热爱的领海，又可以亲身参与战争，这样的工作要比为苏联人做间谍或为美国驻哈瓦那大使馆做反间谍工作更强硬也更冒险。最重要的是，他可以在自己那艘轮船上做名副其实的船长了。

这一独立服役方式的基本概念，是海明威和他的船员们（很多都来自骗子工厂）驾驶"皮拉尔"号在古巴北部沿岸巡航，搜寻德国潜水艇——那种可怕的作战机器已经在大西洋的很多地方击沉了同盟国的船只。[17] 理想的情况是，收到美国海军发来的报告可能有所发现的信号，海明威将把它记入工作流程。随后"皮拉尔"号将开始搜索入侵者，一旦找到，就报告其行踪。[18] 计划的下一部分是由"皮拉尔"号击沉潜水艇，虽然后者的体量（可达到250英尺）、重量（可重达1000吨）和武器装备都要庞大得多，特别是它有10.5厘米甲板炮，只需一击，就能让"皮拉尔"号这艘小船灰飞烟灭。

德国人看到的，只是一条忙着打鱼的渔船。希望敌人能上前来买（或者抢）鲜鱼和淡水。而"皮拉尔"号的船员会准备好用巴祖卡火箭筒、机枪和手榴弹展开进攻。甚至还会有一个炸药包，"一个巨型引爆装置，形状像个棺材，两端都有把手"。[19] 海明威会雇用西班牙巴斯克地区的回力球员，他们都是在需要时投掷快球的高手，能把手榴弹抛掷在（最好）仍然毫无戒心的潜水艇敞开的舱口。哪怕只有一颗手榴弹在封闭的空间爆炸，结果都会是毁灭性的。如果可以用人力把它推至潜水艇的甲板上，那架令人厌恶的战争机器就彻底玩儿完了。

海明威本人后来也承认，整个行动计划如此荒诞不经，"根本不大可能"，谁也不会相信会发生这种事。[20] 那么它后来又如何了呢？

早在欧洲战争于 1939 年 9 月开始之时，美国人就开始担心德国潜水艇会出现在自己的领海上了。海明威之类的人是其中最突出的。1939 年 12 月，欧内斯特跟他的弟弟莱斯特提到了一个年轻的英国人，说他"有爵位、有银行账户，还有海军情报任务"。[21] 这位高大俊朗，穿着讲究，或许还有点傲慢的年轻人就是安东尼·詹金森爵士——只有朋友们会称呼他"托尼"，他是个不错的作家，1940 年已经署名出版了两部冒险游记。[22]（后来海明威才在背后说托尼"不是块儿当战士的料，还是个糊涂的笨蛋"。[23]）既然詹金森正在寻找"喜欢航海，可以导航又愿意冒险之人"[24]——那无异于一份邀请，听上去跟其他很多战时招募情报人员的要约差不多，对欧内斯特和莱斯特这样的人很有吸引力。（典型的态度大概可以总结如下："在你同意为我们做事之前，我们无法告诉你具体将做什么，但我们保证这份工作非常刺激。"）计划是让他们在西加勒比海附近航行，寻找"可能的和实际存在的"

德国潜艇基地。欧内斯特帮忙为行动提供装备。

欧内斯特有时对比他年轻得多（出生于1915年）的莱斯特非常苛刻，批评起来尖刻严厉，建议也都是发号施令——但这一次，他"简直体贴入微"。[25] 他们曾在哈瓦那港拍摄的一张照片上显示着海明威兄弟和盖尔霍恩一起喝啤酒，当时他们正在建造12吨重的木制纵帆船，它看上去很小，最适合白天在陆地附近航行，而不适合穿越加勒比海远途航行。三个人的脸上都浮现着笑容。莱斯特和海明威长得很像，几乎可以做他的替身，但两人的身体语言却明确显示出这里谁说了算。莱斯特欠着欧内斯特的人情，他对此心知肚明——他后来曾写道他对欧内斯特给了他"数千（美元），以及金钱买不来（原文如此）的帮助感激不尽"。[26]

装备纵帆船用了几天到几周时间，足够两兄弟"一起吃很多次晚餐"，也足够年轻的水手们帮助海明威取悦他的出版商查尔斯·斯克里布纳了。[27] 1940年初他终于为出海做好了准备，莱斯特和詹金森制定了一条航线，会把"蓝湾"号（*Blue Stream*）带入几乎完全未知的水域。他们驶入安静的海湾和三角湾，在荒僻的海岛上登陆，两个年轻冒险家在那里遇到了走私者、投机商和各种不寻常的人，其中有些显然是从欧洲移居来的。

莱斯特和托尼出海后，欧内斯特与他们保持着联系，提供些零星的建议和鼓励。[28] 他们返航后，为

《读者文摘》写了一篇文章，称他们"发现了纳粹特务、纳粹宣传，（还有）储存的柴油，等着纳粹的袭击者们来补充供给呢"。[29] 那篇文章最后说，他们亲眼看到了"中美洲海岸线附近为德国海军行动所做的准备工作"。[30]

业余间谍们把自己的观察结果汇报给了海军情报局，那些至少是美国这一侧水域的情况。他们的工作并没有收到很好的反应或评价。海军少将 T. J. 威尔金森（T. J. Wilkinson）经过仔细研究后写道，海军情报局（ONI）认为莱斯特没有任何可能收集到任何有用的"海军、水文及任何与破坏有关的情报"。[31]

少将的话只对了一半。托尼和莱斯特的结论的确牵强。德国人从未像两位年轻人说的那样，在加勒比海设立过任何有组织的海岸机构。在战争的大部分时间，德国潜水艇都是由其他潜水艇进行再补给，而不是由海岸上的同情者进行的。然而威尔金森少将应该仁慈一些。他的话听起来仿佛托尼和莱斯特只是边缘的行动人员。事实上他们和欧内斯特得到了很大的支持。

至少从 1940 年起，驻哈瓦那大使馆就开始跟他们一样担忧了。使团一开始就想了解莱斯特和托尼寻找的目标是什么。1940 年 7 月，海明威从瞭望庄园向自己的母亲汇报说，"这里的美国政府对……（莱斯特的）工作很满意"。[32] 当初正是因为对间谍的恐惧才使他们成立了骗子工厂，而潜水艇魅影让这种恐惧有增无减。或许德国人把潜水艇上的间谍派上岸了呢？这就是海明威把R-42这类特工派驻在海岸线上，侦察有无潜水艇 - 海岸活动的目标之一。[33] 更不要说谣言经久不散，说什么沿岸的轴心国同情者群体为德国海军维护了许多秘密供给站了。[34]

潜水艇威胁本身绝非编造。1942年初，美国海军或海岸警卫队都没有足够的船只和飞机在航线上巡逻。珍珠港事件后，年轻而好战的德国船长们开始充分利用他们在东岸所谓的"快乐时光"。其战果往往和北大西洋的战事一样丰硕，乐趣可要比后者大得多。他们可以驻扎在海岸航道以东较深的水上，等着一艘货船进入视线便对它发射鱼雷。有时在深夜，目标的背后是像迈阿密这样没有灯光管制的海滨城市，德国人简直就像是同时导演和观看了一场死亡灯光秀。

在较远的南方，局势没有这么恶劣，但在古巴海岸附近也有敌情和沉船事件发生，最高潮时，1942年春天一个月就发生了约15起沉船事件。几乎每天都有红着眼的幸存者在哈瓦那登陆，来到海明威昔日常去的市中心"两个世界"旅馆寻找容身之处，他们身上到处是燃油和糖蜜，那是很多从古巴出发的船只携带的货物。为了应对危机，哈瓦那大使馆想出的解决方案和美国海军在东岸所做的差不多。无力招架的海军曾召集平民水手们驾驶自己的船在大西洋航线上巡逻，注意监视水面上有无潜望镜或潜水艇。他们有任何发现都要报告，但无须打击敌人。这个半官方的动议在 1943 年第三季度一直在付诸实施，后来被称为"流氓海军"，是"一群杂七杂八的游艇主人和周日水手们，（他们）效率不高，但表现优异，心怀热忱"。[35] 开战后一个多月，哈瓦那的大使说他也想建立类似的组织。1942 年 1 月，他写信给华盛顿说"潜水艇威胁……每天都在逼近"。[36] 他建议的解决方案是让海军接管某些舱式游艇，装备上一两件武器，把它们转交给古巴人用作巡逻艇。

至于海明威是如何，又是在何时形成了驾驶"皮拉尔"号以这种方式参战这一具体想法的，尚不可知。莱斯特的冒险起到了一定的作用。海明威愿意承认，他弟弟在他所谓"你们的窥探航行"中做得不算太糟。他仍有进步空间，但他正在学习如何从事间谍工作（他使用的确切措辞是随着时间的流逝，托尼和莱斯特的工作"越来越不那么小儿科了"）。[37] 然而他又对他们没有"与敌人更加硬碰硬的接触"表示"失望"。[38] 在海明威看来，完美的任务应该始于谍报，终于歼敌。

1941 年 6 月，约翰·托马森和海明威首次在华盛顿见面时，这一行动构想就开始成形了。海明威对托马森提到了莱斯特的冒险航程，他们讨论了可能的后续行动，这一次是在海军情报局的支持下进行的。讨论结果是欧内斯特回去让莱斯特"理个发，好好洗把脸"，亲自去跟托马森面谈，还把"蓝湾"号及其船员都归他调遣。[39]

几乎可以预测，在某一时间点，焦点就从莱斯特变成了海明威。"男爵"——欧内斯特喜欢这么称呼弟弟——最终在首都华盛顿找到了一份战时工作，两年没有重回海上。不过海明威本人倒有一条船可以归海军情报局调遣，托马森和海明威继而开始探索怎样用它来完成这项任务。

布雷登大使或许对这一背景全然无知，他后来声称该计划是在他哈瓦那的办公室里想出的，就像他曾声称骗子工厂是他的创意。他在回忆录中写道，他一直请海明威为领导骗子工厂的"爱国服务"索要一些补偿。照布雷登的说法，海明威说，"现在我想为所做的一切要点儿回报了"。[40] 布雷登问他想要什么回报，海明威便开始滔滔不绝地说"皮拉尔"号可以发现和击沉潜水艇，最后带着夸张的动作总结道："只要你给我一个巴祖卡火箭筒让我在潜水艇的侧面打个洞，给我机枪让我杀光甲板上的人，给我手榴弹让我摧毁指挥塔，我自己就可以大干一场。"[41]

大使知道海明威想要的是"不按牌理出牌"。[42]但既然他已经在骗子工厂做了"如此出色的工作"，布雷登愿意"放弃……牌理",就同意了这个新的提议。海明威感谢大使提供支持,且在行动持续期间,他始终觉得自己是在"为大使服务"。[43] 来自适当人士的高层支持对他仍然有着举足轻重的意义。

1942 年春夏之交,大使馆采取了下一步行动,召集约翰·托马森来哈瓦那协商。[44] 这位海军陆战队军官来到位于普拉多大道上的大使馆办公处,身穿军装,佩戴着各色绶带,彰显着他一战期间在西线的战斗功勋。他和大使一起倾听作家概述他的惊天计划,一边把眼镜缠在黑丝绶带上,一边喝光了至少两大玻璃杯的酒。海明威引譬援类,解释了在两次世界大战中,都有水面战舰假装成商船或帆船引诱毫无防备的敌人上前,后者一到射程之内就开火。托马森觉得这个计划并非不可能,"就是太疯狂",最终欧内斯特可能"九死一生"。[45] 潜水艇只需发射一轮甲板火炮,"皮拉尔"号便化为乌有,船长也将葬身鱼腹。不过托马森承认,如果海明威真的能成功,倒是能大大提振盟军的士气。

这会是一次秘密的美国行动,在古巴政府不知情的情况下,由大使馆操作完成。[46] 海明威将通过大使馆的海军随员、一位名叫海恩·D. 博伊登的海军陆战队上校与大使馆展开合作。博伊登绰号"布谷"或"布谷鸟"(未必真实),看起来是个老练而无所顾忌的飞行员，曾在海地和尼加拉瓜的海军陆战队行动期间驾驶脆弱的飞机在各种天气条件下飞行。博伊登的性情更适合飞行而非日常事务，这使得海明威成了两人中关注细节的那个人。他曾对大使馆的情报协调官、他的朋友鲍勃·乔伊斯说，他与上校的业务往来变得有点太"浮皮潦草"，让他觉得不舒服，请乔伊斯制订一个计划，用书面形式将两人各自负责的事务确定下来。[47]

托马森和博伊登最终为海明威准备了军需品和无线电装备，均用于发送报告和发现敌人位置，此外还有一位名叫唐纳德·B. 萨克森（Donald B. Saxon）的海军陆战队准尉，据说他有着"无拘无束的可爱性格"，业余爱好就是酗酒和酒吧斗殴。[48] 萨克森会帮忙培训船员，然后登上"皮拉尔"号出海，负责维护设备。他们还找了更拙劣不足信的借口，说什么海明威正在为美国自然历史博物馆做研究。博伊登用官方信纸写了一张"消灾免难"卡让海明威随身携带。那封介绍信迷人地夹杂着英语和西班牙语，请阅读者相信海明威在"为美国自然历史博物馆捕猎鱼类物种"期间，将使用官方无线电装备做试验。[49]

海明威知道，该秘密行动能否成功，用他的话说，取决于"出奇制胜的策略和训练有素的船员"。[50] 他会尽全力保守"皮拉尔"号的秘密（特别是不让敌人获知）并让自己的手下做好战斗准备。冒什么风险和是否对轮船开战都将由他来决定，这正是他喜欢的行动方式。即便如此，为增加"皮拉尔"号的获胜概率，能做的也就这么多了。正如海明威几年后回忆时所说，托马森最终的指示对这次任务进行了总结："去吧，孩子，上帝保佑，愿上帝怜悯你。我只能保证我们不会处决你，英国人也不会。不过欧内斯特，你一定要随机应变。"51

1942 年夏天，"皮拉尔"号的战争巡航开始了，起初的任务有试行性质，还在当地进行了训练演习。后来随着海明威越来越自信，也接收到了更多的设备，他开始出海去更远的地方。海明威记得有时他们离开哈瓦那，在古巴西北沿岸出海行动，有时又会从康菲茨岛（Cayo Confites）行动，那是老巴哈马海峡东端的一片荒芜的沙地，他的船员在那里搭建了一个临时帐篷。52 1943 年 9 月，他邀请一个人来瞭望庄园午餐（此人碰巧是调查局的秘密线人），告诉客人说"一般程序"是假装打鱼，在海上巡航 12 个小时，而后在附近的船坞停靠过夜。53 海明威指挥的很多次巡航都持续数日，至少有两次持续了将近三个月。在漫长的航行中，船员们只有彼此相伴，还要忍受着各种恶劣的天气状况。或许是为了着力体现行动的艰难，海明威决定给这次行动取名"无友行动"，这曾是他养过的一只猫（他养过很多只猫）的名字，听来有些不祥。

玛莎·盖尔霍恩对"无友行动"的感情很复杂。她曾赞扬海明威纪律严明、坚韧不拔，在他那条"漂浮的沙丁鱼盒子"上为祖国服役。[54] 然而有时她又说整个行动不过是"皮拉尔"号船长所使的诡计，为的是得到战时紧缺的汽油，以便驾船出海打鱼，与友痛饮。[55] 他不止一次给人那样的印象，比方说带着他未成年的儿子们一起参与"战争"巡航——1948 年，有个朋友要撰写这次行动的历史时，他可没提这件事。[56] 不过总的来说，海明威对待这次任务是很严肃的，他全心全意地投入其中。"皮拉尔"号没有近距离遭遇任何潜水艇完全是战时的好运气，不少海军和海岸警卫队的船长们也在海上服役，勤勤恳恳地巡航，也没有机会主动与敌交战。但那也是光荣地完成了任务。

关于"无友行动"，我们所知的情况大多来自海明威本人、他后来对家人和朋友所说的，以及可以从他记录的航行日志中收集到的内容。航行日志写在一本旧的病史记录本上，不知谁把它带上了"皮拉尔"号。在碎片化的条目中间，偶尔穿插着在海上长时间打牌的输赢分数。那些条目读来像是匆匆忙忙写下的，但似乎也是宝贵的时评，都是在所描述事件发生之后几分钟或几小时之内记录的。1942 年 12 月 9 日的条目，就非常详细地记录了那天他们很可能发现了潜水艇，那是海明威孜孜以求的目标——当然也记录了灰色船只在"皮拉尔"号还没有驶近进攻时就慌忙启航了,海明威有多失望。

海明威并不是这次事件的唯一信息源。他用无线电向哈瓦那报告了 12 月 9 日的发现后,美国海军非常重视,把它转发给了海军舰队,并对海明威和他的船员们提出了小小的表扬:[57]

> 哈瓦那报告潜水艇据信是德国 740 吨型时间 1210 到 1340 地点北纬 22.58 度西经 83.26 度 X 线人为两个可靠的美国人由四名古巴人陪同

布雷登大使更是对他们赞誉有加。他认为海明威对战事做出了重要贡献。"皮拉尔"号 1943 年夏天最后一次战时巡航后,加勒比海域的潜水艇威胁显然已经减弱,他给海明威写了一封热情洋溢的信,为他在陆地和海上所提供的服务表示衷心感谢。大使表扬了水手–间谍不顾"始终存在的危险","挺身而出":[58]

> 您为这项工作……表现了高超的技艺、明智的判断和坚韧的毅力,机会渺茫也不放弃,忍受了对体力的长期考验。我还知道您个人为此投入了很大的财力。……当前我只能向您的爱国精神和卓越成就致敬,一并献上我个人的钦佩之情和深情厚谊。

海明威几乎立即就回信了，在他个人专用的米色信笺纸，天头用雅致的红色字体印着"古巴，圣方济各德保拉，瞭望庄园"。对他来讲，那封信的辞藻算是华丽了。他说为国效力"只是应尽的义务……不值得表扬"。但能在布雷登手下效力也是为作家带来"极大喜悦"的"荣幸"。[59]

海明威非常珍视布雷登那封信，有一段时间无论走到哪里都随身携带着。不仅仅是因为他觉得战时为国效力是他应尽的义务。"无友行动"符合海明威的部分道德规范，即他自己这方面必须付出技艺、勇气和毅力。他虽然是行动指挥，却没有任何军衔。正如他在1943年5月写给好友阿奇博尔德·麦克利什的信中所说，他一直在"尽可能地努力低调（工作）……领子上……既没有那个吃鱼的掠食者，也没有任何天空之星 ①"——而他竟感到了前所未有的快乐和满足。[60]

1944年，海明威在伦敦与莱斯特见面时，身上仍然揣着大使的那封信。他们见面的地点是伦敦市最豪华的酒店之———多尔切斯特酒店（Dorchester），距离海德公园只有几步路，几乎就在格罗夫纳广场（Grosvenor Square）美国大使馆的拐角处。在灯光灰暗、镶嵌着木板的吧台，两人几乎一见面就忙不迭地把第一杯威士忌

① 这里的"吃鱼的掠食者"和"天空之星"分别指美国军队的"鹰章"和"星章"两种军功勋章。

一饮而尽，欧内斯特对弟弟说有个秘密要告诉他，只要他答应"不告诉别人……任何人，你知道的"。[61] 然后欧内斯特伸手到内口袋里拿出了布雷登的信，信封都已经卷角了。读到那封信，莱斯特立即明白了海明威对自己在古巴从事的工作有多满意。[62]

这样一来，又把内务部置于何地？那可是个记性很好的间谍机构。1943 年，很可能在莫斯科中心，内务部中有人记起了作家曾在大约三年前同意成为间谍，却迄今未曾实现他的潜能。就在"无友行动"逐步结束的同时，一名内务部"工作人员"——想必是一位苏联情报官——在古巴见到了海明威，想摸摸他从事间谍行动的底。[63]

相关记录仍然非常零碎。很可能这位被派驻哈瓦那的人收到了来自莫斯科的指令，问他关于海明威的情况。那个人，或者称之为"工作人员"，或许决定最好跟作家取得联系，而既然他们并没有交易什么重要机密，他便选择了直接的方式。或许这位苏联人决定"大隐隐于市"，干脆像很多其他想要见到作家的朋友和倾慕者一样，打电话到瞭望庄园去找海明威，请他到一家当地的饭馆一起坐坐。或许他向海明威出示了信物——海明威为了让某个接头人证明自己确实来自内务部，于 1941 年交出的那几张邮票。"工作人员"证明了自己的身份之后，两人很可能开始闲聊，苏联人温柔地刺探起海明威最近在做些什么。海明威或许聊起了"皮拉尔"号，那是他1943年最喜欢谈论的话题，也谈到了战争，或许对那年初苏联在列宁格勒战役中大败纳粹大加赞赏。即便他不想做一名为他们服务的间谍，海明威仍然对苏联人及其反法西斯战功充满钦佩，在他看来，他们抗击法西斯的历史至少应该追溯到1937年的西班牙。[64]

虽然海明威与一位名叫迈克尔·斯特雷特（Michael Straight）的人很可能从未谋面，但两人与内务部打交道的经历却非常相似。如果他们见面交换一下记录，就会意识到，苏联人知道如何对付勉为其难但社会地位较高的美国间谍。斯特雷特最终写了自己的回忆录，里面描写了内务部如何温和但持久地对他施加压力。

斯特雷特是个富裕的美国人，母亲在他生父去世之后嫁给了一个英国人。1935年，他被剑桥大学三一学院录取，稀里糊涂地成了一名社会学家，后来又变成共产主义者，最终在1937年当了内务部的间谍。其间的过程包括他曾访问苏联，以及他的朋友、共产主义诗人约翰·康福德（John Cornford）为西班牙共和国的事业献出了生命。斯特雷特声称自己离开剑桥之后便对做间谍一事心存疑虑了，那是他的买主懊悔期。他横渡大西洋，利用自己的很多关系在华盛顿的国务院找到了一份工作，满心希望自己已经摆脱了内务部。然而 1938 年春的一天,当斯特雷特拿起电话,听到一个口音很重的声音说"您在剑桥的朋友问候您"[65] 时,一个自称迈克尔·格林的苏联人粉碎了他的希望。格林在附近的一家饭馆里等着斯特雷特,待他们点完了菜,女侍者离开后,便开始交谈。苏联人抱歉自己无法拿出识别信物。他费了一番功夫才找到斯特雷特,曾有一张素描画被撕成两半,内务部保存的那部分已经丢了(斯特雷特想必保存着与之严丝合缝的另一半)。

这位友好随和的间谍用一口流利的英语问及斯特雷特的工作,温和地建议说如果他看到任何有趣的文件,不妨把它们带回家研究一下。斯特雷特说谁也不会把任何重要文件传到他的办公桌上。格林点了点头,没有说下去。晚饭后,格林付了餐费,说他大约一个月后还会打电话来,看看斯特雷特在做些什么。年轻的美国人不想这样,但他又不能背弃剑桥好友,或干脆对那位低调的、并没有提出太多要求的内务部的人说自己再也不想见到他了。推迟对峙倒是容易些。再说,谁又知道一名间谍能否或如何洗手不干?最终,斯特雷特选择了一条中间道路。格林的出现或许是斯特雷特想要逃避的"一场灾难",然而正如他所写的,他们"和和气气地分手了"。[66]

斯特雷特与那位自称格林之人的见面,就很像海明威初次在古巴遭遇内务部。两人的会面结果都是不确定的。苏联工作人员与美国作家并没有制订任何具体的计划。但正如斯特雷特和格林一样，他们分手时相当和气友好。在海明威1944年春离开美国前往欧洲以前，苏联人随时可以再来，继续与他建立关系。内务部的档案明确记录有过第二次会面，暗示如果海明威仍在岛上，本来还会有第三次会面。[67] 苏联人不准备放弃，他们会另找时间和地点拜访这位同情他们但神龙见首不见尾的作家。内务部仍然坚信他有潜力可挖。在未来的一段时间，他们需要一些知名的美国人来做间谍。

第九章　**挺进巴黎：勇猛如野牛**

1944 年 8 月，美国和法国军队与死守打开
巴黎通道的德国人在法国乡下激战时，海明威在
朗布依埃（Rambouillet）担任了几天非官方的
情报处长，朗布依埃是个很小的城市，如果换个
角度看，也许会觉得它不过是环绕着首都的古老
森林中一片很大的林中空地。作家此时是一位战
地记者，他和自己的司机阿奇·佩尔基（Archie
Pelkey）正在侦察盟军可能会选择进入巴黎的路
线，两人开着吉普车走在一条乡间小路上，遇到
了一小股法国非正规军，除了两人之外，其他人
都赤裸着上身。

那些法国人都是激进的共产主义者，与海明
威在西班牙认识的游击队员没有太大区别，他们
很快就发现自己跟这位身形魁梧的美国人立场一
致，甚至推举他为领袖。他们一起向朗布依埃出
发，终于在盟军和德军之间无人区的友军一侧找
到了小城，便在一家可爱的乡村旅馆——大猎手

旅馆——安顿下来，占了旅馆三十多个房间中的八间。海明威在那里创立了一个"很小但组织良好的总部"，像模像样地把标记有德军位置和危险较小的巡逻路线的大幅地图钉在墙上。[1]

这位名义上的战地记者成了指挥，他说着英语、法语和磕磕绊绊的德语，不管说哪种语言都夹杂着脏话。他管理的队伍里包括"情报线人、来自巴黎的难民和德军的逃兵"，因而他有条不紊地搜集情报，撰写报告并传递给盟军情报处。[2]为了搜集更多的情报，他还计划在无人区内巡逻。

他本人不止一次随队出去巡逻，在德国人回击的枪林弹雨中穿行。几天后他写信给新情妇玛丽·韦尔什（Mary Welsh）说，"我们某些巡逻的惊险程度不亚于《格林童话》"。[3] 海明威忙到了没有时间整理堆在自己睡铺上的武器装备："四角上各有一个柜子，各国的左轮手枪随意地堆在床上。浴缸里放的全是手榴弹……（洗脸）盆里都是白兰地酒瓶，床底下贮存着军队配给的威士忌。"[4] 不管等待着他的命运是什么，他已经准备好了迎接挑战。

1943年夏天以后，古巴的战争就开始销声匿迹了。海明威曾希望留在岛上做些有用的事，这一愿望几乎实现了。他既可以听到，也可以看到古巴岛四周海水里的德国潜水艇；也知道至少有一位真正的德国间谍曾来到哈瓦那，把秘密消息发回柏林。然而不管作家和他的同志们有多努力，他们能拿得出手的成果却越来越少了。如今，战争的焦点显然已经转移到大西洋的另一侧。

1942 年底，美国将军德怀特·D. 艾森豪威尔的部队涌入西北非，继而向内陆进发，与长期艰苦作战的英国第八集团军连成一线。到 1943 年春，盟军把大约 225000 名德国人和意大利人包围在沿突尼斯海岸线的一小块地方。有爱开玩笑的德国人开始把那里叫作"突尼斯格勒"，让人想起德国人最近在苏联的斯大林格勒遭受的惨败，此时那里的战争仍在如火如荼地进行。5 月，汉斯－约根·冯·阿尼姆（Hans-Jürgen von Arnim）大将终于不堪忍受，曾经不可一世的非洲集团军及其附属军队举手投降。现在，西方盟军进入欧洲大陆只是时间问题了。

玛莎·盖尔霍恩一直渴望把欧洲的枪声当成前进的号角；她知道加勒比海充其量只是个次要战场。欧洲大陆的战争"消息越来越让人心痒难熬"。[5] 她几乎没法在古巴澄思寂虑，安于那里的宁静生活了。于是她在加勒比海四处游历，但能够搜集到的情报大部分都只涉及隐形的威胁：一架 B-17 轰炸机的机组人员在加勒比海上空尽职巡航，大部分时间都没有什么可以汇报的；或者某个欧洲殖民地的一个安静的港口城市内可能有第五纵队的队员在活动。然而在北非和欧洲报道的，则是决定人类文明未来命运的堪称史诗级的战斗。于是在1943年9月，她离开了海明威和古巴，一个月后横跨大西洋，成为欧洲战场上绝无仅有的几位战地女记者之一。

虽然这一里程碑事件最终将导致她和海明威离婚，但盖尔霍恩决定前往欧洲报道战争本身却并非两人关系的终结。她写了一封封充满爱意的长信发回古巴，详细描述了她的生活和工作，并敦促海明威来这里跟她团聚。[6] 军事行动的节奏眼看就要加快了；他要尽快赶来才是。海明威固执地拒绝了她，不愿意抛弃自己的"无友行动"，还力劝她回古巴跟他做伴。她不想答应他的请求，但也没有准备离开他。

盖尔霍恩殚精竭虑，为了挽救自己的婚姻甚至不惜与美国间谍有所牵连。玛莎旅欧期间见到了鲍勃·乔伊斯，她上次曾在哈瓦那的美国大使馆见到过这位叛逆的外交官。如今他人在意大利的巴里，是战情局在当地的基地负责人。和许多人一样，乔伊斯也是为寻找刺激才加入了美国的第一家平民间谍机构。他迫不及待地离开了国务院和驻外事务机构，对他这么一个热爱自由的人来说，那里的生活太沉闷迂腐了。[7]他知道，在第一次世界大战的英雄威廉·J.多诺万充满个人魅力的领导下，战情局里有许多全美国最优秀、最聪明的人，这个年轻的机构在海外运作一整套情报行动，从搜索敌军情报到进行黑色宣传，甚至包括将蓄意破坏者渗透到敌后。乔伊斯认为这一改变解放了他的天性。因此，他正是盖尔霍恩要找的那种人。他了解海明威在古巴所做的工作，如今也可以提供给海明威一个获准进入战情局的机会。

她明明白白地把家事向他摊牌：她正在记者事业上大踏步前进，而海明威却希望她相夫教子。她当然准备听从"一家之主的吩咐"，但要放弃报道"大事件"的计划又让她感到忧伤。她认为，海明威正在计划着来欧洲做些工作，只是遇到了一些交通，又或许是护照方面的阻力。[8]

乔伊斯听了她的求助，便发电报给战情局总部。他建议自己的上司、世故老道的国际商人惠特尼·谢泼德森（Whitney Shepardson）考虑接近海明威，谢泼德森当时是战情局秘密情报处的处长。乔伊斯想让他招募海明威进入秘密情报处，这是战情局内专门运作经典间谍活动的部门，所谓经典间谍活动，就是与间谍和偷来的机密打交道。

这一消息在战情局内部传播时，军官们感到很为难。中东情报处长、海军少校特纳·麦克怀恩（Turner McWine）想不出，海明威究竟能为这个羽翼未丰的间谍机构做些什么呢？这位作家的盛名和性情会让他很难适应该机构的工作。[9]

大约一个月后，乔伊斯在一封写给谢泼德森的长信中回复了这类担忧。他列举了海明威的优点：他是西班牙问题的权威，他认识的反对佛朗哥的西班牙人"比任何其他美国人"都要多；他在古巴运作过情报行动；还有，自西班牙内战时期起，他获得了许多关于游击战争和特殊行动的第一手知识。面对军事情报处长、陆军少将乔治·V. 斯特朗（George V. Strong）等传统派的质疑，他为海明威辩护。斯特朗一直是战情局内公开批评海明威的反对派，但他主要都是针对海明威的生活方式和对西班牙共和国的同情，而与他的能力无关。海明威结过三次婚又有什么关系呢？乔伊斯最后说，海明威是个"极为正直和忠诚"的人，要说他是共产主义者或同路人，那概率跟美国大通国家银行行长差不多。乔伊斯再次提议谢泼德森邀请海明威来华盛顿，探讨一下能否在西班牙或意大利给他委派一个合适的任务。[10]

战情局总部派人仔细研究了该请求。谢泼德森征求了两位副局长，即约翰·马格鲁德（John Magruder）准将和 G. 爱德华·巴克斯顿（G. Edward Buxton）的意见。和手下一样，马格鲁德对海明威的性情和政治左倾提出了保留意见，更何况乔伊斯本人还是个"极端聪明但情绪极不稳定的人，要是让他跟海明威合作，大概还会变本加厉"。[11] 巴克斯顿则提出，海明威或许更适合去战情局的黑色宣传分支、心理战活动部门（Morale Operations），而非秘密情报处。[12] 于是档案被转给了心理战活动部门，几天后，该部门的领导人得出结论，说就算让他来执行力图挫败敌人锐气、绝非常规的心理战行动任务（例如他们曾分发伪造的德国邮票，上面印着希特勒的骷髅照），海明威的个人主义也是一大障碍。[13] 没有人认为 44 岁的海明威适合在战情局的准军事分支内任职，该分支的人员都像游击队员一样在敌后行动，就像海明威（和他小说中的主人公罗伯特·乔丹）在西班牙所做的那样。那种战争适合岁数小得多的年轻人，不是么？最后，谢泼德森在 4 月给乔伊斯回电报，说战情局"决定不雇用海明威。这一决定或许不智，但我们觉得虽然他无疑明显有能力担任此类工作，但他是个极端个人主义者，不适合在军方监督下工作"。[14]

盖尔霍恩 – 乔伊斯的提议结局如何？乔伊斯有没有向盖尔霍恩通报这一坏消息？如果海明威和盖尔霍恩说起过她接近乔伊斯的事，海明威又做何反应？这些都无从得知。那年 4 月，盖尔霍恩和乔伊斯就断了联系，因战时审查，他也很难把这个消息写信通知她。那时，盖尔霍恩已经答应了海明威的请求，返回古巴跟他短暂团聚。

挑剔讲究的盖尔霍恩回到家里，发现丈夫比平日酗酒更厉害，也更不讲卫生了。他留着黑白相间的浓密胡子，胡子乱得能让老鼠在里面游戏（至少他自己在写给第一任妻子哈德莉的信中是这么说的[15]）。他每天喝几杯酒后就睡在地板上，那里到处堆着没有回复的信件。"皮拉尔"号的船员们当然淡然处之，海明威的5条狗和11只猫也不觉得有何不妥，他们可都是越脏乱、越舒服的。家庭内战的戏台搭起来了。海明威谈论着加勒比海的潜水艇，盖尔霍恩则对欧洲即将到来的大战充满期待。海明威为自己的"无友行动"辩护，盖尔霍恩则攻击它毫无意义。海明威内心深处不是不知道盖尔霍恩说得没错，但他就是不想承认，尤其是对这么一个没有顺从地支持丈夫，而是在战时自己跑出去冒险的女人。把事业放在婚姻前面，可不是一个好妻子所为。[16]

哪怕海明威对她愤怒咆哮，甚至半夜把她叫醒，历数她有多疯狂、多任性、多自私，盖尔霍恩仍然没有放弃从盟军情报部门寻求帮助。[17] 在意大利接近鲍勃·乔伊斯和战情局的同时，盖尔霍恩又向另一个朋友求助，请求他帮助海明威离开古巴，参与战争。这一次她利用了自己跟另一位战士－作家－间谍罗尔德·达尔的友谊。他曾是一名英国战斗机飞行员，因为在一次撞机事故中受伤，在高空中失去了意识，便无法再飞行了。他的官方头衔是英国驻华盛顿大使馆的助理空军武官。大多数武官都是穿军装的间谍，负责搜集关于东道国的情报。但达尔还不止于此，他在一个名为英国安全协调局（BSC）的组织还有另一个非官方的职务。该局的职责是影响美国的公众及其领导人——安全协调局希望能让他们支持英国的战争目标，相关任务就包括一些间谍工作，偶尔要召开新闻发布会，以及在适当的时候对适当的人士谨慎施压。[18]

达尔已经开始了自己的写作生涯，写了一些战争小说和儿童幻想作品，其中一部甚至得到了沃特·迪斯尼的关注。达尔身高近两米，加上他颇有异国情调的军装和口音，使他成为华盛顿社交圈中炙手可热的人物，更不要说他的战功和文学成就了。1943 年 10 月，他曾应邀到白宫参加晚宴，在所谓的总统"私人电影院"观看了由《丧钟为谁而鸣》改编的电影。女主人是埃莉诺·罗斯福，达尔在写给母亲的信中说她"喝了很多鸡尾酒"。同时应邀参加晚宴的宾客之一就是盖尔霍恩，她是"好样的"，"嘴里脏话不断，跟他丈夫书里写的一样多"。[19]

几个月后的 1944 年 3 月，达尔高兴地看到"马蒂·海明威上周（从）意大利回来了……带回了好多故事"。[20] 但她可不是专为讲故事来拜访达尔的。她想知道他能否让海明威横跨大西洋。飞行空间都是留给战事的，极其稀缺。空军武官掌控着乘坐皇家空军（RAF）的飞机飞往英国的旅程，达尔觉得有机会。如果海明威能够成为官方认可的战地记者，从皇家空军的视角来报道战争，他可以给海明威留一个位置。[21] 当盖尔霍恩把达尔的提议转告海明威时，他终于顺从了命运的安排，同意了这个提议。盖尔霍恩感激涕

零，为达尔"像天使一般鼎力相助"而对他致以无限
敬意。[22]

海明威不久就从古巴出发来到纽约，仍然炫耀
一样地留着他在"无友行动"期间蓄起来的满脸胡
子。他在曼哈顿联系了将委派他作为记者前往欧洲
报道战事的《科利尔》杂志，还在乐石酒店（Hotel
Gladstone）见到了达尔。两人喝着香槟、吃着鱼子
酱，度过了一个难忘的夜晚，盛鱼子酱的那个大罐子
足有 2.2 磅重，像个掏不空的聚宝盆，达尔记得当时在
场的还有一个人，"什么疯狂的拳击教练一类的"。[23]
启程前往伦敦之前，海明威对盖尔霍恩（撒谎）说英
国飞机禁止女人登机，让她一个人乘坐一艘装有炸药
的挪威货轮横跨大西洋。

盖尔霍恩虽然成功地让海明威来到了英国，却对
他们的婚姻于事无补。一到伦敦，海明威就搬进了位
于梅费尔公园路上的多切斯特酒店，那碰巧也是她最
喜欢的酒店。酒店相对较新，1931 年才开业，用钢筋
混凝土建成，伦敦人认为它既奢华又防弹。它仍然吸
引着英国小说家萨默塞特·毛姆之类的常客，但同时
也吸引了很多前来寻求安全之所的新贵。（一个爱开
玩笑的人曾说，在战争期间，它就像是跨大西洋奢华
班轮上的一个昂贵的邋遢铺位，连那班轮现在怕也要
被征用为运兵船了；在多切斯特酒店这样一个要塞，

钱可以买来安全，但无力一直补偿战时的短缺，也无法保证同时用餐的都是极有品位的人。[24]）

海明威虽然从未到过英国首都，但他在这里惊喜地遇到了一大群各式各样的朋友、家人和熟人，忙得不亦乐乎。1944 年春，伦敦是同盟国宇宙的中心。看起来每件事、每个人的焦点都是即将到来的登陆欧洲北部。来自整个自由世界的大批海陆空三军士兵在街道上穿行，有的乘车、有的步行，有的落单、有的成群。好一些的饭馆和会所都被他们的军官占了。大家都预感到将有大事件发生，记者也纷纷涌来报道。海明威的弟弟莱斯特参加了某个军事电影小组，也在伦敦，海明威跟他吹嘘了自己的"无友行动"。盖尔霍恩终于到达伦敦时，海明威却没有时间跟她在一起了。两人的关系变得更糟，他们继续吵个不休，他常常在公开场合尖刻无情地嘲讽她。更何况他这时已经被玛丽·韦尔什迷住了，简直雪上加霜。来自明尼苏达州的战地记者玛丽·韦尔什曾与莱斯特共事，常跟他谈起他大哥。她身材娇小，只有 1.58 米，一头深褐色头发，留着短短的卷发，笑容可掬。其他战地记者们都觉得她穿上军装和不戴胸罩穿套头衫一样漂亮。玛丽那时已经嫁给了一位澳大利亚记者，但她很快就成了海明威的情人。他跟盖尔霍恩离婚后，她顺理成章地成了他的第四任妻子。

这些人中甚至还有几位间谍。其中一位就来自内务部，他正在寻找海明威。两人会面的记录很短，只说一位不具名的行动人员 6 月在伦敦见到了海明威。苏联人怎么知道什么时候在哪里能找到他？可能是偶然，也可能是经过了一番勤勉调查。又或许上次在哈瓦那见面时，海明威告诉了那里的苏联"工作人员"在哪里找他。（酒店传说，多切斯特长期以来一直是第五纵队队员们和各色间谍喜欢光临的地方。[25]）苏联联络人和海明威或许甚至还商定了某种沟通计划，诸如他会在一周某一天的特定时间出现在某个特定地点。

内务部的档案显示，这次会面和海明威离开哈瓦那之前的那次会面差不多。同样是气氛友好，没有定论，苏联人追问海明威能否加入他们的组织并向其效忠，海明威语气友好，但并未做出任何具体的承诺：[26]

> 我们与"阿尔戈"在伦敦和哈瓦那的会面目的都是继续研究和确定他有多大潜力为我们服务。……"阿尔戈"没有给我们任何政治情报（原文如此），但屡次表达了帮助我们的愿望和决心。

过去四年，反法西斯战争的性质发生了巨大变化。这位作家仍然对苏联和俄国人抱有同情，认为自始至终，他们都在反纳粹的战争中做出了巨大牺牲。然而今时不同往日，他自己的国家已经被动员起来加入了艾森豪威尔后来所谓的"欧洲的圣战"。美国兑现了自己作为民主兵工厂的承诺，出产了不计其数的轮船、飞机和坦克，把数百万战士武装起来。海明威本人已经骄傲地在陆地和海上为国效力。1944年春，美国陆军正准备在欧洲北部平原上与德国人决一死战。如今有新的、光荣的美国故事值得记录，为战争效力的机会很多，无须加入内务部。

就算盖尔霍恩没再继续跟他说教，海明威也知道，对美国来说，诺曼底登陆日便是欧战的转折点。他请人帮忙，让他尽可能到达距离登陆海滩最近的位置。1944年6月6日，海明威在一艘38英尺长的登陆舰上，眼见着历史在诺曼底附近的海面上一幕幕上演。他身旁和身后是历史上最伟大的舰队之一："钻塔林立"的运输轮、像水虫一样"蔓延在海上"的小船，纷纷"向着法国徐徐前行"。[27]"得克萨斯"号战列舰就在不远处；它的主炮组喷射着火焰，向俯瞰代号"奥马哈"海滩的悬崖上抛射足有小轿车那么大的炮弹。令人吃惊的是，居然还有德国人从轰炸中幸存，人数足够他们对着登陆军回击，在海边打出了一个杀戮区。就在海边陆地上，海明威看到两辆美军坦克被德军击中，火光冲天。

事实证明，奥马哈是盟军在登陆日遭遇的最大的挑战。区域计划在遇敌后未能进行下去，现场一片混乱。大多数被派往海滩的坦克都沉没在近岸水域，步兵小队找不到目标，德国守军待在地势较高的地堡和碉堡内，一直抵抗到上午。约有 2000 名美国士兵死在激浪中和礁石林立的海滩上。但在第一个 24 小时之内，许多幸存者设法集结起来，向内陆推进了一两公里。如此一来，他们就在陆地上建起了一个据点，让美国人、加拿大人和英国人能够在 6 月和 7 月一路厮杀穿过海滨各省的艰难地形，最终在 8 月向东挺进塞纳河和巴黎。

诺曼底登陆之后，海明威回到伦敦，总算能跟皇家空军一起飞行了。他虽已大腹便便，但还能把自己塞进一件英国军服，肩章上显示他是一名记者。他甚至在军服外扣上了一件救生衣和一个氧气面罩。6 月底，他顶着 V-1 火箭的"嗡嗡"声飞行了多个架次，那种无人控制的火箭是德国人所谓的复仇武器，目标是英国各个城市。一天下午，海明威搭乘皇家空军的一架"暴风"（Tempest）战斗机，看到一个美国 B-25 轰炸机中队袭击法国德罗库尔（Droncourt）的发射场。几天后的 6 月 29 日，他乘坐皇家空军的蚊式（Mosquito）轰炸机飞越英格兰南岸，这是皇家空军的一种敏捷的木结构战机，执行击落正在飞行的火箭的危险任务。他在空袭过程中研究导航，因为他可不想成为战斗机中的"草包乘客"。他还是想做一个有用的人。他开始喜欢了解空中作战知识，希望能延长与皇家空军在一起的"快乐时光"。[28] 至少在当时，他愿意对国王陛下的政府早在西班牙内战时所实施的政策不计前嫌。

事态并没有按照海明威的个人意愿发展，不久，陆地战争就成为绝对主力，使他不得不放弃了在伦敦的基地。《科利尔》杂志的编辑希望他能报道法国的地面战斗，那里的美国士兵们仍在为把德国人赶出诺曼底和布列塔尼而鏖战。到 7 月中旬，他已经获得官方认可，成为美国陆军记者团的一员。一到欧洲大陆，他就会忠于他为自己制定的战时标准。他有三个目标：为战斗部队做些有用的事、尽可能找到最好的报道素材，以及自己开展作战行动。海明威战时间谍生涯的高潮即将到来。

到达法国后，海明威与第四步兵师的指挥官雷蒙德·O. 巴顿陆军少将成为好友，巴顿将军是一位坚定的职业军人，不说废话，但并不乏味和闭塞。（举例而言，从西点军校时期开始，他在整个职业生涯都容忍了人们给他取的"胖水桶"的绰号。）巴顿愿意给海明威一辆吉普车和一个司机，让他自己去考察诺曼底，司机通常都由阿奇·佩尔基这位来自纽约上州、头发火红的二等兵担任。两人带着地图和双筒望远镜作为装备，手枪和手榴弹作为武器，探索了很大一片地方，像古老的小城维勒迪厄雷波埃勒（Villedieu-les-Poêles，意译为"上帝的平底锅之城"），海明威在那里冷静地观察德军和美军士兵之间的巷战；圣普瓦（St.-Pois）附近迷宫一般的乡间小道和土路，在那里，一次极度精确的德军88毫米反坦克炮伏击差点儿要了他的命；还有奇妙的圣米歇尔山（Mont-St.-Michel）潮汐岛，它那座建造于12世纪、足有500英尺高的修道院仍然矗立在一片盐碱地中，遭到伏击之后，海明威在那里休养了几天。[29]

从一开始，海明威就把他所了解和观察到的情报分享给美国陆军。其中有一小部分是巴顿等人觉得有用的，它们可能是海明威从某个法国人那里搜集的，也可能是他自己注意到的。海明威对法国乡下轻车熟路，特别是他在1920年代与第一任妻子和长子一起住在巴黎时骑自行车去过的那些地方。他还很擅于观察哪些地形特点会对战斗产生影响。

巴顿患有溃疡，因为战斗压力大而时有加重。有一次，他一天下来筋疲力尽，需要躺下来休息时，海明威和他一起躺在一条毯子上，轻声谈论起德国人在哪里，"以及他们到底有没有离开，未来情况如何"。[30]当盟军于8月中旬开始逼近巴黎时，巴顿知道第四师有极大的可能性参与解放巴黎这座海明威心爱的城市，因而给了作家一项侦察任务：带上你的吉普车和司机，去通往巴黎的路上探察一下军情吧。[31]

海明威欣然从命，从海边出发一路向东，离开诺曼底那些狭窄的矮树篱，向着沙特尔附近更开阔的

美国本土最像热带天堂的地方：海明威位于基韦斯特白头街的宅邸。

国会图书馆，《纽约世界电讯报》和《太阳报》照片集。

海明威和道斯·帕索斯在基韦斯特附近的海面上，
这对好友在一个好天气里出海钓鱼。
肯尼迪总统图书馆，欧内斯特·海明威照片集

1937 年春在一次空袭后幸存：
作家和他未来的政委。
荷兰共产主义者尤里斯·伊文思
荷兰摄影博物馆，萨恩霍特摄影集

海明威和盖尔霍恩在西班牙。

他们因为共同报道内战而情投意合。

盖尔霍恩开心地看向镜头，海明威则背对着照相机，

一个扁酒瓶就在手边。

肯尼迪总统图书馆，欧内斯特·海明威照片集。

海明威与德国共产主义者古斯塔夫·雷格勒,

这是一位心地善良的政委,

后来两人成为密友。

肯尼迪总统图书馆,欧内斯特·海明威照片集。

内务部的站长亚历山大·奥尔洛夫，
他在西班牙为斯大林运作秘密战争，
并抽出时间来取悦海明威。
科利奇帕克，国家档案馆。

米尔顿·沃尔夫叼烟斗的照片。

随着西班牙共和国的运气时好时坏，

海明威与米尔顿·沃尔夫等人的关系比以往更加密切了。

这些人从未在斗争中有过动摇，

他后来成了海明威的终生好友。

肯尼迪总统图书馆·欧内斯特·海明威照片集。

逃离民族主义统治的难民的照片：逃离民族主义统治的难民人数在战争期间持续增加，到1939年春达到顶峰。

肯尼迪总统图书馆，欧内斯特·海明威照片集。

雅各布·戈洛斯，
招募海明威为内务部工作的老布尔什维克
华盛顿国家档案馆。

《新群众》编辑乔·诺思，

他曾在自己的杂志上发表海明威的报道，

可能把后者介绍给了雅各布·戈洛斯。

塔米门特图书馆（Tamiment Library），亚伯拉罕·林肯藏品。

1941 年在重庆，
海明威和盖尔霍恩与蒋介石夫人。
肯尼迪总统图书馆，
欧内斯特·海明威照片集。

玛莎·盖尔霍恩正在听一位向导解释冻在一座房子的墙面上的破字。
1941年在中国。

肯尼迪总统图书馆，
欧内斯特·海明威藏书集

海军之家

海明威和盖尔霍恩在中国的冒险结束后，
来到了美国海军陆战队小约翰 A. 托马斯海军中校位于华盛顿的办公室，
后者将在两个新战线上与海明威展开合作。
美国海军照片。

参战的游艇。
海明威的"皮拉尔"号在航行。
肯尼迪总统图书馆,
欧内斯特·海明威照片集。

OFFICE OF NAVAL ATTACHE AND ATTACHE FOR AIR
AMERICAN EMBASSY
HAVANA, CUBA

18 May 1943.

To Whom it may Concern:

While engaged in specimen fishing for the American Museum of Natural History, Mr. Ernest Hemingway, on his motor boat PILAR is making some experiments with radio apparatus which experiments are known to this Agregado Naval, and are known to be arreglado, and not subversive in any way.

Hayne D. Boyden
Colonel, U.S. Marine Corps
Agregado Naval de Los Estados Unidos, Embajada Americana.

既非英语亦非西班牙语

海军随员为"无友行动"——即"皮拉尔"号的战争巡航——所写的介绍信
肯尼迪总统图书馆，欧内斯特·海明威照片集

1944年，海明威和他的司机
二等兵阿奇·佩尔基在法国探险。
肯尼迪总统图书馆，欧内斯特·海明威照片集。

海明威坐在桌前打字

伦敦，多切斯特酒店，

海明威反思了他在古巴的冒险，并为登陆日之后在欧洲开始新的冒险做好了准备。

肯尼迪总统图书馆，欧内斯特·海明威照片集

官方认可的战地记者

陆军 1944 年签发的身份证。

肯尼迪总统图书馆，欧内斯特·海明威照片集。

身穿军装的玛丽·韦尔什

战地记者同事和未来的妻子，摄于1944年前后

肯尼迪总统图书馆，欧内斯特·海明威照片集

即将步入"亢奋期"

1944 年 8 月，海明威与战情局的戴维·K.E. 布鲁斯上校，以及法国抵抗运动的一名成员。

海明威系着一条缴获来的德国皮带，手拿酒杯，旁边那个人手持酒瓶，看样子是他给海明威斟满了酒杯。

肯尼迪总统图书馆，欧内斯特·海明威照片集。

1945 年春，
在回古巴的路上，看似很开心的海明威。
版权归泛美航空公司所有，肯尼迪总统图书馆，欧内斯特·海明威照片集。

海明威夫
妇与巴克·
海明威夫妇与巴克·朗，拉涅在哈瓦那与
海明威度假，多纳德诺维是他在1941年的夏天中国著的第一位
妻子哈德莉舍别后的
海内斯特·海明威的好友。

永不放弃

西班牙内战老兵和激进主义分子米尔顿·沃尔夫

1946 年在纽约的一次集会上讲话。

塔米门特图书馆，亚伯拉罕·林肯藏品。

对调查局、国会和新闻界道出了一切的红色间谍女王，
这是 1948 年在非美活动委员会作证。
盖蒂图片社，托马斯·D.麦卡沃伊照片。

十年的时光喜忧参半，这对夫妇也是一样。

在某个快乐的时光，海明威和玛丽在瞭望庄园外摆拍了这张照片。

肯尼迪总统图书馆，欧内斯特·海明威照片集。

《纽约时报》记者和
编辑赫伯特·L·马修斯。
海明威在欧美两个大陆上的
朋友和知己。
撰写了关于卡斯特罗革命
的头条报道。
《纽约世界电讯报》和
《太阳报》照片集。

I GOT MY JOB THROUGH

The New York Times.

卡斯特罗开始露出真面目后，
一位《纽约时报》读者
眼中的马修斯的报道。
哥伦比亚大学。
赫伯特·L·马修斯文件。

一个糟糕的夜晚时刻
海明威持枪守卫着瞭望庄园。
肯尼迪总统图书馆，欧内斯特·海明威照片集。

路易斯·柯达（Luis Korda）

拍摄的菲德尔·卡斯特罗和卡米洛·西恩富戈斯（Camilo Cienfuegos）

1959 年 1 月 8 日胜利挺进哈瓦那的照片。

"卡斯特罗和他的手下在巴蒂斯塔逃离古巴几天后，

于 1959 年 1 月 8 日胜利挺进哈瓦那。

路易斯·柯达照片

憔悴的海明威在拉坎索拉读信。

肯尼迪总统图书馆，

欧内斯特·海明威照片集，玛丽·海明威照片

地方出发了，那里的景观多是农田，间或有矮树林点缀其中。1944 年 8 月 19 日，他遇到了两车赤裸上身的法国游击队员，他们装备着各式各样的危险武器。[32] 这些都是共产主义组织自由射手游击队（Franc-Tireurs et Partisans Français，FTPF）的成员，是法国抵抗运动（French Resistance）中的极左派，"常常被指控缺乏纪律性或过于狂热"。[33]

大家立即变得亲密融洽起来。那些法国非正规兵很喜欢这位精力充沛、还会说他们的语言的大个子美国人，很快就开始依附于他了。他也同样高兴把他们拢在麾下。这不是什么正式的关系，而是那种在战场上自发形成的依赖。法国人对海明威深深着迷，以至于他们不久就开始学他"水手的熊步……（还和他一样）用各种各样的语言……从嘴角挤出简短的句子"。[34] 美国人继续从附近的友军那里白拿缴获的武器，从一辆遭到伏击之后被弃的美国陆军卡车中找来衣服和设备的边角废料来装备他手下的兵。没过多久，战士们就拥有了不错的衣服和武器，开心地在腰部和肩膀周围捆上一圈圈手榴弹。[35]

海明威带着自己的人马前往朗布依埃，因为横跨从西南方向通往巴黎的道路，那里的战略地位如今变得尤为重要。德国驻军刚刚撤离，小城和敌军没有任何瓜葛，这就给海明威和他的人留下了一片真空地带。他本能地知道自己还需要找出最近的美国军队组织，报告他的行踪和一路所见。因此，1944 年 8 月 20 日上午，海明威掉头向西驱车几英里，到新解放的沙特尔（Chartres）郊外第五师指挥部的情报处去报到，第五师驻扎在欧洲第三大哥特式教堂周围，它的方塔和高耸的城墙是这座古城和附近麦田中的主要景观。不过那天真正刺激着他们感官的，还是一路上看到的德国人和美国人肿胀的尸体，迄今还没人有空掩埋那些尸体，让他们入土为安。

在指挥部，作家偶遇了战情局的西欧高级官员戴维·K. E. 布鲁斯。即便只穿着普通的军人战斗服，布鲁斯也一望便知是个领导人物：头盔端端正正地戴在头上，身上的野战夹克干净整齐，陆军上校的鹰徽十分明显。他目光锐利，表情坦诚亲近，这些都表明他对人有着良好的判断。在沙特尔，布鲁斯完全被（用他自己的话说）"父亲一般的"海明威"迷住了"，"他的灰色大胡子和魁梧身材让他看上去很像米开朗琪罗所绘的上帝"，令布鲁斯神魂颠倒。[36] 如此一来，海明威没有费多大力气就让他相信，朗布依埃或许是打开巴黎大门的关键。他们可以一起完成布鲁斯的一项任务，即了解德国人的实力和意图，特别是以向德军仍旧控制的地盘渗透间谍的方式来了解这一切。

那天下午，布鲁斯重走了海明威往返沙特尔的路线，前往朗布依埃。上校沿着一片茂密的原始森林边缘驱车前行，君主制时期，那片森林曾是国王的狩猎区，那时旁边还建有一个童话般的小小城堡，灰泥外墙，四角上各有一个圆形塔楼，是法国统治者们离开首都小住的乡间别墅。布鲁斯在城市中央看到了一座"古老的旅馆，周围有浓密的树荫为它遮挡烈日"。[37] 大猎手旅馆有自己的花园，看上去像是另一个乡间别墅而非小旅馆。那座四层建筑的很多双扇门和窗户上都装有木制百叶窗，加上穿透房顶的屋顶窗，让旅馆有种宾至如归的氛围。大猎手旅馆虽然以国王的首席猎手（veneur）命名，但只要有钱来乡下放松，任何人都能入住。

一进旅馆，布鲁斯就毫不犹豫地一头扎进海明威和手下的游击队员们为他描绘的"亢奋期"中。[38] 海明威把行动中心设在自己的房间，已经为布鲁斯做了一些后者的分内之事，接下来的几天，两人便联手合作。他们派出去在朗布依埃和巴黎之间的乡下巡逻的队员们回来报告说，那里的守军人数很少，对正在挺进法国首都的盟军而言，这可是个至关重要的消息。在布鲁斯看来，海明威是个审讯专家和报告撰写人，会花几个小时的时间筛选收集来的情报。[39] 有一次，一名法国非正规军人向海明威和布鲁斯请假，要离开总部"15分钟，去杀一个平民叛徒"，在占领和解放之间那段混乱的日子里，法国抵抗运动成员还可以算旧账，这种事时有发生。布鲁斯在回忆录中写道，他们同意了那名军人的请求，还借给他一把手枪。[40]

布鲁斯让海明威维持大猎手旅馆的秩序，海明威便我行我素起来。据说他想出了一个新奇的点子，让他的德国俘虏们脱掉裤子（理论依据是人只要脱掉裤子就不大可能逃跑），然后派他们去旅馆厨房里剥土豆、洋葱和胡萝卜。晚餐时间，旅馆经理再落井下石，让俘虏们穿上花边外套伺候抓住他们的人用餐。[41]

当消息传出，说军队正在朗布依埃整顿，准备解放巴黎时，整个城市很快便"像新年晚会一样挤满了……没什么用处的庆祝人群"，其中包括一些战地记者同事，他们很好奇为什么看起来像是海明威在管理着城镇的日常运作。[42] 他用双拳来维持秩序；正如他自己后来所说，他"一拳打在（一个记者的）脸上"，还把一个伞兵的手臂扭到背后，因为他"端着斯登冲锋枪威胁周围的人给他香槟喝"。[43] 未来的外交官布鲁斯后来跟作家马尔科姆·考利（Malcolm Cowley）低调地重述了那天的场景："欧内斯特……不得不用手背把那几个人推开，对他这么一个大力神来说，那实在是够温柔的啦。"[44] 不过就连布鲁斯也不得不承认，作家-间谍海明威要是饮酒过量，就会在朗布依埃愤怒地咆哮不已。[45]

布鲁斯把他们搜集筛选的情报传给了正在进攻的盟军。有些报告被直接送达战地指挥官，还有些通过电报发送给战情局——布鲁斯有自己的加密无线电通信设备和发报员。布鲁斯、海明威和一位法国抵抗运动的高层成员一起，试图给某人介绍情况，此人将率领第一批盟军军队进入巴黎。法国军团指挥是个在位很久的军官，名叫菲利普·玛丽·勒克莱尔·德·奥特克洛克（Philippe François Marie Leclerc de Hautecloque），他从 1939 年便一直与德军作战。布鲁斯喜欢这位贵族同辈：他"瘦高、英俊、不苟言笑……是个引人注目的人物"。[46] 海明威在他的一篇战时报道里就没那么慷慨了：他讲述了勒克莱尔不但对他们的工作丝毫不感恩，还用不堪入耳的话辱骂三位情报人员，让他们"滚开"。[47] 但这位将军自己的情报官后来跟他们一起共进晚餐，布鲁斯却给了他"一份详细的总结，概述了朗布依埃和巴黎之间各条路线上的德军实力，以及可能遭遇的障碍"。布鲁斯认为这些情报"对挺进巴黎有着……决定性的影响"。[48]

布鲁斯非常看重海明威的贡献，以至于他提前安排了两人离开朗布依埃之后继续合作的事宜。勒克莱尔进军巴黎的前夜，这位战情局军官用铅笔在一张横格纸撕下的小纸片上写道，"尊敬的海明威先生"，他，布鲁斯，将在一早前往巴黎。海明威先生能否"安排……12 位抵抗运动成员的交通，鉴于他们在此地的工作如此出色"？在布鲁斯看来，"必须将他们团结为一个整体，才能实现我现在能够预见到的未来的某种目的"。他最后用了正式的文体："您真诚的DKE 布鲁斯上校，总务兵团行动处长，战略情报局欧洲战场行动处。"[49] 海明威像对待布雷登大使为他在古巴的工作所写的感谢信一样,一直小心地保存着这张纸条。

8月24日,布鲁斯和海明威加入了数列盟军卡车、吉普和坦克中的一列,开始缓慢地穿过森林,朝巴黎驶去。天公不作美,那天的大部分时间都在下雨,离开朗布依埃不到一个小时,每个人就都湿透了,少数德军的残兵剩勇也拒不合作。敌人从六七个精挑细选的位置开火,或许在森林中还藏着一辆坦克,又或者一门仍有危险性的88毫米反坦克炮还在地势较高的地方占据有利地位,海明威和他的私人军队不止一次要停下来躲避(可能还要回击)。

当时还是《星条旗报》的记者、未来的哥伦比亚广播公司(CBS)新闻播音员安迪·鲁尼那天就在附近,他听到前方有炮火声,立即判断出那绝非友军炮火,赶紧跳出吉普车,想在路边找到一面墙,高度够他蹲下身躲在后面。同一面墙背后大约50英尺远的地方,他看到一个人正在高声叫喊:"我们要在这里躲一会儿!"那个身穿一件加拿大战斗服,头戴皮沿军官帽,正朝他爬过来的大个子就是海明威。作家从口袋里掏出一些纸片,开始告诉鲁尼德国人在前面路上的哪个位置。鲁尼虽然对海明威这位暴戾的战地记者持保留态度,但他惊异于情报的准确无误,且对海明威给了他关于埋伏位置的警告心存感激。[50]

到 24 日傍晚，海明威和布鲁斯已经到达城界以内，出现在流经巴黎市中心的塞纳河边。德军的小规模抵抗和欢呼雀跃的人群让他们的进度慢了下来。两军仍在交火，但街道上挤满了巴黎人，开心地向解放者的怀里塞各种水果、鲜花，当然塞得最多的还是酒。布鲁斯在日记中写道，"不可能拒绝（那些强塞给我们的礼物）……整个下午，我们喝了啤酒、苹果酒、波尔多白葡萄酒和红葡萄酒、勃艮第白葡萄酒和红葡萄酒、香槟酒、朗姆酒、威士忌、干邑白兰地、雅马邑白兰地和苹果白兰地"。[51] 这么多酒混着喝，就连布鲁斯那结实的身体也受不了了，入夜之后，他和海明威决定在附近的一处房子里过夜。

8 月 25 日，美国人一醒来，就看到窗外"阳光明媚"。[52] 他们这一小队人用一上午收拾行装，于 12:30 出发壮游，看到了光之城 ① 内一些最为标志性的景观，从凯旋门到优雅的协和广场，他们开车穿过宽阔美丽的香榭丽舍大街。虽然那一片仍然时有狙击手的枪声响起，六名法国老兵站在那里，守卫着拱门下的无名战士墓。他们的班长允许美国人走上凯旋门，去观看那令人叹为观止的景观——上面是无数的穹顶、屋顶和尖顶，下面的街道上坦克隆隆，枪炮声不绝

①　光之城（City of Light），巴黎的别称。

于耳。

　　那天傍晚，布鲁斯和海明威又穿过此时已经空空荡荡的香榭丽舍大街，来到 25 号，也就是位于拉·佩瓦酒店（La Païva Mansion，该酒店以 19 世纪的交际花命名，也被称为"大视野酒店"）内的上流旅行者俱乐部所在地。俱乐部基本上已经人去楼空，但他们还是设法找到了总经理，跟他一起喝了一轮香槟酒。然后，他们又穿过在歌剧院广场上欢呼着、痛饮着、亲吻着的法国人群，逃到相对安静的丽兹酒店，这座奢华的酒店位于巴黎市中心，更像个城堡而非酒店，是海明威心目中的圣地。（海明威曾写道，"每当我梦到死后的世界，一切总是发生在巴黎的丽兹酒店"。[53]）在那里，他们和海明威的非正规兵、几个记者，还有布鲁斯的手下一起在酒吧坐下来，要了五十多杯马丁尼酒，颇有鉴赏力的布鲁斯说那些酒"不怎么样"。[54] 不过那天晚上与海明威和一位低阶随员一起吃的晚餐好极了：主厨把能用的几样原料用到极致，或许是为某一特殊场合留下的一块肉，加上丽兹酒店的一些战时主食如蔬菜汤、米饭和加了特制酱汁的奶油菠菜，还有一把用烈性甜酒腌制的覆盆子，配以世界上最好的酒窖之一（它经历了占领时期和解放而毫发无损）出品的葡萄酒。晚餐后，食客们在菜单卡上写上日期，后来每个人都在上面签了字。军事历史学家 S. L. A. 马歇尔把那张卡片带回国，上面有一行说明文字："我们觉得我们占领了巴黎。"[55]

当然，在任何意义上讲，他们都没有"占领"巴黎。不过此时不管怎么说他们都是先头部队，事实证明他们的报告是有用的，以确凿的证据汇报了敌人的情况和畅通的路线。[56] 那是他们为解放法国首都所做的实实在在的贡献，很可能救了很多人的性命。那是海明威间谍生涯最辉煌的时刻。与非正规军一起进行地面战斗很适合他，比海战还要适合，更不要说空战了。其他间谍活动，诸如运作骗子工厂或为内务部效劳，全都相形见绌。马歇尔曾在 8 月23 日至 25 日数次看到海明威参与战斗，这位精于判断军事技能的人最后说，海明威像"野牛一般勇武，还是管理游击队的一把好手"。[57] 戴维·布鲁斯则说，海明威是"铤而走险和谨慎小心的罕见结合体，他的冒险是经过深思熟虑的，他知道如何抓住……稍纵即逝的有利机会。他是个天生的领袖，而且虽然他个性鲜明、人格独立……他还是个非常自律的人"。[58]

马歇尔和布鲁斯都没错。海明威可以选择一支组织松散的队伍，成为它的领袖，带领它穿过战争的迷雾。但他不仅仅是个独立的游击队领袖。他与正规军审慎联系，还与布鲁斯这样的情报官员通力合作。海明威的司机对那些激进的法国游击队员的评价同样适用于在 1944 年 8 月领导过他们的海明威本人。在"红发"二等兵佩尔奇看来，他们是"一个很好的团队。是我见过的最好的团队。我得承认他们没有（军队）纪律。整天喝酒，这个也得承认。但是战斗力很棒"，只要有合适的领袖，这支队伍定能出色地完成战斗任务。[59]

第十章

在前线：伟大的反法西斯战争进入最后几个月

　　1944 年 9 月初，海明威和美国陆军军官查尔斯·T. 拉纳姆一起站在比利时的一座山丘上，俯视着脚下的乌法利兹城（Houffalize），城里那些灰白色的灰泥外墙房子整齐地聚集在乌尔特河（River Ourthe）远侧的城市广场周围。海明威所谓"穿过地势起伏、森林茂密的乡间……的亡命激战"已经接近尾声。[1] 盟军基本上把德国人赶出了法国，继而经由比利时的北部和东部把他们赶到了比德边境。美国人当然可以为他们自 6 月诺曼底登陆以来的战绩而自豪，但战争还没有结束。

　　这天，海明威和拉纳姆可以看到德国人正在过桥撤退，桥下的那条小河比水沟宽不了多少，此时却成了两军的分界。为把美国兵挡在一定距离之外，德国炮兵部队对着进城的道路开炮。海明威和拉纳姆打赌，看谁先到达城市广场。拉纳姆穿过树林的小路，海明威则沿大路出发，"他的"队伍分乘两辆吉普车——一辆车上是他麾下那股法国非正规兵，另一辆由二等兵佩尔基开车。路上的诡雷和倒下的树干使他被迫减速，因而海明威到达河边时，拉纳姆已经到了——不过两人都过不了河，因为德国人已经把桥炸了。

大约十天后，两人还在考验彼此。那天拉纳姆在一个古老的农舍里宴请海明威吃牛排晚餐。就在那时，一枚德国炮弹穿墙而入又穿墙而出，没有爆炸。大多数其他食客都仓皇四散寻找遮蔽，海明威却不为所动，继续切他的牛排。拉纳姆让他的客人赶紧离开座位，或者至少带上头盔，但海明威拒绝了，两人争论的过程中，又有炮弹接踵穿墙而过，但奇迹般地一枚也没有爆炸。拉纳姆不甘落后，也取下头盔，重新坐在桌前。其他食客——拉纳姆手下的军官们——在炮击逐渐停止之后才回到桌上继续用餐。他们中有人盛赞海明威和拉纳姆勇气可嘉，有人则暗讽两人逞强。拉纳姆对此事的结论是：那是与命运争高下的莽撞行为。[2]

攻下巴黎后，海明威一半时间待在法国首都，一半时间去往前线。在城里，他与玛丽·韦尔什在丽兹酒店组建起小家庭，那年春天，他与盖尔霍恩的婚姻还没彻底破裂，就开始在伦敦追求这位美国战地记者了。韦尔什用了"鸿蒙初辟"一词来形容在伦敦一见钟情后，两人再次找到了相识相知的乐趣。[3] 海明威说他们现在"非常相爱，每人只穿一件衬衫……根本没有矫饰、没有谎言、没有秘密，没有伪装"。[4] 在此过程中，他们帮着其他客人一起喝光了酒店里贮存的巴黎之花香槟酒，最终迫使酒侍者不得不求助于较低级的酒店。不在玛丽身边时，海明威便跟着盟军队伍，看着他们把德国军队赶回老家。

他大部分时间都跟着自己最近中意的队伍，巴顿将军的第四步兵师第 22 美国步兵团。该团指挥官是西点军校毕业生查尔斯·T. 拉纳姆上校，朋友们都叫他"巴克"。海明威被这位勇士－作家深深吸引了，就像当年西班牙内战期间他曾那么喜欢古斯塔沃·杜兰一样。拉纳姆喜欢战斗和关于战斗的写作；他甚至出版过几部关于行伍生涯的诗歌和短篇小说。从战时拍摄的照片上看，他比海明威个头稍矮一点儿，体重也远不及后者：玛丽·韦尔什形容他"活泼、易怒、机敏"。[5] 戴眼镜让他看上去像个思虑缜密的人，但那并没有影响他在战斗中的高效。海明威战后还记得，"和这么一个文采好、口才好（又）勇敢善战的人在一起永远充满乐趣……（他在战斗中）绝对毫发无伤、聪明机智、幽默风趣，是世界上最好的战友"。[6]

在乌法利兹城和农舍晚餐上的冒险都是两人结交的仪式。海明威和拉纳姆未能分出高低胜负，但它们为两人的友谊打下了基础，那友谊在战场上变得愈加深厚，继而维系了一生。每次在一天的紧张战斗之后总算可以放松下来，两人就会坐在那里一边喝酒一边聊到深夜。拉纳姆觉得能遇到美国文学的当代传奇并向他请教是个难得的机会，因而总想跟他讨论文学和自己的作品。海明威却对战场中的勇气更感兴趣，拉纳姆后来称之为"重压下的优雅风度之类的废话"。[7]拉纳姆对海明威说，勇气可不是"清醒的人在公开场合讨论的话题"。[8]即便如此，一个痴迷于战场的作家和一个醉心于写作的军人可以很好地互补，结成了海明威一生中最稳固的情感纽带。1948年，回首战争岁月，海明威会对自己说，他从未"有过比巴克更亲密的朋友……也没有这么喜欢和欣赏过任何其他人"。[9]

10月，就在他一面与第22步兵团一起服役，一面与玛丽共浴爱河时，一项关于他在朗布依埃的行为的官方调查意外地分散了他的注意力。海明威（以及像戴维·布鲁斯这样有着高度判断力的指挥官）仍然认为他在解放巴黎之路上发挥了很好的作用。海明威后来不止一次说，他找到了进入法国首都的最佳路线，也就是德国人没有重兵防守的路线，应该得到一枚勋章。他注意到一位战情局军官"因为我在朗布依埃所做的工作，安排好了一切，才让（法国将军菲利普·）勒克莱尔……只用十分之一的兵力就打进巴黎而……获颁了一枚卓越服役十字勋章（DSC）"。[10]相反，他却被传唤，要求解释他作为战地记者的失格行为。他被指控囤积武器、指挥部队、参加解放巴黎的战斗，指控方很可能就是他 8 月曾经在大猎手旅馆推来搡去的那些记者。这些指控都不是无中生有，违反了美国军方关于战地记者"不得参与指挥、被委以凌驾于军事人员之上的职责，也不得拥有武器装备"的规定。[11]"故意违反这些……规定……可能导致……逮捕并等待遣返回国或军事法庭审判。"这些大多是美国战地记者的常识，不管是老手还是新人，但军方仍然要求每个人签署一份列出了所有细节的协议。

几周内，针对海明威的指控已经传开，足以引起官方的关注。它们毕竟事关一位名人，而提出指控的新闻记者们也知道该如何表达和发声。最后，第三军督察长觉得必须开展调查，就把海明威叫到了自己当时设在法国南锡市的总部。督察长获得了书面和口头供述。海明威本人宣誓后回答了一连串问题。他既没有公然撒谎，也没有道出实情，而是转弯抹角，避重就轻。正如他自己多年后所说，"我否认了，开着玩笑把（自己）摘了出来，对我感到自豪的一切破口大骂"。[12]

这件事伤害了他的感情。得不到自以为该得的荣誉是一回事，成了某项调查对象、还可能会出现在某战区的军事法庭则是另一回事，对海明威这么珍视自己在战火中勇敢作战的名声的人来说，显然是奇耻大辱。与此同时，该调查也表现出海明威对权威和法律的矛盾心理。他的最后一位传记作家迈克尔·S. 雷诺兹（Michael S. Reynolds）曾把军方调查放入更大的历史背景中，论断说作家一生大部分时间"对法律、执法者和法庭都有一种深深的、几乎是非理性的恐惧……他固然能拿自己的宣誓证言开玩笑……但（在督察长决定放弃调查之前）他可一点儿都不觉得幽默"。[13]

（待续）11 月，海明威回到第 22 步兵团。此时，该步兵团已经来到敌人在德比边境的主要防御线，即德国人所谓的"西墙"。该步兵团管制区在许特根森林（Hürtgen Forest），那里的地堡和碉堡网络与当地茂密的森林、险峻的峡谷和水道连成一体。虽然距离西北方向的德国边境城市亚琛只有几英里远，许特根森林却很难接近，更不要说穿行而过；几乎没有路，连小径都很少，1944 年，很多小路又窄又难走。在进入森林的路上，海明威注意到一连串树木茂密的山丘，有些还有林中空地，可供战士观察下面的敌情。[14] 1944 年深秋，低温和冷雨使得 22 步兵团的行进和战斗变得更加艰难了。

在 11 月 15 日至 12 月 4 日的激战（这次战斗造成了该步兵团超过 2700 人伤亡）中，海明威在拉纳姆的指挥部和战场上跟着他实地考察，他对什么都虚心学习，偶尔提出一点儿建议。一天，他们去一个用泥土和圆木建造的地堡中拜访一位前线军营指挥官。这个指挥官是个上校,他没精打采的,拉纳姆对海明威说自己差点儿解了他的职。海明威回答说,拉纳姆没必要解那人的职,他身上有一股死亡的味道,很快就要死了。不到十分钟,就有人报告说上校死了,一颗榴弹穿透了他那座地堡的墙壁。[15]

海明威虽然不像在朗布依埃时那么积极了,但很多危机发生时,他仍会毫不犹豫地伸出援手。11月22日,德国步兵袭击22步兵团的指挥部时,海明威抓了一支汤普森冲锋枪便加入了战斗,帮助战士们驱赶攻击者。几天后,在凌晨4时左右的另一次反击中,德军坦克和步兵集结并穿越了步兵团的防线。拉响警报的军营指挥官一手开枪对德国人射击,一手拿着野战电话。这一回,海明威和拉纳姆没有并肩作战,但拉纳姆一边下达临时命令,一边呼唤他。海明威想都没想就回答说:"等着,我马上过来。"为了和拉纳姆并肩战斗,他冲过了一道很多人葬身其中的火障,一直守在上校身边,直到最终击退了德国人,逼得剩下的十几个人缴械投降。在拉纳姆看来,那是他们友谊的另一个关键时刻,让他永生难忘。多年后他写道,那些天发生了那么多让他刻骨铭心的事情,唯有那个夜晚的记忆却最为生动,历历在目。[16]

在拉纳姆和他的战士们眼中,海明威在许特根森林的表现堪称典范。首先,他是个很棒的战友,总是给众人分享威士忌,聊那些跟他有关的或有趣的话题：他的儿子杰克加入战情局，在法国敌占区跳伞空降啦，他那位不够格的妻子盖尔霍恩居然要跟他离婚啦，还有非洲狮子有什么交配习惯啦，等等。其次，虽然他的工作是报道战斗，但比起那些本职是战斗的人，他冒的风险一点儿也不小。他本来没必要如此靠近敌人，却总是和打仗的步兵一起深入前线。他在重压之下保持冷静，在必要之时愿意战斗，再次展现了自己的第六感，也就是德国人所谓的"指尖的感觉"，那是只有兵法大家才有的感觉。

12月4日，他在森林里的最后一天，就在步兵团里那些筋疲力尽的战士从战场上生还，迫切希望退回来休息一下时，海明威的第六感又救了他自己和朋友们的命。他和一个名叫威廉·沃尔顿（William Walton）的记者同事一起开车走在一条泥泞的路上，地面的浓雾使得能见度只有几英尺。突然，他们听到一种撕裂的声响，只有海明威听出了那是什么，对沃尔顿和司机佩尔基高喊道"哦天呐，跳车！"把沃尔顿推到了路边的水沟里，挡住了他的身体，几秒钟后，德军战斗机就朝他们的吉普车发射了一连串子弹。飞机转头巡查一番，又朝着路中间开火，差几英尺就要击中水沟里的三个人了，面对扫射，他们的生还余地微乎其微。海明威平静地从皮带上取下一个小水壶，让沃尔顿喝一口预调的马丁尼。那酒有股子金属味道，但沃尔顿从未喝过那么好喝的酒。三人站起身来，掸了掸身上的土，步行走过了他们那辆正在路上燃烧的座驾。[17]

海明威最后一次跟部队一起欢呼，恰逢 1944 年 12 月下半月的突出部之役。希特勒用了总共三十几个师的德军坦克和步兵打击盟军前线防御薄弱的地方，就在拉纳姆和他的军团驻扎地以北几英里处。西线最后一场大战打响之时，海明威在巴黎与玛丽在一起。使命再度召唤；该师指挥官巴顿在电话里对海明威说这是"一场热闹的大戏"，错过就可惜了。[18] 海明威觉得自己应该到前线去报道这场大战。

海明威到达前线时，汹涌的德军大潮已经开始减退，他对战斗的兴趣也没那么强烈了。战场有多刺激就有多累人，特别是 1944 年到 1945 年的冬天，那是有史以来最冷的冬天之一，白天的气温低达零下 10 摄氏度。就算对这位伟大的作家－战士而言，这也是极限了，他接受了拉纳姆的邀请，搬进了后者的指挥部，那时指挥部设在小国卢森堡的罗当堡城附近一座舒服的宅子里。海明威和一位记者同事同睡一张双人床（每人各一套被褥），同意让步兵团的军医来照顾他。一段时间以来他一直在发烧，体温一度高达 40 摄氏度。他患上了支气管炎，就算裹着两件羊皮夹克还是觉得冷，需要安静地休息，服用医生给他的抗生素类磺胺药。[19]

到 1945 年 1 月，欧洲战争结束已指日可待，情况有点像 1939 年 1 月，那时佛朗哥的军队进军马德里似乎只是时间问题了。海明威早知道电影的结局，不必等演职员表在银幕上滚动。他需要离开剧院，退回到自己的世界里去休养和写作。他太清楚自《丧钟为谁而鸣》1940 年出版以来，他除了新闻报道外就没怎么写过东西，自然也没有多少收入。缺少新的收入来源让他觉得自己已经把"家产败光"了。[20]

海明威开始找机会回家，这在 1945 年初并非易事。一直到 3 月初，他才总算弄到了一个飞机座位，可以横跨大西洋回家了。回到古巴后，他再次认真考虑战争年代对他意味着什么，以及该如何把这些生动精准地表现在一部小说中。

在瞭望庄园，海明威又恢复了往日的作息习惯，黎明即起，那时只有一只狗或猫跟他做伴，他要么坐在书桌前，要么站在齐胸的桌前，认真写几个小时，通常是手写，有时也用打字机。他或许在写一部新书，有时也会写信，对他来说，那是另一种修炼技艺的方式。晚些时候，或许在午饭或晚饭后，海明威会回到桌前写长信，在信中，他往往会放下戒备心，自由表达内心的真实想法。比方说，1945 年 4 月 14 日，他早晨写了七封信，傍晚又开始写信了。[21]

海明威给妻子们（甚至包括第一任妻子哈德莉）

和情妇们写情书，给儿子们写充满趣味和爱意的信。在写给出版商和律师的信中，他不无尖刻地下达指示，还不止一次严厉指责他们。写短信对他似乎是件难事：有一封写给记者和评论家马尔科姆·考利的信一开头就承诺简短，不止一次地收尾结束，但总是还有一件又一件事没说。最后这封信的篇幅足有四页打字纸，还有三页手写的附言。[22] 他仿佛就是不想结束。总的来说，海明威这个时期所写的信件似乎反映出他很想跟外界联系，尤其想跟那些和他最亲密的人们联络感情。

分开没几天，海明威就开始给拉纳姆写信，说自己有多想念他。1945 年 4 月 2 日，他写信给拉纳姆说他"对步兵团魂牵梦萦"，真是"倒霉催的"，这是他表达沮丧的说法。[23] 他还说他在战斗时从未觉得沮丧，那时有仗要打，还有拉纳姆做伴。12 天后，海明威再次对拉纳姆说他"很孤独，需要你和（那些）队员们"。[24] 在写给其他人的信中，他赞扬拉纳姆这位指挥官、作家，尤其是他的朋友：是"我的伙计和同伴"[25]以及"我最好的朋友"，拉纳姆也回报以同样的深情厚谊。[26] 他们共同经历了生死考验：海明威对麦克斯·珀金斯说，在"那以前所有的岁月加起来"，他所学到的东西都没有和巴克在一起那段日子学得多。[27] 对他这么重视充实人生和不断学习的人而言，这当是最高的赞美。

海明威与拉纳姆的关系无关间谍。对这位作家－战士来说，战争，特别是地面战斗，是终极的生命体验。"这么说大概显得邪恶，但那确实是我最为……钟爱的事。"[28] 他在冒生命危险时情绪最为饱满，所有的感官都完全调动起来，充分利用自己长期培养的实战和军事技巧，因而杀死法西斯分子绝非偶然。海明威很享受在这方面做一个有用之才。他后来维系了一生的很多朋友都是在战场上结交的，要么是1930年代在西班牙，要么是1944年在法国，像共产主义导演伊文思、贵族间谍戴维·布鲁斯，还有思维缜密的战士拉纳姆。分享秘密以及冒险与内务部会面的确很刺激，在许多人看来，间谍工作是战斗的替代品。然而在海明威看来，它根本无法与真实的战斗媲美，穿越枪林弹雨、条件反射般快速做出决定——向左还是向右移动——能在瞬间决定生死。

内务部没有人像伊文思、布鲁斯和拉纳姆那样与海明威情投意合。那位衣衫破旧、带着乌龙情报员① 口音的矮个子俄国人、内务部招募人员雅各布·戈洛斯是那种海明威可能会产生依恋的人：他是个有热血、有人格的真正的信仰者，而当时海明威也是个真正的信仰者（虽然他信仰的是结盟反抗法西斯的事业，而不是强硬的马克思主义－列宁主义）。但

---

① 乌龙情报员（Boris-and-Natasha）指拍摄于1992年的同名喜剧电影。

海明威跟戈洛斯联系的时间很短，发生在 1940 年和
1941 年和平时期的纽约，而在戈洛斯之后联系到海
明威的内务部行动人员都是无名之辈，是些编出一套
自我介绍的"工作人员"，与作家见上一两面而没有
太大进展，希望在下次见面时有更好的成果。海明威
1945 年从欧洲回到古巴之后，苏联人派了另一名内务
部"工作人员"来见他，结果同样没有定论。但苏联
的记录显示，在收到"离开那个国家的紧急召唤"之
前，这位"工作人员"应该怀有希望，与"阿尔戈"
建立合作关系。[29]

　　即便苏联行动人员和海明威有时间建立融洽和谐
的关系，与 1940~1941 年冬他因为母国旁观世界卷入
战火而与内务部签署协议相比，海明威如今关心的事
情发生了巨大的变化。1945 年，他已经不再迫切需要
寻找反抗法西斯的最佳方式。第二次世界大战已经结
束。日本和德国基本上成了一片废墟。东方和西方的
军队正在中欧的平原上警觉地对峙，两方中间的那条
分界线横穿德国和奥地利。

第十一章

"心里发毛"：既非战争，也非和平

1945 年 9 月，欧洲和亚洲的战争终于结束，巴克·拉纳姆可以接受海明威随时生效的邀请，"在任何一年任何一个月任何一个星期任何一天的任何时段"[1]来古巴。多年来拉纳姆第一次脱下军装，跟妻子玛丽一起与暂时单身的作家小聚两周，在瞭望庄园泳池边的棕榈树下喝酒聊天、在附近猎人俱乐部射击陶土鸽子和活鸽子，驾驶着"皮拉尔"号去湾流里钓鱼。[2]

在热带的阳光下，拉纳姆站在晒成褐色、强壮结实的海明威身旁，显得有些苍白和呆板，为了照相，海明威收腹挺胸，身姿健硕。大概是因为拉纳姆的缘故，作家在短裤外系了一条战利品德国皮带，皮带扣上有"上帝与我们同在"（Gott mit uns）的德语字样，1944 年他在法国时就系着这条皮带。他们和以往一样享受着小聚的时光，一起回忆战争岁月，猜测未来局势，让两人的关系顺利地完成了从战争到和平的过渡。然而作家对玛丽·拉纳姆却没什么把握。他们天南海北地畅聊，从斗牛说到国际政治再说到性别，两人分别在心中品评着对方。玛丽难免注意到海明威敌视女性，尤其对他的前妻玛莎·盖尔霍恩恨入骨髓。

拉纳姆回家前一两天，在那间光照充足的小餐厅里，坐在朴素的木桌前，海明威和他们从傍晚聊到深夜。粉刷过的墙上挂着他打猎的战利品，在那些带角的鹿头和羚羊头的俯视下，海明威开始说起既然战争已经结束，应该跟苏联和平共处了。玛丽·拉纳姆的座位离主人有几英尺远，插话说他的话在她听起来是"彻头彻尾的绥靖"啊。[3] 这让他想起1938年英国的政策，海明威心中亮起了红灯，英国首相内维尔·张伯伦先是没有为西班牙共和国提供支持，其后又在慕尼黑向希特勒让步，令他恨之入骨。

海明威涨红了脸，怒目圆睁，猛然起身冲到玛丽身边，抬起手臂，准备把一杯葡萄酒泼在她的脸上。他总算在最后一刻克制住了，回到了自己的主位上。

他立即就跟她道歉，但覆水难收。玛丽·拉纳姆和海明威再也不可能成为朋友了。拉纳姆夫妇回家后，欧内斯特寄给巴克的那张照片中只有两个男人在佛罗里蒂达酒吧，题字也只写着给"巴克，无论何时，我永远是你最好的朋友"。[4]

随着导致双方结盟的危机结束，苏联和西方开始重新定义彼此的关系。海明威参与了这一过程，为《自由世界的宝藏》(The Treasury of the Free World)写了一篇序言。这是一部由许多名人合出的文集，他们大多是左派，主张建立新的世界秩序。本着同样的精神，海明威呼吁美国人重新考虑自己在世界的位置。他提到美国现在是东西半球"最强大的力量"，以至于"如果我们不学着了解世界，意识到所有其他国家和人民拥有的权利、特权和义务，我们就很容易凭借手中的权力重蹈法西斯的覆辙"——他在1945年9月写下这些话时，或许就已经激怒了美国的某些爱国者，那时拉纳姆夫妇大概还没来看他呢。[5]

大约与此同时，一个身材瘦削、神经紧张的年轻人伊戈尔·古琴科正准备从加拿大渥太华的苏联大使馆脱身。这位译电员一心想让自己和家人在西方世界过上更好的生活，决定用官方电报为自己建立信用。前几周，他每晚把几页秘密电文掖在衬衫里带出使馆，把它们藏在他位于萨默塞特街的公寓里，那里与加拿大首都的其他苏联人有一段安全距离。9月5日，他决定冒险一试，先是来到《渥太华日报》(Ottawa Journal)社，力图向他们解释报文内容。夜班编辑看到眼前这位苏联人焦躁不安，一遍遍不停地喊着："这是战争，是战争，是俄国！"[6]一时被他弄得不知所措。

古琴科第二天又回到报社，但同样没什么结果，随后他又到皇家加拿大骑警（RCMP）那里去碰运气，那里虽设有一个情报局，但还是没什么人理他。下午，使馆的一名司机来到萨默塞特街，对着公寓的门猛敲了几分钟，大声喊着让古琴科开门。同情他的邻居们报了警，但警察也不知道该怎么办。那些邻居中有一位艾略特夫人好心让吓坏了的古琴科来自己家里避一避。午夜时分，内务部本地情报站站长本人带着三四个年轻官员出现了。古琴科从走廊对面的钥匙孔里看到他们破门而入，把他的公寓翻得乱七八糟，寻找他本人和那些秘密文件。有人又报了警，让当地警察来跟这些寻衅的苏联人对峙。

警察最后总算明白了古琴科一家需要他们政府的保护。第二天上午，在他离开工作地点两天后，一位警察护送古琴科来到皇家骑警总部，他在那里开启了自己的叛国投诚生涯。加拿大人开始阅读电报，获知苏联人二战期间曾在他们的国家运作一个庞大的间谍网络，还了解到该行动与美国的一个更为庞大的间谍网络连在一起，很像是跟海明威的生活有所瓜葛的那个间谍组织。

到1946年2月初，耸人听闻的故事开始一点点泄露出来。加拿大总理麦肯齐·金（Mackenzie King）发表了一个泛泛而谈的官方声明，试图制止消息进一步泄露传播。有人认为古琴科事件是冷战的开始。然而金仍把苏联人当作战时同盟，不愿意做出任何化友为敌的举动。尽管如此，到 2 月中旬，《纽约时报》还是获得了足够的消息，在头版头条报道了"苏联大使馆前任助手"的变节，涉及的科学家和公务员数目惊人，其中还有一位高级别内阁成员。[7] 古琴科事件继续发酵，《纽约时报》的报道只是冰山一角，一直到 3 月末，每天都有更多的文章和分析见诸报端。[8]

消息传出时，海明威正在瞭望庄园奋笔疾书，写那部关于战争的小说呢。他停下手中的事转而关注古琴科，对此事形成了一套独一无二的解读。他在措辞中暗示加拿大人给苏联人设了一个陷阱。他在写给拉纳姆的信中说，虽然他"不是俄国人的专职爱好者，……加拿大人设的这个局"还是让他"心里发毛"。[9] 他认为古琴科揭露的行动与一般外交武官所做的事情差不多，他本来就要负责搜集各式各样的军事情报。苏联一直都在挑衅地窥探其盟国——招募间谍从友邦盗取机密，而海明威居然做出了如此过分乐观的解读。（到 3 月，加拿大人将以间谍罪逮捕 39 位嫌疑人，他们来自各行各业，从原子科学家到国会议员。）海明威继续辩解说，苏联的行为跟所有其他政府没有不同，包括美国政府。美国人假装被苏联的行为"吓坏了"实在是虚伪至极。

海明威在信的下半部分又重复了这一主题。美国政府一直以来频繁干涉拉丁美洲国家的内政，简直是家常便饭。因此，美国没有资格抱怨另一个大国干涉一个小国家的内政。此外，他接着说，把每一位外国共产主义者的账都记在苏联头上也是不对的。何况如果英国和美国再这么恶意诽谤苏联，恐怕他们就要被迫重启共产国际来自卫了。

几周后，1946年3月5日，温斯顿·丘吉尔直接否定了海明威的观点。他在密苏里州富尔顿（Fulton）这个小小的大学城里与哈里·杜鲁门总统同台，发表了第一个标志性的冷战演说，标志着西方世界从与苏联人同心协力转向抵制斯大林主义的扩张：[10]

> 从波罗的海的斯德丁（Stettin）到亚得里亚海的的里雅斯特（Trieste），一幅横贯欧洲大陆的铁幕已经降落下来。在这条线的后面，坐落着中欧和东欧古国的都城……所有这些都……屈服于……苏联的影响……而且……还受到莫斯科的控制。……在所有这些……国家……原来都很弱小的共产党，（现在）都……到处争取极权主义的控制。……

丘吉尔特意提到了在战争期间建立起来的对苏联人的"深切同情和善意"，并宣称自己曾决心克服任何差异，建立长久的友谊。但是，既然苏联人所钦佩的"莫过于……实力"，西方盟国就需要坚定而警觉地保护自己，1930年代希特勒和墨索里尼威胁既有秩序时，他们没有做到的也恰恰是这一点。

海明威在写给一位苏联崇拜者的信中对这次演说的评价是，现在威胁世界和平的人是丘吉尔，而不是斯大林。他写道，"只要我们能够彼此谅解，而不是去相信某一位丘吉尔的昔日重现"，美国和苏联人民就完全可以和平共处。那样一来，便没有什么能够阻碍两国人民的友谊，他最后如是说。[11]

十天后，他再次在信中写到苏联。6 月 30 日，他觉得必须向拉纳姆解释他"因为在（过去）士气低落时了解他们，而对他们大有好感"。他认为每一位"差劲的老毛子……在这个世界上拥有的权利"都应该和英国上流社会的任何人一样多。[12] 他提醒拉纳姆，世上仍有法西斯政权存在，佛朗哥就是一例，更不要提以"最糟糕的奴隶制度"统治国家的蒋介石了。

海明威再次重提西班牙内战，当时苏联人支持了西班牙共和国，那是他最为信仰的事业。英国人则袖手旁观，小心翼翼地生怕吃亏。其后的第二次世界大战，是美国和苏联领导世界打败了德国人和日本人。在海明威看来，这表明胜利的果实是"我们的和他们的"，而不是旧殖民势力的，更不要说现在世上还有法西斯分子呢。[13] 战后，他在 1948 年对拉纳姆说，他曾期待着看到世界"以合理而坚定冷静的方式"一分为二，一半属于苏联，一半属于美国；他愿意把"他们能够控制的整个欧洲"许给苏联人。[14] 那总好过为保卫大英帝国或石油公司的权益而战吧。

就像他在西班牙内战期间和其后所做的那样，在人们疑心苏联作恶时，海明威宁可信其无。他仍然对苏联领导人不加任何批评，并继续对斯大林的清洗轻描淡写或为之辩解。在 1947 年写给"克雷波小姐"的一封关于西班牙和共产主义的信件的手写草稿中，他写道他"在西班牙和其他地方都非常了解俄国人"，"（他）在那里……欣赏的人没有一个被处决"。这里的关键短语是"（他）欣赏的人没有一个"。他接着写道，他认识"并认为他们该杀"的"许多人（都）被枪决了"。他声称自己对 1930 年代苏联的清洗一无所知，但随后又说他读过库斯勒——"但也知道库斯勒一定不相信他，虽然（他的）书写的真不错。"[15]

几乎可以肯定，这是指前共产主义者阿瑟·库斯勒的经典小说《中午的黑暗》（出版于 1940 年），写的是他在西班牙与明岑伯格共事的那段经历。该书大为畅销，让许多人第一次了解了斯大林主义和清洗。故事的背景是 1938 年的莫斯科，讲的是一个名叫鲁巴乔夫的近卫军人把一生献给了革命，却被指控背叛了革命的故事。鲁巴乔夫和他的审讯者们都知道，指控是否属实并不重要，那些只是政治便利而已。高阶审讯人员是他的老朋友，他规劝鲁巴乔夫，说坦白从宽。低阶审讯员就没那么温柔了。当他最终屈服了命运的安排，坦白自己有罪之后，鲁巴乔夫发现这么做居然奇怪地给他带来了自由。这一经历改变了他。他不再是个真正的信仰者，遵守党的纪律，愿意接受党的路线的每一次曲折反复。相反，他"又成了一个人，一个有感情、有主观情感的人"。[16]

这本书戳中了党的要害，以至于党在自己的作品索引中严禁任何党员阅读、拥有或讨论这本书，哪怕在苏联境外也是一样。[17]

忠顺的共产主义者和天才编剧达尔顿·特朗勃（Dalton Trumbo）后来曾吹嘘自己为阻止《中午的黑暗》被搬上银幕而发挥了重要作用。[18] 关于盖世太保及其受害者的故事不管有多少都可以拍成电影，但关于内务部及其受害者的故事却严禁探讨。

审判秀，也就是 1930 年代最明显的大清洗，根本不是什么秘密。虽然斯大林的累累罪行——古拉格监狱及其数百万受害者——直到多年后才完全曝光，但那些审判却是事实，在大西洋两岸众所周知。海明威很难说自己不知道。1937 年的很长时间里，他在西班牙的那些共产主义朋友们每天谈的基本上就是这些："每天（他们）都……听说又有人被捕了，伴之以难以置信和令人心惊肉跳的指控……恐怖在整个俄罗斯蔓延，像大浪卷过，将一切淹没。"[19] 他有时为其撰稿的共产主义报纸会描述那些审判极其可笑的细节，他床头柜上的美国大报则以较为温和的笔调报道同样的故事。例如，《工人日报》就曾把一次审判写成

"直捣一名法西斯探子的老巢"，报道说红军指挥官米哈伊尔·图哈切夫斯基（Mikhail Tukhachevsky）元帅是盖世太保的间谍。[20] 几天后，《纽约时报》又在头版报道了同样的主题，以冷静清醒的分析质疑针对这位苏联军事领袖的指控令人难以置信（事实证明，那些指控全都是无中生有）。[21]

在给克雷波小姐写那封信一年之后，海明威在一封给拉纳姆的信中显得消息灵通一些了。他似乎总算承认了清洗的存在及其真实的目的，但仍在字里行间表达了对斯大林的支持。他问道，如果面临同样的挑衅，"杜鲁门（又会）比斯大林好到哪里去呢？"他本人就会"糟得多"。"如果是为了我的国家好"，他自己会同样残酷无情。[22] 海明威以此暗示，斯大林之所以无情，是为了保卫苏联免受希特勒等敌人的攻击。

海明威不是唯一一个持这种态度的人。因为苏联人是纳粹侵略的受害者，他们付出巨大的代价回击纳粹并取得了胜利，人们在战时对苏联人持同情态度，此时却已逐渐减退了，但仍有人对我们曾经的同盟感同身受。1946 年，很多美国公众人物都还没有打算对丘吉尔关于铁幕的警告予以关注。即便杜鲁门不情愿地承认了英国领导人可能所说属实，仍有其他人继续抵制丘吉尔的结论。其中就包括埃莉诺·罗斯福和亨利·华莱士（Henry Wallace），后者在 1941 年到 1945 年曾先于杜鲁门担任富兰克林·罗斯福的副总统，1948 年又作为第三党候选人与杜鲁门竞选美国总统。华莱士提出了某些跟海明威一样的见解：美国政府需要努力与苏联人和平共处；他们毕竟只是和我们一样的人。与其他任何国家一样，苏联有自己合理合法的需求和抱负。如果我们对他们报以敌意，他们会针锋相对。在一年后写给华莱士的一封信中，海明威以自己独特的方式表示了与华莱士所见略同，称后者听起来"不理性、不稳定，或许还有点傻；但在很多事情上都是对的"。[23]

问题在于，海明威和华莱士的观点都绝非主流。随着冷战紧张关系日益加深，美国的政治中心大大向右倾斜了。

从 1932 年开始，民主党就控制了白宫和国会。他们的新政以今日难以想象的方式改变了这个国家，为类似于福利国家的制度打下了基础。1946 年 11 月，钟摆开始朝另一个方向摇动。共和党控制了国会上下两院，希望能重置平衡。他们的政治纲领足够直接：现在应该对罗斯福不知不觉缓慢进行的社会主义说"不"了，遑论共产主义和容忍这一切的自由派。

杜鲁门总统就这样被国外的形势和国内的共和党人推向了右派阵营。苏联人继续干预中欧乃至西欧，当英国宣称它再也无力支持希腊等传统盟国打击共产主义暴动时，总统决定美国应该承担起这一重担。1947 年 3 月，他对国会说"美国的政策必须是支持各自由民族，他们承受着企图征服他们的（莫斯科或其代理人的）压力"。[24] 苏联在整个欧洲拉起的那道铁幕及其附属国网络的扩大，显然激发了总统发表宣言："许多国家……近来在违反其意愿的情况下，被迫接受极权统治……（它）所依靠的是恐怖和压迫，操纵下的报纸和广播，内定的选举和对个人自由的压制。"

这一政策就成了所谓的杜鲁门主义。几年后，又出台了一个忠诚调查计划，旨在将联邦政府中的共产主义者以及共产主义同情者连根拔除。[25]

众议院非美活动调查委员会（HUAC，以下简称"非美活动委员会"）就在这种环境下蓬勃发展起来。该委员会成立于1938年，主要是由一群南方的民主党人和保守的共和党人组成，前者包括一些无耻的种族主义者，后者中有一位聪明进取的年轻代表，他来自加利福尼亚州，名叫理查德·尼克松。该委员会的章程是调查由外国政府支持的，旨在暗中破坏合众国的"颠覆性和非美国的宣传"。[26] 国会的各委员会通常都是为收集情报，以便国会草拟立法而设立的。非美活动委员会违背了一般的规范，因为它同时还是个政治角斗场。在这里，证人们几乎没有什么合法权利。

到这时，联邦政府已经对苏联一直到二战结束时在美国部署的间谍活动有了详细的了解，情报来源主要是投诚者或解密的消息，因而很难把案件提交法庭审理。很多证据都是道听途说——一位老共产主义者透露了关于另一位共产主义者的情况——或者仍被认为是机密情报，无法提交给陪审团。政府要到很久以后才解密一个代号为"维诺娜"的最高机密计划，该计划截获了纽约的内务部情报站与莫斯科之间的成千上万份情报。[27] 许多情报暴露出罗斯福政府中安插的内务部间谍。因此，为国会和美国人民提供关于共产主义暗中破坏、包括所谓的"苏联间谍活动"的信息，就成了非美活动委员会的责任。[28]

该委员会一开始就把好莱坞的共产主义者作为调查目标，是因为后者看似有条件通过自己的工作散播苏联的宣传。1947 年秋，非美活动委员会调查了作曲家汉斯·艾斯勒，此人碰巧是犹太人，因逃离了德国而未落入希特勒的魔爪，大部分时间都在美国的好莱坞"为电影作曲"。[29] 艾斯勒身材矮胖，光头，说着带有浓重口音的英语，言行举止都不像个会威胁国家安全的人。他的问题是一堆连带责任——他有个兄弟是个德国共产主义者，曾经激怒过委员会——他自己的过去也不清白。即便他在好莱坞未曾做过什么颠覆活动，他也的确曾经是一位共产主义者，1920 年代和 1930 年代，他曾与海明威的共产党朋友尤里斯·伊文思共事，并曾为共产主义的赞歌谱曲，那些歌在柏林或莫斯科听起来比在华盛顿好听多了：[30]

我们冲锋陷阵……

我们和列宁肩并肩

为布尔什维克的事业冲向前。

　　艾斯勒 9 月出庭作证时，玛莎·盖尔霍恩碰巧在国会山的听众席上。据她记录，在宽敞豪华的集会大厅，那天除了几个新闻记者和摄影师外几乎没什么人，摄影师的灯光始终聚焦在不知所措的证人身上。[31] 因为记性不好，英语又磕磕巴巴，艾斯勒被非美活动委员会的律师罗伯特·E. 斯特里普林（Robert E. Stripling）一击即溃，律师抓住了他的各种逻辑漏洞和前后矛盾，得出了他就是音乐界的卡尔·马克思这样牵强的结论。[32] 最后，来自密西西比州的民主党国会议员约翰·E. 兰金（John E. Rankin）做出判决，彻底改变了艾斯勒的人生轨迹，他谴责艾斯勒在"我们的孩子们为了让希特勒的铁蹄不再踹向他们的脖颈而前赴后继地牺牲"之时，来美国"煽动革命"。[33]

　　几天后，联邦当局开始准备将艾斯勒驱逐出境，但随后允许他自己离境，条件是他答应不再回美国。在纽约拉瓜迪亚机场登上前往东欧的飞机之前，艾斯勒用一份事先准备好的声明表达自己的遗憾："1933年，当希特勒的强盗们悬赏要我的人头，将我赶出德国时，我完全理解。他们代表着那个时代的罪恶，我为自己被赶出国土而自豪。但如今以这么荒谬的方式被赶出这个美丽的国家，却让我心碎。"[34]

接下来的一连串听证会在几周后的1947年10月举行，得到的关注远比艾斯勒的听证会多得多。"城里最热闹的大戏"已经拉开帷幕，这一次的主演可不是无助的作曲家，而是电影公司导演、电影明星和编剧这些大人物了。[35] 针对他们的诉讼将代替国际大事出现在各大美国报纸的头版头条。

听证会的第一天，当委员会主席在集会大厅宣布开会时，会场中座无虚席，许多旁听者不得不站在走廊上。灯光再次为现场的八九台新闻摄影机打开，因为灯光太亮，几位摄影师乃至一两位证人都不得不戴着墨镜出庭。当编剧们出庭作证，解释他们为什么会允许共产主义者影响美国的电影内容时，重头戏开始了。[36] 这一群人的核心人物以"好莱坞十人"之称闻名遐迩，每个人都是共产主义者或前共产主义者，包括海明威的熟人阿尔瓦·贝西和小瑞因·拉德纳（Ring Lardner, Jr.）。海明威和贝西是在西班牙的战场上相识的，也是在那里，他还结识了拉德纳的儿子吉姆，后者后来在战斗中牺牲，海明威为他写了感人的悼文。

比起颠覆国家的指控，十人在庭上的表现吸引了更多媒体关注。他们得到美国共产党的指示之后，搭建起了自己的政治舞台。[37] 他们的陈述和委员会的指控一样振振有词，也同样误导听众。海明威的另一个熟人约翰·霍华德·劳森引发了现场最大的骚乱。他长着一双明亮的棕色眼睛和"大鹰钩鼻"，身材矮小但充满活力，对"太阳底下的每一个话题都不乏极端有力的观点"。[38] 有些人记得他充满激情和天分，但在大多数党员看来，他是一位自以为是的斯大林主义者以及共产主义纪律的古板执行者，毫无幽默感。[39]

劳森引用美国宪法在证人席上发起了回击：[40]

斯特里普林先生：请问您是电影编剧协会的成员吗？

劳森先生：在这里提出任何关于成员资格、政治信仰或归属的问题……

主席：……（您）是共产党员吗？

劳森先生：我只用一种方式来组织我的回答，任何美国公民在回答一个公然侵犯其权利的问题时，只能使用这种方式。

主席：也就是说您拒绝回答刚才那个问题；对吗？……

劳森先生：……我将继续为捍卫《权利法案》而战，而您正在试图破坏它。

当主席命令他们"把这个人带走"时，国会大厦警卫把劳森带离了证人席。听众有人喝倒彩，还有人在鼓掌。

最后，一位制片人、一位导演和八位编剧拒绝回答关于他们共产党员身份的问题。为此，众议员以压倒多数的 346∶17 票判他们藐视国会。虽然两党的很多代表并不赞成委员会恐吓证人的方式，却只有少数几个人能够容忍劳森和他的同志们在听证会上制造那种场面。结果，十人面临罚款和最多一年的监禁，出狱后则又上了所谓的黑名单，从 1947 年 11 月开始，电影公司老板们宣布他们将不会雇用十人中的任何一人，除非他们声明放弃共产主义。

海明威一直在关注和研读战后政治，因为他感觉到了与他利害攸关的东西。在瞭望庄园，他的每张桌子和书桌上都摆满了他每天阅读的报纸和杂志。他的书房里到处是关于外国和军政的书。这样的选择表明，他对苏联间谍和调查局特别感兴趣。[41] 这一年，从杜鲁门 3 月在国会发表演说，到秋天的非美活动委员会听证会，他每天都在阅读相关新闻，思考这些事件。它们让他深恶痛绝。关于战争和政治，他对拉纳姆倾诉的个人观点始终比对其他任何人透露的都要多，在一封写给拉纳姆的信中，海明威批评了杜鲁门主义，尤其是在美国的老对手大英帝国如今已无力维持其传统的影响范围时，美国要介入帮助它的做法，更让海明威觉得荒诞不经。[42]

作家、水手、士兵、间谍

跟总统的外交政策相比，他的忠诚调查计划更让海明威厌恶。作家对拉纳姆说，该计划让他海明威也深陷危局，因为他也曾经是个"不成熟的反法西斯主义者"，看似玩笑，但并非戏言。[43] 如今，海明威预言说，"在当前以莫须有的罪名进行政治迫害的过程中"，所有不成熟的反法西斯主义者大概都要被送入"集中营"。[44] 接下来他又以同样的口气对拉纳姆说，如果有一天他们的友谊让将军难堪，他可以"随时公开声讨"作家。（毕竟拉纳姆还是现役军官。总的来说他没有什么明显的政治观点；或许他比自己那些兄弟军官们更开明，但大致要比他最好的朋友更靠近中庸一些。1948 年，他对海明威说他通常更喜欢民主党而不是共和党，对华莱士其人没什么好感。[45]）海明威讥讽地说，或许有一天谜底揭开，他结交拉纳姆和他的军团"是为了获取……机密……（并）传送到莫斯窟（原文如此）呢"。他知道战前他一直被认为是个"危险的赤色分子"。战争期间他为美国情报部门工作，因此被看成是个"还算可靠的人"。但是，他最后说，既然他从来没有因为自己的服务获得任何官方认可，很可能他最终还是要遭到迫害。

海明威的头脑中既有事实，也有想象的成分。美国左派没有进集中营。好莱坞十人的确进了监狱，但那也是他们激怒委员会在先。美国参战之前，调查局的确记录了海明威同情左派这一事实。他对西班牙共和国事业的支持——如亚伯拉罕·林肯营和某个"援助西班牙民主的……共产主义委员会"——一直是该局的国内安全档案中记录的事项。[46] 珍珠港事件之后，哈瓦那大使馆的官员为他们利用海明威运作骗子工厂的计划而接近调查局，激起了该局对海明威的兴趣，因为他不停地招惹调查局的特工，对乔伊斯和布雷登抱怨他们，有一次还写了长达 14 页的长篇大论指控一位名叫诺布洛的特工同情法西斯。直到海明威试图把诺布洛驱逐出古巴之后，胡佛才命令他的人总结一下调查局获取的关于这位作家的情报。[47] 结果是一份事无巨细的总结材料，标注日期是 1943 年 4 月，其中包括关于作家的所有公开和保密信息，最终的结论是，该局"所获得的情报无法确切指向他（海明威）与共产党有联系，或表明他本人现在或曾经是一名共产党员"。[48]

到这时，调查局已经建立了一套关于海明威的官方档案，编号为 64-23312，其中包括他多年来被报道的事件，或者调查局某位代表碰巧在一份报告中包含的信息。[49] "64"这一类别是"外国杂项"，是包括古巴在内的一个笼统的类别。档案中很多信息都是关于骗子工厂与调查局在古巴争夺地盘，以及海明威是否有资格从事情报工作的。其他文件反映出该局担心海明威有可能在即将出版的某一本书中批评调查局——胡佛一直在努力避免这种事件发生。档案中有几份文件是其他文件的延伸，诸如关于亚伯拉罕·林肯营老兵的那一份，或者关于因为被指称同情共产主义而对古斯塔沃·杜兰的深入调查，在他们看来，那远比海明威的"自由主义"严重得多。

64-23312 号档案不是反间谍或国内安全档案，其内容表明，调查局并没有以任何系统的方式监视海明威，或因怀疑他犯下了某种类似间谍的罪行而对他展开调查。[50] 数年后，在 1955 年 7 月，一位调查局雇员会查看回溯至 1938 年的一系列档案，结论是"调查局没有进行关于标题项下这位个人（海明威）……的任何调查"。[51] 调查局的确从来都不怎么喜欢或信任海明威，但他早在 1942 年便声称美国政府因为质疑他的可信度而一直监视他，显然是毫无根据的胡乱猜测。[52] 战时每个人的邮件和电话都要经过审查，他也一样，但没有人把他单独挑出来特别对待，也没有人在纽约或哈瓦那跟踪和监视他的一举一动。

1947 年 6 月，海明威来到哈瓦那的美国大使馆，接受了一点对他战时服务的官方认可：来自美国军方的一枚铜星勋章。授勋仪式的照片显示，他那天穿着一件长袖的白色瓜亚贝拉衬衫，那是古巴人为出席正式场合穿的一种绣花的西装衬衫。一位陆军上校身穿 A 类军装——一件卡其外衣和领带，身披军功绶带——面带笑

容地凑上前去，把勋章别在瓜亚贝拉衬衫上，很可能
有一名随员刚刚宣读过嘉奖令，表彰这位战地记者在
诺曼底登陆之后，从 7 月 20 日到 9 月 1 日，以及随
后的 9 月 6 日到 12 月 6 日在法国所做的工作，包括
他在朗布依埃与戴维·布鲁斯在一起，以及攻下巴黎
之后和 22 步兵团在前线的那段日子。[53] 嘉奖令表扬
他"熟悉现代军事科学"并"在战区的枪炮下通行无
阻"，只为让"读者获知关于前线战士们的艰难困境
和凯旋的生动图景"。

　　然而这些赞词并没有让海明威高兴起来。他脸上
的表情显得很拘谨，似乎觉得这件事有什么不对。他
接受了勋章和适合装裱的嘉奖令，把它们和自己的私
人文件一起保存在瞭望庄园，然后几乎立即写信给拉
纳姆，对他说"铜星勋章这件事非常古怪"。他不知
道背后有什么内幕，谁在体制内促成了这件事或起草
了嘉奖令——但他觉得那是"一篇很狡猾的文字"。[54]
部分问题在于，海明威想要一个更高级的嘉奖，能够
反映他在战场上的卓越功绩，类似于卓越服役十字勋
章，他常说某个战情局官员代替他在朗布依埃获颁了
一枚该勋章。[55] 或许他觉得卓越服役十字勋章能够为
他一雪前耻：这位曾经不成熟的反法西斯主义者不仅
签署声明发表演讲，甚至还曾与内务部签过盟约。

　　没有卓越服役十字勋章，生活仍像往日那样继

续。9 月，他写信给拉纳姆说他再次感到"自己真是倒霉（沮丧），灰心丧气"，来自华盛顿的政治消息也"很悲观"。[56] 他说自己已经受够了战争，这是在用另一种说法表达他不赞成杜鲁门政府针对苏联人采取的日益强硬的政策。[57]

不到一个月后，他看到盖尔霍恩发表在 10 月 6 日版的《新共和》（*New Republic*）杂志上的谴责非美活动委员会针对德国作曲家艾斯勒的文章，他表扬了盖尔霍恩，宣称文章"写得很好……她最擅长为捍卫自己的信仰而战。……"[58]

1947 年 11 月，他为拉纳姆分析了好莱坞十人的听证会。他得出的常识性结论是，"整件事都很不体面……共产主义者和委员会都是胆小鬼"。[59] 他猜想他们大概心怀愧疚，不是因为他们是共产主义者，而是因为他们一直很"堕落（原文如此），没有尽全力好好写作"——也就是说，不好好创作小说而去写电影剧本——而后他们为了"拯救自己的灵魂"而信仰了共产主义。这是老调重弹，海明威常常会谴责作家们放弃人格独立和艺术良知，到好莱坞去把自己出卖给电影公司。

接着海明威话锋一转，说他自己如果被委员会召见又会怎么做。在否认了自己是个共产主义者之后，他会宣称非美活动委员会成员"在我看来都是狗 __ 种（原文如此），我会一字一顿地对着麦克风把这个词说出来"。[60] 他会在总结陈词里说他"深深地鄙视他们"，他的父亲、祖父和曾祖父也都会鄙视他们，在过去的三十年，他知道的诚实正派的国会议员只有四位。

委员会没有给海明威机会来华盛顿对峙。虽然非美活动委员会也保留了一份关于这位作家的档案，有点像那份调查局的档案（调查局档案的部分内容被传给了非美活动委员会，因为这两个组织经常会展开合作）。那都是些关于他支持西班牙共和国，以及曾并肩战斗过的那些共产主义者的花絮。不过和调查局一样，非美活动委员会的调查人员也根本未能证明海明威本人是个共产主义者，更不要说是苏联间谍了。很有可能因为这些，以及他的显赫名声，才保护他没有受到传唤。毕竟，欺负艾斯勒或者跟劳森这样不折不扣的共产主义者正面冲突是一回事，而让海明威这么一个美国偶像站上证人席就是另一回事了。[61]

好莱坞十人也没有乖乖地安静退场。他们在证人席上的行为受到了好莱坞很多持温和观点之人的反感，但仍有其他人愿意代表他们提出抗议。[62] 剧作家阿瑟·米勒（Arthur Miller）提出买下整版报纸宣传他们，托马斯·曼（Thomas Mann）等著名作家都同意自己的名字出现在宣传广告上。[63] 海明威的老朋友阿奇博尔德·麦克利什公开批评委员会，反对它做出了貌似合法的判决而没有为受害人提供足够的法律保护，最后还说这对自由的破坏"比地球上所有的共产主义者"都要严重。[64]

其他几位老朋友都极力劝说海明威伸张正义，最固执的当属米尔顿·沃尔夫。两人在西班牙相识时，沃尔夫已经是个经验丰富的战斗老兵，即将指挥国际纵队的亚伯拉罕·林肯营。海明威喜欢在那里的所见所闻，在文章里称赞沃尔夫"和林肯一样高大瘦削，和葛底斯堡那些战斗营里的任何战士一样勇敢善良"。[65]第二次世界大战期间，沃尔夫加入了美国陆军，为战情局服务，传说他是一名"狂暴而激进的军官，是抑郁症和布鲁克林自由主义的产物……（还是）一个持不同意见者、不断制造麻烦的人"。[66] 战后，他继续反击西班牙残存的佛朗哥法西斯势力。[67] 他是个不知疲倦的组织者、写作者和演讲者，不止一次站在纽约麦迪逊广场花园的讲坛上。他不是共产党员，但他本来完全可以加入共产党；在许多问题上他都跟共产党站在一条战线上，也经常咨询党领袖的意见。如此积极活跃，他理所当然地在调查局和非美活动委员会保存的颠覆者名单上占据着重要位置。[68]

沃尔夫和海明威的友谊时断时续。两人在西班牙曾有一个很好的开始，但两年后，沃尔夫加入了批评海明威在《丧钟为谁而鸣》中书写共和军暴行的左派行列。海明威狠狠回击，说沃尔夫就是那把在背后刺向朋友的"尖刀"。[69] 几天后海明威道歉说他不该给这位比他小得多的年轻人写"那么不留情面的一封信"。他想收回自己所说的话，并祝沃尔夫事事好运。[70] 一个说法是海明威后来还借了很大一笔钱给沃尔夫，后者立即发电报表示感谢，但接着说他仍然觉得海明威的那部新小说是"一本极糟的书"。[71]

1946 年夏，沃尔夫先是来找海明威，请他支持即将召开的亚伯拉罕·林肯营十周年纪念大会，并提出给欧内斯特"主席职位"。[72] 沃尔夫后来又打了一个国际长途电话给海明威——在 1946 年，那可是个昂贵的提议——但他很失望，海明威总是在改变话题，更喜欢聊他 1944 年在法国的战场上如何发挥了威力。[73] 为确保沃尔夫了解了他的意见，海明威于 7 月 26 日把答案写在了信中：他忙着写小说，没时间担任"一个政治会议"的主席一职，也不准备在不是他本人起草的信件上签名。[74]

海明威也让了一步，同意为沃尔夫录制他为吉姆·拉德纳所写悼词的录音。他于 1947 年初录制了那盘录音带，还加了几句话，说他因为曾与其他"不成熟的反法西斯主义者"并肩战斗而备感自豪——因为曾前往西班牙，较早参与了反法西斯战斗，海明威等人被冠以这一名号。[75]

然而除此之外，他现在不打算再介入此事了。1947 年 5 月，沃尔夫发了一封电报给海明威，请后者参加 9 月在麦迪逊广场花园召开的一两次纪念活动："我们需要（那些）跟西班牙人民的（那次）战斗联系最为亲密的人。请答应我们的请求。"[76] 没有记录表明海明威回应了这一请求。他没有参加任何一次活动，未来数年，他将跟美国大陆上的政治保持距离。[77]

第十二章　冷战：不再豪言壮语

　　"金发女王揭秘赤色圈"：1948 年 7 月 21 日，纽约小报纷纷冠以类似的通栏大标题，宣称一个神秘女人将尽其所知，揭秘美国的苏联间谍故事。[1] 几天后，众议院非美活动调查委员会要求这位"金发女王"到华盛顿出庭作证。

　　告密者就是瓦萨学院毕业生伊丽莎白·木特利。与小报编辑的想象不同，她的头发是棕色的，虽然只有 40 岁，她已是一副主妇模样，两眼间距很宽，高额头，下巴肉嘟嘟的。她在听证会上穿着黑色套裙，里面是带花边的套头衫，还喜欢在脖子上戴一串很紧的珍珠项链。然而这位前共产主义者给人们留下了深刻印象。她似乎对满屋子的听众无动于衷，更不要说被她指控为苏联间谍的那些男女名流们投来的敌意。四周每一个能立足的角落都有新闻记者站着或蹲着，"在照相机闪光灯的照耀下……在广播电视线路开播信号的闪烁中，本特利小姐从容地阔步走向证人席，宣誓之后，因为强弧光灯太热，她擦了擦眉毛上的汗，便开始讲述她的故事"。[2]

她指名道姓的美国间谍的数目触目惊心，他们的职位也一样——从白宫到财政部到国务院到司法部，甚至还有战时的间谍机构战情局。她对委员会说，多诺万将军的助手之一、一位名叫邓肯·李（Duncan Lee）的战情局官员，曾给过她一份情报，那是他放在将军的收文篮里的情报，知道给了她之后，它将被放入莫斯科的另一个收文篮里。

整个作证过程中她唯一显得不那么从容的一次，是有人问起她为之工作并狂热地深爱过的那位苏联间谍头子。那人就是雅各布·戈洛斯，也就是曾在1940年到1941年冬天招募海明威的那位老布尔什维克。[3]

伊丽莎白·本特利是个"保险开关"，甚至是苏联人的代理谍报人员。也就是说，她代表内务部与美国间谍会面。她住在纽约，每隔两三周乘火车去一趟华盛顿，在整个城市的大小饭馆和公园里与她的联络人见面。几乎没有谁会注意到，更不会记得这位样貌平常的中年女人和——比方说吧——某一位社会地位突出的战情局官员或政府高官一起坐在威斯康星大道的马丁酒馆（Martin's Tavern）和乔治城 N 大街的某个凳子上。会面之后，她会把他们的秘密放进一个大号的手提包，有时如果文件较多，就会放进一个购物袋，带着这一切回纽约，转交给她的内务部联络人。从1941年一直到他1943年去世，她搜集到的一切情报都会传到雅各布·戈洛斯那里，他是苏联间谍活动在东岸的中流砥柱。

本特利不只为戈洛斯工作，还邀请他到自己位于纽约西村巴罗街58号那间简朴而舒适的公寓里，1941年，那个地址还远没有50年后那么诱人。这座红砖联排住宅的好处之一是它有个壁炉，可用于烧毁他们工作产生的那些文件纸张。戈洛斯是个很不错的间谍，但总会把加密的信息写在小纸片上放进口袋里，把秘密文件藏在世界旅游公司的一个保险柜里，也就是他和本特利共事的那家位于第五大道的旅行社。他告诉了她一些秘密，但并非全部。虽然他们一起生活一起工作，乃至有人开玩笑说那是"布尔乔亚的罪孽和列宁主义的福佑"，她在证词中说他会"守口如瓶"，只把自己认为她需要知道的东西告诉她。[4]

由于她没有参与海明威行动，她不需要知道与海明威有关的事，可能也从未听戈洛斯提到过他。海明威大概也没有从本特利的证词中认出戈洛斯。的确，他认识戈洛斯时，他大概不叫那个名字（戈洛斯第一次见到本特利时自称"蒂米"）。当时这个俄国人的照片很少（现在也不多），而且本特利要到三年以后才会把自己对他所有充满爱意的印象公之于众，说他是有"一双蓝得惊人的眼睛"和"火红色头发"、长相不凡的矮个男人。[5] 不过海明威知道，她的证词表明当前他们面临的是怎样的一个政治大环境，以及委员会有多迫不及待地揭秘苏联间谍，即便其中有些人从未出卖过任何官方机密。

7月28日，关于本特利的报道见诸报端后，海明威写信给拉纳姆说，他知道时代已经变了。"过去"，他海明威想要情报时，会随时去找"某个位高权重的老毛子"，苏联人也愿意跟他分享"保密"情报。[6] 然而，他接着写道，他"已经有两年多没有见到一个老毛子了"，此时他恐怕想起了1945年他从欧洲回来之后，那位在古巴跟他联系的苏联间谍。原因是美国人已经不再信任任何共产主义者。自从美国政府跟他们开始冷战以来，他也避免跟他们有"哪怕是社交联系"。海明威用辩解的语气再次谈起信任和忠诚这些熟悉的话题。他声称自己就像19世纪的登山探险者吉姆·柏瑞哲（Jim Bridger）一样，在印第安部落和入侵的殖民者之间调停。从来没有人质疑过柏瑞哲的忠诚；大家都信任他，因为他就代表着忠诚可靠。他海明威一生都努力让自己"忠诚可靠"，那是他"在世间……希望获得的品质"。

接下来的几个月，海明威会重复这些话，他在一封信中对拉纳姆说，无论何时只要祖国召唤他拿起武器，他都会为捍卫它而战斗，这仍然是他唯一的信仰。[7] 他后来用几个字对拉纳姆总结道，他，欧内斯特·海明威，"绝不是他妈的卖国贼"。[8]

与此同时，华盛顿的表演仍在继续。本特利和另一位前共产主义间谍，《时代》杂志编辑惠特克·钱伯斯（Whittaker Chambers），仍在指认曾为苏联人做过间谍的美国人，被指控者愤而回击，坚决否认这类会让他们失去工作乃至生命的指控。海明威从前在财政部的熟人、曾经促成他 1941 年中国之行的助理部长亨利·迪克特·怀特，于 1948 年 8 月 13 日出现在非美活动委员会，作证说他"从来不是个共产主义者，那根本不可能"，还说他做人的原则"（让他）不可能做出任何不忠于国家的行为。……"[9] 和劳森一样，他也援引了宪法和《权利法案》。他的信念是"美国的信念"：

> ……信仰自由、言论自由、思想自由、新闻自由。……我认为这些原则是神圣不可侵犯的。我把它们看成是美国生活方式的基础，坚信它们是活生生的现实而不仅仅是一纸空文。……

三天后，怀特死于心脏病发作。他死后找到的文件显示，怀特毫无疑问不仅曾将美国官方机密传送给内务部，还试图在为建立战后财政体系做基础工作

时，既促进美国的利益，同时也保护苏联的利益不受
侵犯。他既是个活跃的间谍，也是个有影响力的特
工。如有机会，他或许会在辩护词中对斯大林的罪行
轻描淡写，并说苏联和美国必将携手并进走向未来。
他或许还会辩称，他并没有听令于苏联人（至少没有
听很多），而是以自己的方式跟他们合作的。[10]

　　1948 年秋天，关于自己与苏联人的关系，海明威
对拉纳姆仍欲言又止。11 月 24 日，他暗示因为他在西
班牙内战期间为共和国事业所做的某些"杂活儿"，现
在有危险了，"那些工作中的任何一件如今都可能让你
丧命，但我做任何一件事时，从没有一次对我自己的国
家不忠……"[11] 他暗示有些"杂活儿"是为苏联人做
的，而不仅是为共和国，他写道："我跟老毛子的所
有联系，以及诸如此类的事情，从来没有隐瞒过你。"
他再次重申，他从来没有不忠于国家，又说他知道
"何为忠诚，何为背叛"。最近发生的事表明那些他所
谓的"盘问者们"——想必是调查局，其中有些人是
同情佛朗哥的罗马天主教徒，还有调查局的跟屁虫非
美活动委员会——不大可能理解他为什么会选择以自
己的方式对抗法西斯。他们不会透过表面看本质，了
解他归根结底是个忠诚的美国人，"内心纯净"。为此
原因，他得小心才是。

　　两天后，他再次写信给拉纳姆，这一次是关于对
一个好友的忠诚调查，他陈述了自己的观点，说在那

个时候，"关于谁知道些什么，再小心都不为过"。[12]
几周后，海明威再次强调了这个观点，对拉纳姆说有
些事他不想再写了，因为他"信不过任何邮件、电话
或无线电"。[13]

海明威在信中有没有对拉纳姆道出实情？将军能
否相信作家的话？答案在一定程度上应是肯定的，但
同时也很复杂。在西班牙，正如 1944 年的法国一样，
他或许曾规避过几项规章制度，超出了一个外国记者
的本分，但他所做的每件事都是为了一个正义的事业，
即反法西斯，也获得了他所谓的"内幕"（true gen，
皇家空军俚语，意为"事实真相"）。虽然他的政治观
点让他显得边缘化，但在此过程中他从未对自己的国
家不忠，这也确是事实。作家的确有些事情不愿告诉
读者，但他无须为自己做过的任何事感到羞耻。

海明威省略了一个非常重要的事实没说，那就
是他与苏联人会面不仅仅是为搜集情报。这不仅事关
西班牙，甚至在很大程度上与后者无关。1940 年到
1941 年的冬天，在西班牙内战结束之后，他同意与内
务部携手对抗法西斯，并在第二次世界大战期间与苏
联间谍秘密会面。他是否故意对自己的国家不忠并不
重要。他与内务部的关系是他根本无法解释清楚的，
特别是对非美活动委员会或调查局，调查局不仅对他
的政治观点念念不忘，还对他 1942 年和 1943 年在哈

瓦那对该局特工的侮辱耿耿于怀。

　　归根结底，他顾虑多多，又心事重重。关于自己曾经是一个不成熟的反法西斯主义者，海明威可以对拉纳姆和其他一两个人说出他的顾虑。但他与内务部的关系这重心事只有他和苏联人知道，没法跟任何其他人分享。更糟的是，海明威不得不担心总有一天会有一个投诚者，另一位碰巧知道他的秘密的古琴科或本特利，会把这个秘密告诉调查局或非美活动委员会。他怀疑调查局监听他的电话、截获他的邮件，或总有一天会让他站在集会大厅的证人席上，被委员会成员纠缠不休，这些不是荒唐的想象。他想象自己像约翰·劳森和好莱坞十人那样反唇相讥，藐视国会，所有这一切会让他很难再回到自己的国家工作。

　　到 1940 年代末，第二次世界大战的胜利不会让人们安享和平的果实，这已是不争的事实。1949 年 8 月，苏联试爆了它的第一颗原子弹，颠覆了美国对超级武器的垄断地位。几个月后，中国大陆也落入共产党手中。毛和周掌握了政权，蒋被迫退到近海岛屿台湾去维持"统治"。1950 年，斯大林主义的北朝鲜进入非共产主义的南朝鲜，战争开始，一直持续到 1953 年。国内的赤色恐慌进一步加剧，来自威斯康星州的参议员约瑟夫·R. 麦卡锡对共产主义者开始了莫须有的政治迫害，相形之下，连非美活动委员会的工作都显得谨慎和专业多了。

麦卡锡似乎随意指控任何人，只要他始终占据头版头条，而根本不关心指控有没有切实的证据。1950年，这位参议员开始日益耸人听闻地指控，无休止的调查和听证会一直持续到1954年。1950年3月，他根据"官方的情报报告"，指控海明威曾经的密友古斯塔沃·杜兰是"狂热的共产主义者"。[14] 这迫使杜兰雇用律师，用几个月的时间为自己在西班牙内战之前、期间和之后的记录辩护。几位共同的好友如斯普鲁尔·布雷登大使也宣誓为杜兰辩护，报道登上了《纽约时报》。虽然海明威究竟对此做何反应早已隐没在历史的长河中了，但这位老新闻记者一定密切关注过杜兰的厄运。[15]

1951年3月，两位美国共产党员朱利叶斯（Julius）和艾瑟尔·罗森堡（Ethel Rosenberg）因参与窃取美国原子弹机密并将其传递给内务部而在纽约出庭。在审判中，伊丽莎白·本特利出庭作证，说她的情人、海明威的招募人雅各布·戈洛斯曾经密会朱利叶斯。这不是关键事实，但它坐实了案子，特别是在她宣布美国共产党"只为莫斯科的利益服务，不管是宣传还是谍报还是颠覆活动"之后。[16] 审判期间，本特利把自己的故事卖给了《麦考尔》（*McCall's*）杂志。那年夏天，该杂志开始发表她的回忆录的长篇节选，其中有关于她与戈洛斯一起生活的轰动细节：

她如何"加入地下组织"和自己深爱的人在一起，他如何招募她从事"特殊工作"，她如何"被赤色间谍网利用"，他如何在1943年感恩节那天死在她的怀中。[17] 如果海明威仍在阅读《麦考尔》，他很难不认出6月那期杂志的明星人物，那位红头发、蓝眼睛的苏联间谍。

讽刺的是，赤色恐慌到达顶峰时，苏联间谍的威胁已经逐渐减少。由于本特利这样的投诚者和美国政府破解苏联电码的能力增强，现在为内务部做间谍的美国人数量比过去20年中的任何时候都少。[18] 苏联的间谍资源已日渐枯竭，以至于莫斯科中心开始考虑重新激活很久以前的间谍，包括海明威。

1948年以及之后的1950年，莫斯科中心与华盛顿情报站之间就代号"阿尔戈"的海明威有过频繁的信息往来。1948年6月8日，莫斯科第一次问起他，随后，显然因为华盛顿没有答复，于1950年7月3日又发送了一条消息："请确定'阿尔戈'的当前位置，我们之前曾就此通知过你方。……"[19] 中心提出了重新联系的策略，又"提醒（华盛顿）……'阿尔戈'基于意识形态理由……被'声音'（戈洛斯）招募加入我们的事业，对他的研究很少，且从未在实际工作中验证"。莫斯科提出"如有需要"，就把海明威的信物寄到华盛顿。[20] 内务部知道海明威1940年给戈洛斯的那些邮票价值重大，一直小心地保存着；只要拿出这一信物，一个不明身份的苏联人也能证明自己是如假包换的内务部行动人员。

海明威不知道内务部正在考虑他。与苏联间谍机构重新取得联系几乎是他此时最不愿意做的事。他所持有的政治立场与 1947 年和 1948 年时相同，他仍然批评美国的外交政策，但总是避免批评苏联的外交政策。他对朝鲜战争的感情很复杂：那是自 1918 年以来他唯一没有参加的美国战争，让他多少有些遗憾，随后又对战争的策略和参战将军的人选提出了诸多质疑。当前主要威胁来自欧洲平原地区，在亚洲打一场陆战有何意义？但他向拉纳姆保证，如果欧洲战争爆发，他仍然愿意为自己的国家而战，或许这次他可以作为一名敌后游击队员，就像他小说中的英雄罗伯特·乔丹那样。[21]

国内对共产主义者的搜捕让他颇为不安。海明威继续对拉纳姆说，他认为信任和忠诚是最重要的，这些是可以感知到的一个人的基本品质。作家声称自己对任何关于"背叛、懦弱、暗算"的话题都极为敏感，也会密切关注足以抵消这些的"优秀品质"。[22]他接着把世界分成两部分：可以信任的人和无法信任的人。一方面，他和拉纳姆绝对毋庸置疑，两人曾经"太多次为我们的政府献身"。另一方面，又有各种不可靠的组织：共产主义者、耶稣会人士，以及许多（但不是全部的）调查局探员。他最后说，很遗憾华盛顿不认可他的可靠性。即便他曾经在战争期间无私地为美国政府从事"高度保密"的工作，但他从某个内部消息源获知，迈阿密的审查者们得到命令，每两周截留他所有的邮件。他生气地说他们这样回报他所做的贡献真是没有良心。

如今，为反法西斯那样的事业献身已经绝无可能了。他在西班牙战场上结识的朋友米尔顿·沃尔夫继续逼迫海明威现身，支持他们的活动。1950 年春，沃尔夫请海明威来纽约，在一次集会（或许是反对美国的西班牙政策，佛朗哥仍在那里大权在握）上说"几句勇敢的话"。[23] 海明威仍然没有参加，他似乎一直等到活动结束之后才回复。他写信给沃尔夫说他太忙了，爱莫能助。集会那天他订正了几百页校对稿，一直忙到深夜才算赶上了最后期限。[24] 完成了校对稿之后，他又在"皮拉尔"号的舰桥上滑倒了，当时他正用鱼叉（一种为大鱼使用的致命鱼钩）呢，又摔在了一条"大支梁板"上。结果是又一次脑震荡，"跟焰火表演似的热闹"，鲜红的动脉血喷薄而出，还伤到了脊椎，立即就肿起来了。他对沃尔夫说他现在好些了，想让他知道自己仍然愿意在任何从西班牙回来的人遇到困境时帮助他们。他提到了林肯营的医生、因为拒绝回答非美活动委员会的问题而入狱的艾迪·巴尔斯基（Eddie Barsky）。但他，海明威，已经划清界限，不再支持任何"事业"了。那些事业往往有自己的资源，不需要他的帮助。他接着说，无论如何，沃尔夫和他的同志们一直掌握着自己的命运："可以说是求仁得仁。"他们"本来就必须坚强"，现在却又在右派敌人回击时抱怨不已。[25]

沃尔夫忘不了那句求仁得仁的话让他多么愤怒。[26]他拼命地克制住自己，才没有写信回击。集会很成功，但如果有海明威的支持，他们的运动会强大得多。他有"那种鼓动许多困惑的、胆小的、质问'这么做有啥用'的群众的本领"。[27] 但"你没有来，没有说话，真他妈糟糕"。沃尔夫还有件事想让海明威知道，这位年轻的激进分子从来就知道做一个活跃分子有何风险。他没有抱怨过自己的行动带来的后果。"请不要认为我们振臂高呼是什么求'仁'得仁。"他们高声反对，是因为在他们身上发生的一切只是开始，如果任由其继续，必将导致美国的人权状况进一步恶化。

十年后，沃尔夫重读那些信件时，他想到了在西班牙战争中"全身心地投入战斗"的海明威和1950年与他们保持距离、算计着自己该在哪些事情上鼎力相助、在哪些事情上袖手旁观的海明威是多么不同。这样的差异曾让沃尔夫"悲从中来"。[28] 沃尔夫不知道，海明威仍然赞成沃尔夫倡导的许多东西。作家并没有改变自己对佛朗哥的看法，看到像麦卡锡这样到处给人扣赤色帽子的政治家把沃尔夫这样的好人逼入绝境，他深感难过。麦卡锡虽然不是美国的佛朗哥，但也够坏的了。

在写信给沃尔夫的第二天，海明威也想去惹点儿麻烦。他打了一封信给麦卡锡参议员，签上了自己的名字，然后又加上一篇后记，再次签上自己的名字。[29]信本身写得杂乱无章、脏话连篇，部分内容没什么意义。但主旨很清楚。海明威一开头便质疑麦卡锡的勇气和战绩。"我们中有些人见过死人（原文如此），数过有多少人牺牲在战场上，也数过有多少麦卡锡。（牺牲的）人很多，但你不是（其中）之一。……"他说麦卡锡是"一坨屎"，邀请他来古巴跟他打一场私人拳击比赛定胜负。麦卡锡应该来跟他打一架，而不是诉诸"传票"（原文如此），但他，麦卡锡，连"打兔子的勇气"也没有。

最终，海明威很可能没有寄出那封信；一份签名的副本仍然保留在他的文件里。[30] 阻止他的可能是这样一个信念：对他来说，继续写作要比做一个活动家更为重要，如果以活动家的身份上了某个黑名单，他的书就无法出版了。1948 年，他曾宽慰出版商查尔斯·斯克里布纳不用担心他的作品"会被定性为颠覆"。他可以"随时"宣誓他不是，从来就不是一个共产主义者。[31] 三年后，1951 年，他向 A. E. 哈奇纳解释说，这些事情很复杂——这位瘦瘦的、神情急躁的年轻作家和编辑 1948 年才首次出现在海明威的生活中。海明威不仅需要摆脱共产主义嫌疑，还必须避免写作任何看似颠覆性的作品。他写道，他 1937 年在马德里创作的反法西斯作品中，《第五纵队》如今就是"一部颠覆性戏剧"。[32] 在写作时它没有任何颠覆性。他接着说，但是他不想成为"一个电视新闻人物"，必须对某个不肯相信他爱国且仍然愿意为之"随时随地打击所有敌人"的"某个委员会"解释一切。他还是把时间花在写作小说上吧，别出现在那些委员会面前了。

1950 年至少有两次，海明威拒绝了戏剧公司演出《第五纵队》的请求。[33] 这部他在战火中的佛罗里达旅馆写作、向一位阻止法西斯探子获得西班牙共和国情报的共产主义反间谍工作者致敬的作品，显然是一个不成熟的反法西斯主义者之作，何况它还是写间谍的。如果海明威需要跟共产主义者划清界限，避免涉及共产主义间谍的话题就尤为重要。他比任何人都清楚，1950 年，解释他在西班牙所做的一切尚非易事，遑论他在 1940 年代与内务部的联系。如果他的确需要在某个委员会面前做出解释，会有人让他说出共产主义者及其同路人的名字，像米尔顿·沃尔夫和尤里斯·伊文思。正如他后来对自己的朋友彼得·菲特尔（Peter Viertel）所说的，他可没时间像那些背叛过自己旧日好友的好莱坞人物那样去做"卧底"。[34] 或许也是出于同样的原因，当阿瑟·库斯勒请求他抗议斯大林压迫东欧艺术家时，他也没有答应。[35]

1950 年，海明威出版的书绝对与颠覆国家无关。《渡河入林》（*Across the River and into the Trees*）的大部分场景设在威尼斯，讲的是一个退役的美国陆军军官最后几小时的故事。理查德·坎特韦尔筋疲力尽，已经准备好迎接死神的到来。他与《丧钟为谁而鸣》的主人公、精力充沛的罗伯特·乔丹不同，后者将为一个消灭了法西斯的世界战斗到底。相反，他似乎是 1945 年突出部之役后的巴克·拉纳姆和海明威本人的综合体，但仍然愿意尽自己的本分。坎特韦尔是个职业军人，致力于尽全力打击祖国的敌人，不管他们是谁，也不管他自己的个人感情如何。小说中的这位上校某一时刻的话语很像是 1945 年海明威跟玛丽·拉纳姆说的话。坎特韦尔说俄国人"是我们潜在的敌人。因此作为军人我当然随时准备好打击他们。但我非常喜欢他们，从没有遇到过比他们更好、更像我们自己的人"。[36]

海明威希望《渡河入林》和他上一本书一样大受欢迎。但评论好坏参半。最典型的评论出现在《星期六文学评论》（*Saturday Review of Literature*）上，宣称这本书是"他（海明威）以前的作品中最糟糕部分的合成体……（因而他）未来的创作前景着实存疑"。[37]《纽约客》的阿尔弗雷德·卡津（Alfred Kazin）说他很难过，"这么杰出和诚实的作家"怎么会"如此拙劣地表现自己"。《时代》杂志说这本书显示了海明威，这位从前受到人们欢呼的冠军，现在已经五十多岁，"即将败下阵来"。[38]

暴怒的海明威在 1939 年的华纳病史日历（就像他在 1941 年和 1942 年用于为"无友行动"记日志的那种日历）上手写了一封长达几页的信，请《纽约客》的编辑转告"阿尔弗雷德·卡津姆（或卡津）先生……他可以把他那篇评论贴在自己的屁股上"，还说他愿意提供糨糊。手稿里有一个未完成的句子，开头写道，"为自己的国家而战并不丢人"，仿佛只要为自己的国家而战就能捐弃前嫌，抵消从拙劣写作到激进信仰等各种不当的行为。[39]

华盛顿的苏联间谍们注意到《渡河入林》的出版，把许多让海明威愤怒的评论剪下来，1950 年 10 月初把它们寄到了莫斯科，大概是为了更新"阿尔戈"/海明威档案。如果他们读了那本书，那么他们根本没有注意到有关坎特韦尔／海明威多喜欢俄国人的那个段落。相反，他们向莫斯科报告说，"据说他现在是托洛茨基（阵营）的人了"，还"在许多文章和宣传册中攻击……苏联"。[40]

这些判断实在大谬不然。自从 1940 年内务部的暗杀者在墨西哥刺杀了斯大林的政敌托洛茨基以来，托洛茨基派大多只存在于内务部的想象中，这个词本身仍然是对该政权的敌人的笼统标签。（在当时许多美国人的心目中，"共产主义者"也是这样的一个标签。）把海明威标记为托洛茨基派，无疑是为了扑灭对这位作家的兴趣。即便内务部中有人曾在 1950 年后考虑过海明威，也从未有过任何记录。没有证据表明内务部考虑再次与他取得联系，或者让他本人与另一位苏联间谍会面。[41] 然而这位作家 – 间谍本人对西班牙、内务部和调查局的记忆却从未曾消逝。

第十三章　没有操纵空间：

成熟的反法西斯主义者在古巴和凯彻姆

　　1958 年春，海明威在一个天气糟糕的日子带玛丽从古巴北岸出海打鱼。这本身就很罕见：通常，海上惊涛骇浪时，他都会把"皮拉尔"号泊在锚地。玛丽看到守船人格雷戈里奥·富恩特斯（Gregorio Fuentes）把"不怎么新鲜的鱼饵挂在鱼钩上"，就更惊讶了——那些都是过了保鲜期的鱼饵，这两位严肃的渔夫通常都会把这样的鱼饵扔掉的。尽管如此，支好了舷外托架，"皮拉尔"号看起来可以去打鱼了，海明威便驾船出了海，一直开到离岸约 10 英里看不到陆地的地方。[1] 他请玛丽掌一会儿舵，他和格雷戈里奥要"干点儿事"。

　　她看到他们走下去打开抽屉，"猛拉开铺位"，翻出各种各样的重炮、来福枪、短管猎枪、手榴弹、神秘的霰弹筒，还有成链的子弹——此前那么多次出海，她居然就睡在这些致命武器上面，幸亏她对此全然无知。这时它们全都被扔进海里。武器太多了，足足花了三十多分钟才把它们全都扔下船。

海明威没有告诉玛丽那些装备是哪儿来的，为什么会藏在"皮拉尔"号上。格雷戈里奥后来声称海明威让他把"为革命运动储备的武器"藏在"皮拉尔"号上。[2] 所以两人是在处理他们支持卡斯特罗的证据么？海明威当时只是告诉玛丽说那些隐藏起来的武器都是"过去留下的东西"，可能是 1942 年以后的任何时候，反正现在用不上了。[3] 她自言自语说，这么一大堆武器怎么也得值"好几千块钱"，他眼神黯淡地回答说，"这是我对革命的贡献"，还说，"我们这么做，或许救了几条命呢"。[4]

他指的是曾经参与为卡斯特罗的运动筹资，还是为其购买武器？抑或他只是想一旦法律和秩序崩溃，不要让这些武器落入强盗之手？但他什么也没有解释，他这人喜欢秘密和阴谋，或许哪天又会在信中说自己与革命的关系"很复杂"，他让玛丽发誓保密，后来再也没有提起过这个话题。[5]

如果说《渡河入林》算不得颠覆国家，海明威出版的下一本书就更与颠覆无关了，遑论政治或战争。这本书在市场上也打了一个翻身仗。《老人与海》是一部中篇小说，讲的是一个名叫圣地亚哥的贫苦古巴渔夫独自为生存而战的故事。在自己那条小船上 84

天一无所获之后，他搏斗三天，终于捕获了一条马林鱼，却在带着这条大鱼回家的路上，眼睁睁地看着它被鲨鱼分食。到岸时，他只有一副马林鱼的骨架可以彰显自己的胜利。但那不是最重要的。正如圣地亚哥／海明威对读者说的那句名言："人可以被毁灭，但不能被打败。"圣地亚哥打了一场胜仗，以优雅的风度面对苦厄，在精神上得以凯旋。

有几位评论家对这个寓言故事不以为然，认为它"空洞"而"煽情"[6]——但这一次这本书真的获了奖，它获得了1953年的普利策文学奖。一年后，海明威被授予诺贝尔文学奖，奖励他一生的文学成就，但在正式颁奖词中特别提到了《老人与海》。十多年前他曾险些获得普利策奖，但遭到了委员会主席、保守人士尼古拉斯·默里·巴特勒（Nicholas Murray Butler）的否决，此人极不喜欢《丧钟为谁而鸣》。其后那些年，作家很不开心地看着不少竞争对手获得了诺贝尔奖，其中有些人在北美根本没什么名气。1953年该奖项居然因其书籍和演讲而颁发给了温斯顿·丘吉尔；看到这位老朽的英帝国主义者获奖——还是文学奖！——海明威一定恨得咬牙切齿。然而现在，诺贝尔委员会终于选择了一位职业作家，因为"他精通叙事艺术，突出地表现在其近著《老人与海》中；同时也因为他对当代文体风格的影响"。[7]

诺贝尔奖无疑是最有威望的文学奖项，战胜了所有的评论家、怀疑者和竞争对手，不管是活着的还是死了的。世界各地的朋友们纷纷发来贺信。海明威保存了很多涌入瞭望庄园的信件。瑞典演员英格丽·褒曼（Ingrid Bergman）写信说瑞典人明智地把奖颁给了海明威，"总还不算太蠢"，落款是"爱你的玛丽亚和英格丽"（英格丽曾在电影版的《丧钟为谁而鸣》中扮演罗伯特·乔丹的情人玛丽亚）。一个名叫比尔·艾伦（Bill Allen）的朋友赞扬海明威向大家展示了"真理的重要性"。伟大的电影导演约翰·休斯顿（John Huston）本人就是个性格多面而富有创意的怪人，他给海明威发了一封三个词的电报："真棒，老爹，真棒！"[8]

但海明威并没有感觉很棒。他没有到斯德哥尔摩去领奖，而是寄了一篇获奖词，抒写了他奉献一生的职业的黑暗面。他在开头写道："写作，在最成功的时候，也是孤寂的生涯。"[9]"一个在稠人广众之中成长起来的作家自然可以免除孤苦寂寥之虑，但他的作品往往流于平庸。"但他还是应该永远努力去创作"那些从未有人做过或者他人没有做成的东西"。

海明威对委员会说他因为健康问题无法旅行，这并没有夸张。他一直就很容易受伤，最近几年，他有好几次都伤着了头。1950 年在"皮拉尔"号上的那次事故，就是他跟沃尔夫说起的那一次，比他透露的更加严重，那以前他在二战中至少有过两次严重的脑震荡。1954 年 1 月，他在非洲，24 小时之内经历了两次坠机。他包租的观光飞机先是在乌干达的默奇森瀑布附近茂密的灌木丛中强行着陆。海明威遭受了轻微的脑震荡。然后前来救援他和玛丽的飞机又莫名其妙地坠毁，在落地时燃烧起来。为了逃生，海明威生生用头撞开了机门，大大恶化了先前的那次脑震荡。3 月的一次检查显示，他的身体状况还很糟。他对哈奇纳说，"肾脏破裂——肠道坏损——肝部重伤——严重脑震荡——双腿、腹部、右臂、左手、头部和嘴唇烧伤……（还有）右臂和肩膀脱臼了"。[10]

　　海明威再也没有从这些伤痛中完全康复。朋友和传记作家们会回望 1954 年，说从那以后，他开始走上了不可逆的下坡路，事故和意外加速了这一进程，各种疾病和深度抑郁雪上加霜。[11] 一想到他的作品每况愈下，他就整晚睡不着觉。当然还有他在 1940 年代末 1950 年代初暗示过的另一种恐惧：他作为反法西斯主义者的过去总是困扰着他，还有，虽然他现在已经获得了诺贝尔奖，有朝一日调查局还是会找上门来。

　　至少在 1957 年前，古巴一直是海明威的避风港。每次艰难旅行之后，这位日益为盛名所累的小说家都会回到瞭望庄园那熟悉的日常状态中，过去那里一直是他休养身心之处。他仍然在上午写作，站在卧室窗前眺望窗外树木葱茏的青山，午饭后在泳池中游半英里，或者驾驶"皮拉尔"号出海，进入湾流去拖钓马林鱼。在天气不好、鱼不咬钩的日子，他还可以去射击俱乐部，或者偶尔去村里看看斗鸡。晚上，他会和交往很久的古巴朋友一起在晚饭时聊很长时间，也会去市中心的佛罗里达酒馆拜访美国人，古巴朋友们几乎每天都来看他。佛罗里达酒馆如今装上了空调，在一道墙边的壁龛里竖起了一座它最有名的常客的半身像。华盛顿和纽约发生的事件到底隔着大海，还有一段安全距离。不过他对古巴政治也并非完全不关心，到 1950 年代接近尾声时，这里需要他投入的关注越来越多了。

1952 年 3 月，前古巴陆军中士富尔亨西奥·巴蒂斯塔夺取政权。他声称要建立一个"自律的民主国家"。这成了一个窃国政权的弄虚作假之词，政权的主要政策变成了巴蒂斯塔及其亲信中饱私囊的工具，同时安抚外国投资者。美国既是不错的同盟，也是主要贸易伙伴。不少美国公司在古巴岛上都有业务。黑手党也一样，他们经营的赌场和酒店让哈瓦那成为充满异国情调的旅游胜地，颇让美国人向往。总之，但凡有任何民主或反帝纲领的左派，都把巴蒂斯塔当成首选目标。反对派团体不久就开始攻击他的政权了。

巴蒂斯塔攫取政权时，25 岁的菲德尔·卡斯特罗已经成为一个引人注目的领袖了。这位激进的律师曾试过很多类型的激进活动。1947 年，卡斯特罗卷入了时运不济的征程，目的是推翻附近的多米尼加共和国右翼独裁者拉斐尔·特鲁希略（Rafael Trujillo）。虽然海明威和卡斯特罗直到1960年才首次见面，但他也支持那次远征，为其组织者提供建议，或许还提供过资金支持。他写信给拉纳姆说他原本还希望更多地参与，无奈他太忙了，要照顾重病的儿子帕特里克。[12]

卡斯特罗继续以民粹主义纲领在古巴竞选公职，甚至还曾对政权合法性提出质疑，直到最后，他确定推翻巴蒂斯塔的唯一方式只能是武装斗争。1953年，这一决定导致他对圣地亚哥市的蒙卡达兵营发动了著名的袭击，作战失败了，但卡斯特罗的神秘感却不减反增。在其后的审判中，卡斯特罗宣布总有一天历史会赦免他被指控的罪行，很快，那些话就变成了一种战斗口号。

巴蒂斯塔把卡斯特罗监禁到1955年，那年这位独裁者以为卡斯特罗不再对他构成威胁，就释放了他，铸成大错。卡斯特罗逃到墨西哥去谋划他的下一步行动。1956年底，他和一小队战士乘坐"格拉玛"号（Granma）二手美国舱式游艇在古巴海岸登陆，最终来到了奥连特省崎岖偏远的马埃斯特腊山区，位于哈瓦那东南几百英里处。在那里，卡斯特罗建立了自己的基地，组织了7月26日运动，如此命名是为了纪念他和他的队伍袭击蒙卡达兵营的日子。

起初的挫折险些让他丧命，随后卡斯特罗开始一点点建起自己的军队，一有机会就偷盗武器和弹药，在这里伏击敌人一个纵队，在那里短暂地占领一个城镇。他不打算打阵地战，而是要摧毁政府军的信心。巴蒂斯塔落入了卡斯特罗的圈套，他动用常规部队回击，多半都小题大做了。他派遣空军轰炸怀疑有游击队营地的丛林，把一车又一车步兵派到山谷，试图把叛军围困在山里。他大部分时间都在审查新闻。这样一来，各种各样的谣言四起，例如 1956 年 12 月 3 日《纽约时报》就曾报道过卡斯特罗已死的消息。赫伯特·L. 马修斯这位曾经的外国记者如今就在该报位于时代广场的总部工作，他直觉卡斯特罗和他的运动都没有死，便给编辑施压，请求让他飞往古巴，亲自一探究竟。[13]

马修斯和海明威始于西班牙的友谊从未间断过。他们曾经一起从佛罗里达旅馆出发前往战场。《新群众》的乔·诺思曾经觉得这位前额高高的高瘦男子太超脱，太像个传统的记者，不像海明威投入的情感那么多。1938 年 5 月发生在西班牙南部山路上的那次车祸中，诺思就看到了两个截然不同的人：海明威跳下自己的车，抓起急救箱就开始救人生命，而马修斯则抓起记事本，慢腾腾地走到伤者跟前看看有谁可以接受采访。[14]

事实证明，诺思对马修斯的判断有误。他也为共和国倾尽了全力，只是做法稍有不同。这位记者只用写作的方式为共和国出力，但投入得也并不比他那位德高望重的朋友少。"只要有希望，我就会勇往直前，"他在战争结束时写道，"我觉得至少在写作中，我的战斗比战士们的更加激烈"。[15] 和海明威一样，马修斯也为共和国战败而深感难过。他的心中留下了再也无法愈合的伤痛，对他其后几十年的作品产生了深远影响。

战后不久，马修斯写了一系列关于西班牙的著作，得到了海明威的赞赏。海明威在《两场战争与即将到来的战争》（*Two Wars and More to Come*）的护封上贡献了极高的赞美：在他看来，马修斯是"如今还在写作的最坦白、最能干、最勇敢的战地记者"。[16] 他们不仅是同事，两人在西班牙的共同经历铸成了马修斯所谓的"比回火钢还要坚固的纽带"。1952 年首次拜访瞭望庄园时，马修斯觉得关于当地政治的"最佳信息"都可以从海明威那里了解到；后来那几年，他总会放心地来找这位老朋友，依靠他的帮助了解古巴的政局。[17]

1957 年 2 月，马修斯再度在哈瓦那登陆时，这位 57 岁的老记者渴望着另一个伟大的故事，或许可以作为西班牙的续篇，最好能有个更美好的结局。[18] 他起初只是在首都四处走动，与杰出侨民和几个位高权重的古巴人会面，后来便偷偷进入了马埃斯特腊山脉。这是个危险的任务，由于政府军包围了该地区，马修斯不得不频繁交涉才能通过若干路障。但他的大胆获得了回报,最后,马修斯在一片森林空地中等待,终于见到了身材高大、"双眼炯炯有神"、长着一脸"乱七八糟的胡子"的卡斯特罗,后者阔步朝他走来,充满了领袖魅力。

新闻记者被卡斯特罗和他的未来愿景深深折服了。两人一边抽着大号雪茄,卡斯特罗一边描述着他的政治目标,他大谈自己对民主的热爱,淡化他与共产主义的联系,但并不避讳自己的反帝主张。马修斯知道自己斩获了一条大新闻。他狂喜地在会面记录中写下:"我是第一个。"当他从山里归来时,妻子南希看到他"疲惫不堪又肮脏邋遢",但"充满了胜利的喜悦和激动"。[19]

他们在古巴的最后几晚,大概是在 2 月 18 日晚上,马修斯和南希来到瞭望庄园和老朋友共进晚餐。[20] 和他们在一起的还有另一个好友、海明威的家庭医生何塞·路易斯·埃雷拉,这位神经外科医生曾一度被描述为"一个(样貌)纤弱的小个子……一双手纤细修长,像音乐家的手",他与这两位美国人有很多共同点。[21] 事实上这位瘦小秃顶、戴着厚厚的黑色眼镜的男人绝对不纤弱。他是西班牙内战老兵,曾屡次为共和国甘冒生命和失去生计的危险。战后他回到古巴,继续行医,定期缴纳古巴共产党党费。早在学生时期,他就和邻居菲德尔·卡斯特罗建立了友谊,那份友谊持续了一生。整个 1950 年代，埃雷拉一直向海明威通报卡斯特罗及其运动的进展情况。[22]

那天在晚餐上，马修斯几乎无法抑制自己的激动和兴奋之情。他没有隐瞒那次令人难以置信的山区探险。他总算又有机会用自己的作品改变世界了——当年他和海明威在西班牙就怀着这样的远大抱负。只是这一次，正义的一方会获胜。几年后，埃雷拉对一个苏联调研人员讲述了他那晚听到马修斯对海明威所说的话。[23] 记者先是肯定地说卡斯特罗还活着，仍在山区的藏身处继续战斗。接着，马修斯赞扬卡斯特罗是个十分果断的人，一个能够牢牢把握住运动的人。他见多识广、饱读群书，正在对巴蒂斯塔的政权提出严峻挑战。卡斯特罗的政治观点是"很开明"的"左派"，马修斯报告说。[24]

马修斯后来写道，他从海明威那里得到了"宝贵的鼓励"，"他永远给我以支持"。马修斯对小说家的支持感激不尽，因为关于卡斯特罗的报道往往会让他"在美国编辑和记者中处于绝对孤立的状态"。[25] 海明威以这种方式影响了这位记者关于 7 月 26 日运动的观点，哪怕那时他还没有动笔写关于卡斯特罗的任何报道。

海明威本人还没有见过卡斯特罗，只是从他们共同的朋友（比如埃雷拉）那里听说过他。[26] 现在，他又从一家伟大报纸的经验丰富——且值得信任——的记者那里获得了实地调查的事实。对曾经在西班牙内战期间投入反法西斯战斗的海明威来说，马修斯所描述的卡斯特罗可能已经深深吸引了他：一个与右翼独裁者势不两立的充满魅力的革命家，马修斯和海明威都对右翼独裁者深恶痛绝。卡斯特罗是个左派和反帝主义者，但不是个共产主义者。他的很多政治言论都与海明威过去几年的言论不谋而合。他所进行的游击战争也是1930年代和1940年代的海明威曾深深痴迷的。

海明威不会知道他和卡斯特罗两人互相尊敬。卡斯特罗不仅阅读，还研究过《丧钟为谁而鸣》；他后来说，"我们把……（那本书）带到山区，它教会了我们怎么打游击战"。[27]

一有可能，马修斯就跟南希一起飞回了纽约（南希把他的笔记藏在腰带里通过了哈瓦那机场的安检），写了几篇文章，第一篇出现在《纽约时报》周日版头版的明显位置。文章的副标题宣称："卡斯特罗还活着，还在山区战斗。"[28] 第二篇文章淡化了共产主义者在反对巴蒂斯塔的斗争中所起的作用，而第三篇又旗帜鲜明起来，预言卡斯特罗的目标不光是要取代巴蒂斯塔，更是要带来彻底的社会变革。

该报道的直接影响是巨大的，余波一直持续到"数月乃至数年后"，在历史上留下了印记。[29] 马修斯的文章把卡斯特罗的形象"从鲁莽的失败者变成了有着远大理想的侠盗"，俨然是"反对派的领袖人物"。[30] 一夜之间，这位新闻记者成了巴蒂斯塔的古巴反对者以及许多左派美国人心目中的英雄。由反法西斯战士转变为政治活动家的米尔顿·沃尔夫一直与马修斯和海明威保持着联系，他和很多人一样，写信给马修斯，说他的报道文章"让我们内心中长期压抑的渴望激动起来，那是再次为值得奋斗的理想而战的渴望"。[31] 沃尔夫也一样，直觉地捕捉到 1930 年代的西班牙和 1950 年代的古巴之间的相似之处。

1957 年，卡斯特罗巧妙利用了马修斯带给他的优势。他是个天生的宣传专家，将自己日益强大的神话形象与刚刚够格的真切事实混合起来，让他的运动显得比实际情况更加强大。频繁的小规模袭击往往是小型炸弹，没有造成多大的破坏，但弄得政府及其支持者神经高度紧张。巴蒂斯塔阵营中变节的人数开始增加了。政府继续武断地下狠手回击，大量使用酷刑和杀戮。付出代价的往往是无辜者：巴蒂斯塔的士兵开始杀戮那些碰巧住在叛军袭击发生地附近的人，然后又把肢解后的受害者尸体公之于众，杀鸡儆猴。

海明威在 8 月中旬感受到了巴蒂斯塔的狠手。一天清晨，他的几条狗显得焦躁不安。[32] 海明威的管家勒内·比利亚雷亚尔可以通过狗叫的方式感觉到它们并不欢迎来到瞭望庄园的访客。[33] 来者是八九个乡警组成的一个支队，穿着卡其装，挎着来福枪。他们满身酒气。海明威把前门开了个缝，问他们有何贵干。领头的中士说他在找"某个反对党人"。海明威说他的庄园里没有革命者，命令他们立即离开。犹豫了一会儿之后，士兵们没有搜查便离开了。第二天早晨，作家的一条狗马查科斯死在了厨房台阶附近，头部受伤，可能就是用来福枪托打的。海明威立即前往当地卫兵驻地要求他们解释。不出所料，中士否认是他的人杀死了海明威的狗。接下来的那一周，海明威把这件事告诉了《纽约时报》，该报于 8 月 22 日报道了这个故事，让读者们了解 1957 年古巴生活的一丝苦楚。[34]

为什么把矛头对准了海明威？埃雷拉医生认为，地方当局对海明威主持的许多聚会深感不安，一车又一车的古巴人经过本来很安静的圣方济各德保拉镇，前往瞭望庄园。美国人的许多客人都是左派。（身为共产主义者的埃雷拉在海明威的朋友中并非典型；作家最喜欢的革命者和他自己一样，要更独立一些。）埃雷拉说，那些集会只有一点像政治集会，那就是大家"总是在谈论着（政治）局势……当时到处都是这样"。[35] 然而医生说，在大多数时候，海明威会给大家放映他从美国大使馆借来的电影，然后便和客人们坐下来聊天。埃雷拉参与的集会中至少有一次，乡警们觉得连这些也太过分了，便来到庄园与海明威对峙，后者平静地解释说他们无须担心——这里唯一的阴谋不过是喝点威士忌而已。[36]

　　这些不愉快的事都在提醒作家，他在古巴的地位岌岌可危。稳妥的做法是与巴蒂斯塔保持距离，不去得罪政府，以免被引渡回国。同时，海明威又同情叛军，对他信任的人给予谨慎的支持——他向埃雷拉提供资金支持运动，或许是为了帮助当地革命者购买和储存武器。他不想太高调地宣扬自己的政治立场。他还没有忘记不成熟的反法西斯主义者的教训。

　　1958 年，当《君子》（Esquire）杂志准备重新出版海明威关于西班牙内战的三部短篇小说，《告发》、《决战前夜》和《蝴蝶与坦克》时，关于那些教训的议论之声四起。这些短篇小说的主题和语言都反映了1930 年代的反法西斯情绪，与 1950 年代的反共情绪不无冲突。（《告发》讲的是把一个熟人告发给秘密警察的故事，而《决战前夜》彰显了一个为西班牙共和国而战的美国人的政治思考。）海明威从古巴打电话给他在纽约的律师阿尔弗雷德·赖斯，命令他以《君子》（初版的出版商）只购买了一次性出版权为由，反对再版。[37] 作家强调说，他不想让赖斯"以任何政治理由"提出反对。[38]

　　赖斯身为律师，从不回避战斗，一位海明威的传记作家曾说他"极为粗鲁好斗"，他于 8 月初在纽约州法院提起诉讼，阻止《君子》。[39] 他在法庭文件中提出，该杂志的行为将"对原告造成严重伤害和无法弥补的损失"。[40] 赖斯力陈缘由："时光的流逝可能对作家的作品造成有利影响或不利影响……一个例子就是人们……对俄国的态度"，那是我们战时的同盟，如今"恐怕是我们最大的敌人"。不知是有心还是无意，赖斯呼应了海明威在 1951 年对哈奇纳所说的话：冷战开始之后，《第五纵队》已经变成一部"颠覆性"戏剧了。[41]

海明威愤怒地声称赖斯这是从背后给了他一击：一位《纽约时报》记者问他对此有何评论时，他爆发了，说他后来称之为"提纯的（原文如此）猴精"的人把"把他的话安在了我的头上"。[42] 作家跟赖斯划清界限，说他会撤销诉讼。"我的律师说的那些话，……我刚刚给他打电话，跟他大吵了一通。"[43] 政治恐惧促使他禁止《君子》再版的说法让他尤为不安："如果有谁觉得我在担心任何人会在我的小说中读出什么政治内涵，那他就错了。"两周后，海明威写信感谢《纽约时报》记者为此事"一正"视听并让它见诸报端。[44] 否则，唯一留下记录的将只有赖斯的版本，那会经由美联社的报道传遍"全世界"，让读者们觉得他海明威是个"内奸，或好出风头，或两者兼有"。

并非每个人都对海明威的话信以为真。《纽约时报》的报道发表的第二天，《华尔街日报》对海明威就没那么友善了。8 月 8 日，该报发表了一篇恶意戏仿之作，题目是《老人与钱》（"The Old Man and the Fee"）：[45]

> 这位作家参加过多次战争，战功显赫，根本
> 不关心人们如何看待他的政治观点。……说作家
> 担心公众对俄国的感情在我们这个时代发生了变
> 化显然与事实不符。作家不关心这类琐事。

《华尔街日报》或许戳到了痛点。海明威在 1950 年代写给密友们的信已经表明，这是个非常在意自己是否跟美国公众的意见保持一致的人。出于更加现实的原因，他还很在乎古巴当局如何看待他的政治观点。

那年春夏，巴蒂斯塔和卡斯特罗在古巴岛上的斗争让任何人都无法掉以轻心。卡斯特罗呼吁全民总罢工时，巴蒂斯塔授权公民开枪射杀罢工者。人们传说，卡斯特罗对此的反应是下令暗杀没有参与罢工的叛军领袖。结果，市民们纷纷远离公共场所；即便是在伍尔沃思这样的大商场，玛丽也只能看到几个顾客。[46] 海明威对近来的几起绑架美国人的案子有些担心，那是卡斯特罗的人"最近的（刚刚玩上瘾的）……游戏"。这位赫赫有名的侨民不快地开玩笑说，7 月 4 日那天，估计卡斯特罗比美国大使更知道如何让美国人开心，他，海明威，会打电话给大使馆看看卡斯特罗准备什么时候开始绑架调查局特工。[47] 他对玛丽说，当"整个国家没有法律"时，抢劫者们很

可能会来瞭望庄园。[48] 如果再有任何人或任何事突出他的政治形象，乡警们会不会回来彻底搜查？[49] 大概是出于这两个原因，他谨慎地扔掉了藏在"皮拉尔"号上的军火，家里只留了几件武器。[50]

由于生活在古巴越来越累人，玛丽和海明威决定到爱达荷州去过秋冬。他们想念美国西部的开阔风景，觉得暂时变换一下环境会有利于身心健康。[51] 8月，他们设法在凯彻姆（Ketchum）租房，10月就搬进去了。然而海明威心里始终还想着古巴。他关注着岛上的进展：暴力并没有减弱，也看不到什么和平美好的结局。11月，他一反常态地对每个人都充满厌烦。"两边都不对——都那么残暴——……事情没有好转，一切都是谋杀，"他写信给儿子帕特里克说，"我们大概会离开这里。未来前景黯淡。……"[52]

几周后，不可思议的事情发生了。1958年夏末和秋季，叛军节节胜利，使得古巴军队和警察的士气进一步消沉下去。巴蒂斯塔看到卡斯特罗的胜利已不可避免，便决定趁现在还来得及，逃命要紧。1959年1月1日清晨，他和几位亲信在几架大型客机上装满非法所得，逃亡多米尼加共和国。拂晓时分，古巴陷入无政府状态，哈瓦那变成了彻头彻尾的法外之地。时而兴奋、时而愤怒的人群占领了街道。枪声四起，抢劫者们进入市中心的旅游酒店肆意破坏赌桌。在数百英里外的岛国的另一端，卡斯特罗通过广播呼吁民众冷静，他站在一辆坦克顶上，身边簇拥着十几个手下，开始向首都进发。在岛国正中央的那条大路上，欢呼的人群让他进城的速度慢了下来。当他到达首都时，庆典的规模让美国记者约翰·H. 汤普森想起了1944 年巴黎解放的场景。[53] 然而卡斯特罗可不打算恢复原状；他计划彻底改变古巴社会。他宣布，"现在，革命开始了"。[54]

斗争及与之相伴的混乱看似结束了。那些和海明威一样反对巴蒂斯塔而支持卡斯特罗的人现在可以展望未来了。

各大通讯社追寻海明威到了爱达荷州，纠缠着要他发表讲话。玛丽在他开口讲话以前看到了他写在一张明信片背面的字："我相信古巴革命是历史的必然，我对它的长远目标充满信心。"[55] 那年的玫瑰碗比赛期间，《纽约时报》的记者打来电话，玛丽听到海明威说，得知古巴的消息让他很"开心"。她立即责备了他；现在预测事态进展还为时过早。卡斯特罗或许已经安排好了行刑队。海明威反对她的说法，但这位在整个 1950 年代都要比以往更谨慎的人最终屈服了，打电话到《纽约时报》新闻室，要求把"开心"改成"怀有希望"。[56]

私下里，海明威对革命的态度更加乐观。1959年 1 月 7 日，在一封写给他的意大利朋友詹弗兰科·伊万辛奇（Gianfranco Ivancich）的典型的海明威式信件中，他庆贺巴蒂斯塔离境，说要是能看到他走的样子就好了："那个狗娘养的，他的好日子终于到头了。"[57] 两周后，他很高兴地对一个在斯克里布纳公司的朋友报告说，"我们在古巴一切都（还）好"——瞭望庄园平安无事——他的一些朋友如今在政府机构任职。[58] 2月初，他在写给詹弗兰科的第二封信中更加乐观，宣称"一切来自古巴的消息（都是）好消息"。[59] 因为那800家在岛国投资的美国公司，新政府的日子会不好过；美国会不惜"一切代价"搞垮卡斯特罗。但这是他的人民"有史以来第一次获得不错的机会"，他祝愿卡斯特罗好运。

得知玛丽关于行刑队的预言应验了之后，海明威的态度也没有改变。几乎打一开始，革命者就开始处决敌人了。用一位内部人士的话说，"1月的那些天，每个人天天谈论的就是处决……战争罪犯"，大多是巴蒂斯塔警察部队或军队的老兵。[60] 独裁者逃走之后的那些天，卡斯特罗的弟弟劳尔在圣地亚哥枪决了大约70个囚犯。两周内，政府在哈瓦那本地出台了一些更正式的程序。1月23日，在古巴居住多年的《纽约时报》的记者鲁比·菲利普斯（Ruby Phillips，她自称 R. 哈特·菲利普斯，以便读者更加尊重她）报道了对巴蒂斯塔政府的官员进行的首次审判秀，审讯在国家体育馆举行，有八千名热心群众出席。[61]

即便没有订阅《纽约时报》的人，也能从各个通讯社看到审讯的实况。在美国或英国社区附近的电影院里，人人都能看到一个为时一分半钟的新闻报道，显示了古巴那人头攒动的体育馆。第一个被指控的人是一位名叫赫苏斯·索萨·布兰科的少校，面对眼前那三位身穿士兵工作服、长着胡子的年轻法官，他平静地微笑着。一个光着脚的12岁男孩显然事先受过训练，指着索萨·布兰科说就是这个人杀死了他的父亲。男孩的话音未落，人群就高声叫嚷起来："杀了他，杀了他！"[62]

在3月初接受来自西雅图的专栏作家艾米特·沃森采访时，海明威为那些审判辩护。[63]一个周六晚上，海明威和沃森在杜琴屋（Duchin Room）初次见面，那是太阳谷的一个很舒服的酒吧，从1930年代他第一次来爱达荷州开始，海明威就被那里的黑色镶板和深红色的装潢色调吸引了。那天沃森还在休假，正在一张桌上与其他作家喝酒闲聊呢，海明威就来到他跟前坐下了。沃森碰巧是海明威很喜欢的那种新闻记者：他是个非同寻常的人，很有勇气，曾经是职业棒球运动员，战争期间还在一家船坞工作过。何况两人还有几位共同的熟人，这位每天三包烟的人还很懂威士忌。30分钟的闲聊非常轻松友好，但几乎没什么值得报道的。

两天后的午后，沃森又在太阳谷的一条人行道上碰见了海明威。[64]海明威那天的工作已经完成了，正打算放松一下，问沃森是否愿意跟他一起去太阳谷的另一家酒吧"拉姆"坐坐，喝一杯？同样是在熟悉的环境里，这一次的装潢风格是欧洲山区风格的，面对正在记录的记者，海明威很愿意聊聊卡斯特罗和古巴，获得这样的第一手新闻让沃森陷入狂喜——要知道在那以前，海明威拒绝了所有的采访。这位侨居海外的作家一边啜饮一杯加青柠的威士忌，一边"专注地说起那个他深爱的国家"，说了一个多小时。65

海明威直抒己见，说这是一场真正的革命，而不仅仅是卫兵换岗。那些审判是革命的必要组成部分。因为人们对一开始的处决潮不满，新政府下令公开审判，但仍然面临着批评：66

> 外国人开始叫嚷，"这是马戏表演！"但政府必须这么做，表明它控制着时局，也让人们对法律和秩序有所敬畏。……如果政府不枪毙那些罪犯，他们也一样会被……复仇者杀死。那就糟糕了，非常糟糕。

海明威沿袭了卡斯特罗的观点，然后他说希望等到当前这一波审判和处决结束，古巴能够废除死刑。总的来说，未来是光明的。革命得到了古巴人民的支持。（他唯一一担心的是，卡斯特罗大概不够强硬，无法让古巴社会恢复秩序——他请沃森不要把这句话登在报上。[67]）古巴是个"非常宜居的地方"，他期待着早日回到那个国家。

1959 年 3 月 29 日，玛丽和海明威在哈瓦那国际机场降落时，有一大群来自瞭望庄园外的圣方济各德保拉镇的朋友们等在那里，迎接他们。他们到达瞭望庄园时，欣慰地看到他们"美丽的宅子毫发无损"。[68] 第二天，心花怒放的海明威口述了一封信给儿子杰克，重复了他对沃森说过的话："这是一场真正的革命。就像我们（曾经）希望发生在西班牙的那种革命。"[69]

从他们回家的那一天起，古巴革命的绝处逢生一直让海明威情绪高涨。不管在哪里，人们似乎都在纵情庆祝刚刚获得的自由。古巴"处处充满自由的热情；你会觉得自己置身于一场真正的自主革命"，它独属于古巴，尚未反美或亲苏。[70] 海明威用心领会着这一切，每天听三次广播，阅读他能找到的每一份报纸，倾听卡斯特罗那似没完没了的讲话（甚或乐在其中）——他一说就是几个小时，大多是关于政治形势的讲话，但一跑题，就天南海北无所不包了。[71]

数日后的 4 月初，海明威在佛罗里达饭店与美国剧作家田纳西·威廉斯（Tennessee Williams）和英国电影和戏剧评论家肯尼思·泰南（Kenneth Tynan）一起，喝着"老爹的渔船"台克利鸡尾酒，聊了几个小时，两人碰巧来哈瓦那出差，目的是给《假日》

（*Holiday*）杂志撰稿。泰南记得，那天风扇风太大，弄得他很难点燃香烟。威廉斯（身穿有着银色纽扣的帆船运动服）和海明威（穿着白色 T 恤，头戴棒球帽）没有多少共同语言，但泰南觉得东道主"状态好极了"。[72] 其间，一位友好的新闻记者上前来，邀请泰南去莫罗城堡观看夜间露天行刑，莫罗城堡是海港旁的一座混乱而古老的西班牙式城堡。泰南婉拒了，他反对死刑，但威廉斯想接受邀请。他说，见证是作家的责任。后来泰南问海明威怎么看，后者的回答非常隐晦："对我们而言，还是可以对某些事情说不的。"不过尽管如此，他接着便宣称卡斯特罗的革命是"一场很好的革命，一场诚实的革命"。[73]

泰南和威廉斯不久就意识到他们采访卡斯特罗要迟到了，赶紧起身前往总统府，那里富丽堂皇的铁门如今由身穿橄榄绿士兵服的男孩子把守着。[74] 卡斯特罗因为接见两位外国作家而暂停了一次内阁会议。他们彼此留下了不错的印象。卡斯特罗回到了当时的议题：他的首次半官方访美。他已经接受邀请，在华盛顿的美国报纸编辑协会讲话。卡斯特罗对美国的态度仍然很矛盾，不知道该何去何从。这次访问将是他为自己的革命审判辩护的机会，或许能为良好的古美关系打下基础。

听说卡斯特罗的赴美邀请，海明威主动提出与这位古巴领导人会面，帮他事先准备好如何回答美国记者和政客可能会问的问题。他让好友埃雷拉转告这个消息，后者仍然每月来瞭望庄园吃几次晚餐。[75] 卡斯特罗本人没有接受邀请，但派了他的一位下属去听听海明威会说些什么。[76]

一天深夜，埃雷拉开车带一位名叫欧克利德斯·巴斯克斯·坎德拉（Euclides Va´zquez Candela）的记者从哈瓦那出城来到瞭望庄园，海明威在门口迎接他们时，口袋里还装着一把手枪，表明时局仍然不稳。巴斯克斯·坎德拉是一位强烈的反帝主义者，他不确定会从这位著名的扬基佬那里听到什么，但海明威很快就让来访者安下心来，甚至被主人迷住了。[77]

海明威和客人们一起坐在瞭望庄园 50 英尺长的客厅里，在暄软的椅子周围，摆满了作家的著作、猎获和世界一流的艺术藏品。背景音是轻柔的古典音乐。他们喝一种加冰的意大利白葡萄酒，用坚果佐酒。海明威拿出他准备好的笔记，开始解释美国新闻界的工作程序，应该当心谁，当前人们关心的问题有哪些。他暗示说，如果卡斯特罗表现足够好，他可以从美国获得他想要的一切。海明威特别提到有必要解释"针对明显的叛徒的司法决定"，意即公开审判和处决，以及共产主义影响的问题。最后，在客人们离开客厅回到车里的路上，他请巴斯克斯·坎德拉向哈瓦那的那位大胡子转达他对他们的革命全心全意的支持。[78]

古巴领导人的访问成为举世瞩目的公关胜利。[79] 这位 33 岁的革命者军服皱皱巴巴，胡子邋里邋遢，显得非常真诚可靠。卡斯特罗已经知道如何对观众施展魔力，他说话"笨拙而清晰"，有人称之为"菲德尔英语"。[80] 在美国，他主动亲近到他跟前来的任何人，平静地回答对他提出的大部分问题。他不提反帝的大话，巧妙地回避关于他的运动中有无共产主义者的问题。在中央公园乐队演奏台上的一次讲话中，卡斯特罗滔滔不绝，但对他的核心政治价值却语焉不详：人道主义和民主。唯一的不和谐音出现在他与理查德·尼克松副总统等官员会面时，他们上来就是一番说教，大谈共产主义有何危险。[81]

对海明威来说，1959 年的另一个高潮是夏天的西班牙之旅。[82] 作家和他那位不可谓不重要的随从一起观看了斗牛，他计划为《生活》杂志写一篇关于斗牛的文章。7 月，他在"拉坎索拉"庆祝了自己的 60 岁生日，那是一座位于马拉加阳光海岸的奢华别墅，主人是狂热的斗牛爱好者、富有的美国侨民内森·"比尔"·戴维斯（Nathan "Bill" Davis）。[83] 那里的花园让海明威想起瞭望庄园，但那座 1830 年代为一位外交官而建的白色大房子则奢华得多，高高的天花板，两层都有优雅的全景阳台。

应玛丽的邀请，老朋友和家人们从很远的地方赶来参加这场长达几天的生日庆典；他们中有名人也有准名人，像巴克·拉纳姆和现在已经是大使的戴维·K. E. 布鲁斯，更不要说还有伟大的斗牛士安东尼奥·奥多涅斯（Antonio Ordóñez）及其追随者了。甚至还来了两位印度大君，一位来自库奇比哈尔（Cooch Behar），另一位来自斋浦尔（Jaipur）。小说家的私人医生和好友乔治·萨维耶斯（George Saviers）和他的妻子帕特也从凯彻姆赶来了。那次庆典苦乐参半，有歌舞、烟火、礼物和祝酒，戴维·布鲁斯还向作家致辞，赞美他"热心、刚毅而慷慨"。[84] 不过大家都要忍受（或者还要试图无视）海明威偶尔爆发，对着来宾发脾气，连他最好的朋友拉纳姆也未能幸免。玛丽简直无法忍受他当着众人的面，对她残忍地胡说八道，还有他坚持要请一些年轻女人来参加庆典，其间频频向她们投去关注的目光。

马拉加的闹剧过后三个多月，海明威去了纽约，继而回到古巴，那里的革命审判仍在继续。他再次在机场受到一大群人的欢迎，这一次不仅包括朋友和邻居，还有想让他发表讲话的新闻记者。海明威说，他不相信"外国报纸"上对革命的恶意中伤，仍然支持古巴新政府。[85] 根据古巴通讯社拉美社（Prensa Latina）的报道，"他希望古巴人不要把他看成扬基佬……而（看成）跟他们一样的古巴人"，然后就近拉过一面古巴国旗，亲吻了它。[86] 他动作太快，新闻摄影师们错过了这个动作，请他重复一次。他微笑地说自己是个作家，不是演员，便径直走了。大概 20 车的祝福者们一路陪他回家。美国驻哈瓦那大使馆发急件向华盛顿报告这一事件，在"官方专用"栏中写道，很"遗憾"海明威这样德高望重之人"公开言明立场，显示出（1）对他自己的政府和国民的强烈批评，或（2）全然无视自今年第一天以来，古巴时局的发展"。[87]

在爱达荷小住之后，海明威和玛丽于 1960 年 1 月回到了瞭望庄园。[88] 他的老朋友，《纽约时报》记者赫伯特·马修斯把这解读为这位艺术家、古巴人心目中的英雄，对革命表示支持的"刻意之举"。[89] 1 月 12 日，海明威写信给拉纳姆说他仍然"坚信革命的……历史必然性"。[90] 他采取"长远眼光"，期待着有一天卡斯特罗能让古巴社会变得更好。为此原因，他对眼前"日复一日"的闹剧不感兴趣，那是任何人都无法佯装未见的：整个首都到处挂满了"要古巴，不要美国佬！"的横幅，广播上夜以继日地谴责美国，说它是犬儒主义而凶残的"头号公敌"。[91] 仿佛卡斯特罗读过乔治·奥威尔反乌托邦的小说《1984》，喜欢这些集权主义的"新语"。

同样持同情态度的马修斯在 3 月初或中旬来到瞭望庄园午餐时，受到了热情欢迎。海明威"很高兴见到他……他们愉快地聊了一下午"。[92] 这位记者越来越孤立，如今已经与美国的主流新闻界格格不入，但他仍对卡斯特罗充满希望，注意到后者正在推动医疗、教育和福利计划，75% 的古巴人支持他。当时他所能预见的问题与其说是卡斯特罗在国内推行的政策，不如说是美国如何看待和对待他。海明威这位曾经就如何应对美国媒体为卡斯特罗的助手提供过培训的人，自是点头同意。[93]

1960 年 5 月是海明威和卡斯特罗第一次、或许也是唯一的一次见面。[94] 那是一年一度的海明威钓鱼比赛，卡斯特罗看似从头到尾遵守规则，捕获了当天最大的一条鱼，获得了第一名。海明威向他颁发奖杯（一个很大的银杯）时，两人聊了几分钟。卡斯特罗说自己非常喜欢《丧钟为谁而鸣》，也从中学到了很多。[95] 一个官方摄影师拍下一系列照片，捕捉到了这个时刻，照片中的两个人站得很近，低声说了几句话。卡斯特罗比海明威高几英寸，他穿着普通的绿色军装，头戴同色的帽子，几乎成了照片中最显眼的人物。海明威时而开心，时而忙着交谈，看上去像个老人，因为一绺绺白发和散乱的胡须而显得有些羸弱。他的左手上贴着一片创可贴。

第二天早上，一位送信人把一套冲印好的照片送到了瞭望庄园。海明威在其中一张照片上题了字，写着"给菲德尔·卡斯特罗博士……为了友谊"。卡斯特罗把那张照片挂在自己办公室的墙上，与父亲的一张照片并排挂了很多年。[96] 海明威选了他自己最喜欢的一张照片，装在相框里，和其他难忘场景的纪念照一起放在瞭望庄园的一张桌子上。[97]

钓鱼比赛大概要算是1960年古美关系的亮点。和马修斯一样，海明威也希望美国能选择相信古巴。相比哈瓦那，他们更倾向于希望华盛顿方面妥协。然而随着卡斯特罗日渐加大赌注，德怀特·E.艾森豪威尔总统更是双倍下注。5月，美国中止了剩余的援助计划。海明威在瞭望庄园的助手、基本上不参与政治的勒内·比利亚雷亚尔听到了这个消息带来的大爆发：海明威"用尽了所有"侮辱的词汇斥责艾森豪威尔，说他的决定尽显"美国的独裁嘴脸"。[98] 玛丽不同意他的说法，两人生气地吵了几句，那晚便分房睡去了。

原糖进口配额的问题就更糟糕了，一直以来，那保证了古巴的主要出口商品可以在美国卖个好价钱。海明威"对耶稣"祈祷美国不会削减原糖进口配额。"那样就真的完蛋了，等于把古巴作为礼物送给了俄国人。"[99] 然而7月4日，卡斯特罗在哈瓦那市中心举行了一次大型反美集会，当天是美国的国庆日，选择这个日子可不是巧合，两天后艾森豪威尔便削减了配额。那天，从早上六点钟开始，作家每半个小时听一次广播，简直像是希望广播过一会儿就能传来好消息。[100]

海明威知道这是一个转折点。美国驻哈瓦那大使馆也知道，他们开始建议古巴的美国公民离开这个国家。

大使亲自向海明威转达了这个建议。身材高大、出身贵族的邦斯尔也是耶鲁大学毕业生，此人做派非常传统，会在回忆录中称他的妻子为"菲利普·W.邦斯尔夫人"，事实上他也是海明威随叫随到的老朋友了。他在进入国务院之前曾在哈瓦那的美国国际电话和电报公司工作。海明威 1930 年代常常跟邦斯尔一起去西班牙的萨拉曼卡度假，留下了美好的回忆。[101] 1959 年卡斯特罗当权后不久邦斯尔便成了大使，再续了他们的友谊。1960 年春夏，他是瞭望庄园晚餐时的常客。

海明威年轻的爱尔兰秘书瓦莱丽·丹比－史密斯有一天跟作家和外交官一起用晚餐，听到邦斯尔转达华盛顿方面的"一个非常重要但非正式的"消息。[102] 他重提了大使馆在 1959 年 11 月发给华盛顿的那封急件的主题，劝说这位著名的侨民不要再替古巴革命说好话。[103] 两国的关系持续恶化。卡斯特罗似乎故意与美国政府作对，美国官员们对海明威仍然住在那里感到很不高兴。难道要他住在别的什么地方，公开反对古巴政权？海明威抗议道：瞭望庄园是他的家，古巴人是他的朋友和家人。他对邦斯尔说，他的职业是写作而非政治。除此之外，他已经一再证明了自己的忠心；没有人质疑过他对美国的忠诚。[104]

邦斯尔没有退让。他用圆通而坚定的措辞重复道，他本人理解海明威的观点，但美国政府的其他人并不理解。"如果作家不准备作为公众人物言明立场的话，可能会有后果。"[105] 丹比－史密斯听到邦斯尔用了"卖国贼"一词。她还记得邦斯尔在接下来的那一周又来吃晚餐，再次告诉海明威"必须在国家与自己的小家之间做出公开选择了"。[106] 那晚接下来的谈话剑拔弩张；两位老朋友不得不强迫自己只是闲聊。两人分手时，瓦莱丽觉得她看到了海明威眼里闪着泪光。

邦斯尔让海明威在自己的小家与国家之间做出选择，还把"卖国贼"这个词抛到这位美国偶像面前，触及了海明威的敏感神经。此前几十年，海明威一直为忠诚的问题苦恼和挣扎，从西班牙内战，到那天在纽约同意成为苏联间谍，到1940年代末1950年代初的赤色恐慌，再到1951年他在写给巴克·拉纳姆的信中坚称，他，海明威，"不是他妈的卖国贼"。作家先是跟拉纳姆、后来又跟哈奇纳讨论这个让他困扰的话题时，用的很多词汇都跟邦斯尔的词汇一模一样。

他在古巴的确有很多好朋友，他住在瞭望庄园的时间也的确比他一生中在任何其他地方住的时间都要长，但那些不是全部。他已经把自己对西班牙共和国未曾实现的希望转给了古巴革命。1936~1939年发生的事情仍然深深影响着他1952~1960年的思维方式；共和国成为一生中对他影响最大的事业。支持卡斯特罗就等同于在西班牙反抗佛朗哥和希特勒。他的确没有像在西班牙那样亲自参与古巴的战斗，但不管他跟朋友或新闻媒体如何信誓旦旦地宣称自己远离古巴政界，他绝非袖手旁观。他的希望本来有很大的机会实现，而现在他自己国家的大使请他永远背弃那些希望。难怪瓦莱丽觉得看到了他的眼泪。

邦斯尔的劝告尤其难以抗拒，因为他是好朋友，还是试图与日益独裁的卡斯特罗找到共同语言但屡次失败的调停者。[107] 海明威不得不承认，大使的话不无道理。如今卡斯特罗的反美言辞过于夸张，也威胁着岛上的美国人和美国人的财产。他偶尔会在讲话中提到"像海明威这样的……美国人"的好话，说这些局外人是古巴革命的朋友。[108] 革命绝不会没收他们的财产。[109] 据一位当时在古巴居住和工作的苏联学者说，卡斯特罗甚至还曾引用过作家为革命审判辩护的原话，[110] 但这些都于事无补。

卡斯特罗的赞誉让海明威的处境很为难。他向哈奇纳倾诉说，卡斯特罗并没有骚扰过他本人，哈奇纳如今既是经常陪伴在他身边的人，也像个不拿薪水的助手。卡斯特罗可能会让海明威一直安然无虞地住在瞭望庄园。这位著名作家知道，他是卡斯特罗政权的优质宣传品。但不管他多么同情卡斯特罗，或是不管他多么希望古巴革命能弥补西班牙共和国失败的遗憾，他也不想成为受到卡斯特罗赞美的例外。当哈奇纳问他究竟为什么而烦恼时，他说看着其他美国人"被踢出去"，听着"他自己的国家（被）……诽谤中伤"，他无法安之若素。[111]

1960 年夏天发生的一系列事件可能加速了几年前开始的衰老。哈奇纳可以看到海明威体力渐消，那个喜欢打拳击的人瘦了，一度有力的臂膀"像被某个技艺不佳的削木工削去了一块"。[112] 他的肾病未愈，视力问题也很严重。或许最糟糕的是，写作也比素日费劲多了。那篇写给《生活》杂志的关于斗牛的文章越写越长，难以控制。[113] 该杂志只要大概 40 页手稿，海明威疯狂地写了 688 页，哪一段都难以割舍。他不得不请哈奇纳从纽约南下到古巴来帮他，但又坚决抵制他的编辑，说出的理由让年轻作家无法信服。

7 月 25 日，海明威、玛丽和瓦莱丽乘渡轮从哈瓦那出发来到基韦斯特。他们还没有最终决定是否离开古巴。相反，他们打算几个月后就回去，因而把很多值钱的东西都留在了瞭望庄园，也留了足够的人手看家。[114] 海明威确保他们没有大张旗鼓地离境，他不愿像 11 月那样引起关注。最重要的是，他不想让任何人觉得他离境是为了公开反对卡斯特罗，他仍然支持卡斯特罗。[115]

在旅途的起点和终点，海明威都忧心忡忡，担心海关和移民局的手续问题。玛丽听到他嘟囔着"违法的严重后果"。[116]

海明威独自一人启程，又从基韦斯特飞到纽约，之后又在 8 月和 9 月飞到欧洲。他在西班牙的朋友们看到他过去一年居然憔悴了那么多，都大吃一惊。根据第一手调查获得的资料，海明威的首位传记作者卡洛斯·贝克（Carlos Baker）后来这样总结他几年后从他们那里了解到的信息：他们都看到过作家"最消沉的时候，但从没有哪一次这么糟糕，……（出现了）极度神经崩溃的症状：恐惧、孤独、倦怠、怀疑他人的动机、失眠、内疚、悔恨和记忆减退"。[117]

8 月 15 日，海明威写信给玛丽说他担心自己"致命的过度劳累会导致身体和精神彻底崩溃"。[118] 那个月他发了很多求助信给她，这只是其中之一。

接下来的一年，在崩溃症状慢慢显现的过程中，玛丽和忠诚的哈奇纳尽其所能地支持着海明威。哈奇纳听到西班牙传来的消息后吓了一跳，飞往欧洲陪伴他，并于 10 月 8 日护送他回到纽约。玛丽在那里接手，两人乘火车回到了凯彻姆。现在哈奇纳和玛丽知道，要照顾他们深爱的这个人，他俩的能力已远远不够，于是开始寻求专业帮助，先是到纽约咨询一位神经科医生，后来又听从了这位医生的建议，安排海明威到明尼苏达州罗彻斯特的梅奥诊所接受治疗。为避免公开，诊所建议他用化名登记，于是他就用了"乔治·萨维耶斯"（他在凯彻姆的医生）的名字住进了圣玛丽医院（梅奥的一家附属医院）的封闭病房，从 1960 年 11 月 30 日到 1961 年 1 月 22 日，他一直住在那里。

诊断的主要结论是抑郁，并伴有妄想症。海明威的神经科医生霍华德·罗姆（Howard Rome）医生提议电休克疗法，当时用该疗法治疗严重病例已不算罕见了。[119] 无论是海明威本人还是玛丽签署了那份无法避免的同意书，他都已经没有太多选择了，特别是在咨询过罗姆医生和他的同事们之后。治疗时，医生们会给海明威服用镇静剂，把他固定在一张手术台上，把两个电极片贴在他的太阳穴，让电流通过他的大脑。经过 11 到 15 次治疗，他的抑郁症似乎减轻了，但他确信这抹去了他的记忆（记忆丧失的确是一个常见的副作用）。这让这位从不需要记笔记的作家担忧起来。正如他对哈奇纳所说的，他的记忆就是他储存资本的地方；一旦资本耗尽，他就要失业了。[120]

困扰还将一直继续。[121] 有些是明摆的事实，就像他 1959 年 11 月从基韦斯特横穿美国去爱达荷州，买了多少加仑汽油、总共开了多少英里、时间和距离，他都一一记录下来。有些则是不折不扣的妄想。例如，海明威强迫症一般地担心瓦莱丽·丹比－史密斯的美国签证（好让她重新入境美国，在纽约学习），这继而导致他妄想美国移民归化局正在调查他，因为他担保了瓦莱丽。

还有些关于调查局的妄想。1960 年 10 月他从欧洲回国后，一直觉得调查局在跟踪他；在他看来，任何人只要没穿牛仔裤和牛仔靴，就都很可疑。（他想象调查局特工的衣着都跟他们去总部上班时一样：黑西装白衬衫。）11 月，他和哈奇纳开车经过凯彻姆的一家银行，那时已经过了上班时间，银行的灯还亮着，他便确信联邦特工正在研读他的银行报告，寻找他的犯罪证据，至于那是什么罪，他从未言明。他还想象他们在他的医院病房和开的车上都装了窃听器；每次哈奇纳来明尼苏达的罗切斯特看他，他都要带着哈奇纳走到开阔的草地，才肯无所顾忌地说话，他解释说这么做是因为他写的那些"可疑的书"、他的朋友们的身份，以及他居住的地方——"全是古巴共产主义者"。[122] 圣诞节期间，玛丽注意到他虽然不再坚持说浴室里藏着一个带着录音机的特工了，但仍然等着调查局来抓他，把他带回去审问。[123]

他甚至担心调查局会追查他为什么化名住进了梅奥诊所。新年伊始，这促使海明威的医生采用了非同寻常的措施，获得了调查局在明尼阿波利斯的驻地办公室的"授权"，告诉海明威调查局不关心他是否使用化名。[124] 一封标注日期是 1961 年 1 月 13 日、由驻地特工发给华盛顿的电报表明，收到医生的请求让他们大吃一惊。他们的电报以明文发送，没有任何优先级别——不像是关于内部安全调查的电报。在原件中，档案编号为空；日期章表明那是 11 天后由华盛顿的一名文员加盖的。如果曾调查过"海明威案件"，明尼阿波利斯办公室会标注档案编号的。

因为此事没什么风险，明尼阿波利斯的特工们便没有任何顾虑地回复罗姆医生，说他们对他的计划"没有异议"。[125] 他大概把消息转告给了海明威。但作家关于政府的妄想症仍然没有消失。1月中旬，他病态地写信给拉纳姆，说他那些年跟将军分享的那些"真事"（这里是指美国政治、忠诚以及苏联人的事）足以把他送上"断头台"了。[126]

古巴仍然是1961年初时事新闻的关键词，海明威的身体状况不断恶化，心却从未远离古巴。1月2日，马修斯写信给海明威，哀叹岛上的局势。他谴责"革命的过激行为、与共产主义的联系，还有过分反美"。[127] 即便如此，他还是觉得"这场革命（中）有些宝贵的东西……不能丢掉"。艾森豪威尔政府显然不同意这个说法，第二天就与古巴断绝了外交关系。如此造成的时局动荡让海明威十分痛苦。16日，他写信给拉纳姆说他和玛丽或许会"丧失在古巴的一切"，也或许他们不会。[128] 他暗示说，或许苏联人会替他干预。不过就连这"也不适合写在信里，所以就把这些和那些我们记得的事情一块儿留在心底，但不要写出来"。[129]

新年才刚刚开始，但谣言已经在古巴流亡者和美国新闻记者中传开了，说艾森豪威尔和肯尼迪总统（后者于1961年1月20日就职）正在计划着某种针对卡斯特罗的行动。马修斯担心海明威还没能消化他上一封信的内容——他文档的抄本上有"病得厉害，无法读信。HLM"的手写字样——因而于 2 月 20 日又写了一封信给海明威。他"当然对古巴发生的很多事情觉得很难过"，想象着海明威和玛丽一定会比他更加不安。但尽管如此，他仍然希望中情局不要摧毁革命，他在这里再次使用了"宝贵"一词。即便中情局的行动成功了，"那也是抱薪救火"。[130]

这时再叫停"萨帕特行动"几乎不可能了，艾森豪威尔政府在过去一年一直在酝酿这次推翻卡斯特罗的计划。1961 年 4 月 17 日清晨，一个由中情局装备和培训的古巴流亡者队伍在古巴南岸登陆了。到当天上午 11 点，古巴驻联合国代表宣称"今天上午，古巴受到了一个由……美国（装备）的……雇佣兵队伍的侵略"。[131] 有逾 1400 名登陆者勇敢作战，但还是被卡斯特罗迅速动员起来的部队打败了，卡斯特罗担心这次进攻已经有一段日子了。4 月 20 日，卡斯特罗在古巴广播上宣布获胜。[132]《纽约时报》第二天全文刊登了他的宣言。

在所谓"猪湾入侵计划"持续的那一周，全美各地的报纸"用通常只为报道总统选举和全国性灾难的那种横跨版面的黑体大标题"报道这一事件。[133] 海明威和玛丽也在广播和电视新闻中得知了消息。玛丽记得他们两人对登陆点的选择"目瞪口呆"，那片沼泽地分明是捕鸭子的地方，哪能调动部队？除此之外，她只写道"我们自己的当务之急让我们没工夫去担心那场遥远的惨败"。[134]

他们在担心什么？只是美国选择了这么一个糟糕的登陆点吗？还是卡斯特罗在古巴人中的支持率过高（玛丽和马修斯估计高达 75%），行动根本无法成功？拉纳姆认为他知道一个答案。三周后，他写信给海明威说，他，巴克，知道对欧内斯特这么一个"参加过无数战斗的老兵"来说，读到"这么一场愚蠢的大败"有多痛苦，还说他很遗憾，原来卡斯特罗比巴蒂斯塔更坏。[135]

拉纳姆似乎感觉到，事态发展让海明威满意的可能性已经很小了。如果美国支持的入侵获得胜利，会让他不高兴；他曾批评美国的表现像个 19 世纪的"大国"，简直是拉丁美洲的坏邻居。那还有可能让古巴倒退回巴蒂斯塔时代。卡斯特罗获胜也好不到哪里去。卡斯特罗现在比以往任何时候都要反美，虽然海明威热爱古巴，他归根结底也不会背叛自己的国家。那是他曾经一再面临的选择，先是在西班牙，然后在二战期间及其后那苦涩的和平期。或许他在自己的头脑中重演了邦斯尔关于叛国的警告，又一次感觉到它所唤起的痛苦回忆。

玛丽暗示海明威内心的挣扎已经让他对那场入侵无感了。但时机表明，此二者或许是并行发生的。[136]

周二，也就是入侵的第二天，他起草了一封信给他的出版社，说他尽力了，但还是未能编辑好他关于1920年代巴黎生活的回忆录［就是后来名为《流动的盛宴》(*A Moveable Feast*)的那部作品］；从明尼苏达回来之后，他尝试的每一件事都越干越糟。[137] 这不是暂时的抱怨，而是彻底认输了。他索性不能再做自己一直赖以为生的工作了。猪湾那场"遥远的惨败"是另一场失败，带给他的痛苦几乎同样无法承受。他知道自己再也回不了家，再也无法在木棉树下散步到瞭望庄园的前门，驾着"皮拉尔"号驶出海湾经过古老的西班牙城堡，抑或跟朋友一起在佛罗里蒂达喝着"老爹的渔船"消磨一个下午了。他再也没有力气支持某一场革命——在他看来，哪怕失败的革命，也是打败右翼的宝贵胜利。他珍视已久的古老梦境终结了，那个梦始于遥远的西班牙。

没有什么能些微地减轻这一切痛楚。4月21日星期五清晨，玛丽一下楼就发现海明威坐在客厅里，手里拿着他最喜欢的猎枪，两颗子弹放在窗台上他能轻易够到的地方。[138] 接下来那锥心的一个半小时，她轻柔地跟他聊起他们还可以做很多事——可以去墨西哥，重返巴黎，甚或还能去非洲再来一次游猎。当他们的好朋友、家庭医生萨维耶斯来给海明威量血压时，他们总算说服他放下了手里的武器。他们把他带到当地的医院，并尽可能快地安排他飞回梅奥诊所，在一间封闭的病房里进行另一轮痛苦的电击治疗。在路上，他曾两次企图自杀。在怀俄明州卡斯帕机场，他还试图走进一架飞机的飞速旋转的螺旋桨。

6月底，海明威在梅奥的医生确定他的病人可以出院了。[139] 玛丽怀疑这件事的真实性，觉得她丈夫八成用计哄骗自己的神经科医生在出院文件上签了字。他仍然明确地暗示自己计划自杀，比如他在那个月早些时候写给自己的古巴"儿子"、正在瞭望庄园看家的勒内·比利亚雷亚尔的信。海明威写道，他几乎要"完蛋了"。他变成了过往的影子，沦落成一个次重量级的自我。他"甚至丧失了阅读的意志"，那是他一生"最爱"的试金石。他写道："写作就更加困难了。"[140] 海明威请勒内照顾好他的猫和狗，还有他"心爱的瞭望庄园"，并向他保证，只要有可能，爸爸会记着他的。

玛丽虽然顾虑重重，但还是跟乔治·布朗一起来诊所接海明威，带着他一起驱车回到凯彻姆，来自纽约的拳击手布朗是他几十年的好友了。他们于6月30日周五回到了家。

7月1日星期六早晨，阳光明媚温度适中，海明威哄着布朗跟他一起在房子北边那个缓坡上走了很长时间，对穿着城里人鞋子的纽约人来说，这可是个小小的挑战。两人后来开车绕城一周，去拜访老朋友。

他们拜访了医院办公室里的萨维耶斯，而猎人唐·安德森（Don Anderson）却不在他太阳谷的工作场所。另一位户外好手查克·阿特金森（Chuck Atkinson）在太阳落山前来到海明威的住处，跟他一起坐在前廊聊了一个小时。[141] 玛丽后来对拉纳姆说，下午的某个时候，海明威重读了这位退伍将军写给他的最后一封信。[142] 巴克写信是为了跟他分享几位两人共同好友的消息，不过最重要的还是要告诉欧内斯特，他，巴克，有多担心这位手持武器的老战友，他多么希望欧内斯特身体好起来，快乐起来。[143]

晚上，海明威请布朗和玛丽在熟悉的市中心克里斯提尼娅餐厅吃晚餐，他们坐在角落的一张桌子旁，这样就能看到房间里还有哪些其他人了。吃饭时，海明威看了看邻桌，问女侍者坐在那里的两个人是谁。她觉得他们大概是来自附近特温福尔斯（Twin Falls）的推销员。

海明威反驳，"推销员周六来干嘛？"女侍者耸了耸肩，海明威低声解释道，"他们是调查局的"。[144]

第二天清晨，玛丽被吵醒了，接连两声，像是谁在大力关抽屉。她起身去查看，在客厅的玄关处看到了海明威，就在她4月从他的手中拿走武器的地方。他起得比谁都早，蹑手蹑脚地走下楼，用一把双筒猎枪杀死了自己。那位曾勇敢地为信仰而奋战一生的伟大美国作家的残破躯体，就这样倒下了。

尾声：计算隐秘的代价

消息传开后，关于海明威之死有各种各样的猜测。[1] 除了少数知情人外，任谁都觉得这简直不可思议，特别是在玛丽爆出海明威死于擦枪走火之后。他一生都在玩各种武器，冒险无数，曾在三场大战的前线历经烽火，怎么可能在自己家里意外死亡？曾抢先报道海明威和卡斯特罗独家新闻的西雅图记者艾米特·沃森认为自己有责任寻找真相。

沃森到达凯彻姆时，觉得仿佛"地球上每个写字的人都已经在那儿"报道葬礼了。他和另一位记者一道，就像在自己家乡一样在凯彻姆走街串巷，避开那些名人市民，而采访了其他每个人，"从调酒师到⋯⋯打猎同伴，到旅馆和饭馆的女服务员，到他的打字员"，发掘真相。[2] 7月7日，《西雅图邮报》（Seattle Post-Intelligencer）刊登了题为《海明威之死是自杀》，以翔实的细节平息了人们的争论。[3]

然而沃森无法解释，为什么这位教导我们首先要忍受——他最喜欢说的一句话就是"你必须先学会忍受"——的人，会自行结束自己的生命。

他的很多朋友和读者都开始查找事实，以求理解海明威的死因。难道他患了什么无法治愈的病，比如血色素沉着病之类的疑难杂症？有哪个战时的旧伤无法愈合？还是和玛丽发生了矛盾，或是财务上有麻烦了？会不会跟他失去了瞭望庄园有关？

多年以后，出现了一个共识：导致这位天才自杀的原因不止一个。[4] 原因很复杂，也没那么强的说服力。抑郁症，也就是他所谓的"倒霉"，已经尾随他多年了并且越来越严重。喝酒本来是简单的快乐，后来却成为麻烦的根源之一，兴妖作怪。因为自 1920 年代起便发生过许多意外事故，衰老过早地来势汹汹。古巴革命起初令他精神为之一振，后来则成为导致抑郁加重的另一个罪魁祸首；到 1961 年，他回到古巴生活的希望渺茫，甚至很可能再也看不到他心爱的瞭望庄园了。

他甚至无力保持自己的记忆力。到目前为止，记忆一直充斥着他的大脑，在他的长短篇小说里得到新生。然而在梅奥的电击治疗让他变得记忆模糊，连他闻名遐迩的清晰思维也离他远去了。没有了记忆，他怀疑自己再也无法动笔写作了。

2011 年，海明威去世 50 周年，A. E. 哈奇纳重新开启了关于海明威之死的讨论。这位海明威的忘年至交曾见证了海明威生命中最后几个月的一系列事件，他提出了一个新的理论，即他所谓的"被调查局追踪纠缠的海明威"。[5] 在对那些众所周知的原因进行综述之后，哈奇纳重点讨论了整个 1950 年代的大部分时间都让作家深受其害的抑郁症和妄想症。哈奇纳写道，曾有传记作家把海明威对调查局难以释怀的担心描述为妄想，然后又写道 1980 年代为答复某一根据《信息自由法》（Freedom of Information Act）提出的申请，调查局公布的一份档案。

哈奇纳说，该档案表明，海明威关于调查局一直在跟踪调查他的说法并非无凭无据。的确，第一条记录可追溯至 1942 年，事关骗子工厂和战时在古巴搜寻法西斯分子。然而，哈奇纳说，该局在战争结束之后也没有忘记海明威："其后很多年，特务们一直在存档关于他的报告，窃听他的电话。监视一直持续到他住进圣玛丽医院。"[6] 调查局或许就在他的病房外面监听他的电话呢。哈奇纳的结论是，海明威感觉自己受到监视，并且这一点"让他万分痛苦，在很大程度上导致了他的自杀"。[7]

如今我们知道，哈奇纳很了解海明威的精神状态，但他对调查局的意图却不甚清楚。仔细阅读调查局关于他的档案就会发现，海明威从未被监视。[8] 调查局并没有首先采取行动：档案建立的原因是大使决定利用海明威运作一个业余反间谍机构。大使馆宣布了计划，调查局做出了反应。起初胡佛想了解作家的背景，而后来，他首先想要避免任何令人不快的意外发生，以免这个他根据自己的想象而创立的组织遭遇尴尬。

其后那些年，该局不定期地继续搜集它碰巧获得的关于海明威的情报，有时从作家本人那里，有时是从政府其他机构，如国务院。一些记录来自各报纸。还有一两份报告来自保密的线人，他们在社交场合遇到海明威，秘密地把自己的印象汇报给胡佛的手下。他们报告的某些信息让局长担心海明威或许会在某一本书里写对他和手下的特工们不利的话。但他从未怀疑海明威犯罪，调查局也没有对后者的行为启动过任何正式调查。调查局的特工们没有监听他的电话、打开他的邮件，也没有跟踪过他。1961 年，是海明威的医生请调查局参与到病人的病例中，而不是调查局主动参与的。[9]

调查局关于海明威的猜测一直没变，他不是个共产主义者，只是个坚定的反法西斯主义者。即便在他死后，玛丽还是想确保这一点没有反转。1964 年，古巴邮局发行了一套纪念海明威的邮票，玛丽不计麻烦地请记者昆廷·雷诺兹（Quentin Reynolds）给胡佛带信。她希望后者明白，她的家里没有谁曾授权发行这套邮票，或支持过古巴革命。海明威确实曾因为卡斯特罗取代了右翼独裁者巴蒂斯塔而欢迎过他，但"他并不了解卡斯特罗。玛丽（说）他在一次钓鱼聚会上遇到过卡斯特罗，跟他聊了五分钟——如此而已"。[10]胡佛相信这个说法，为档案撰写并签署了一份备忘录，目前所知的他关于此案的最后一句话是："就我了解的海明威而言，我觉得他应该没有任何共产主义倾向。他是个粗犷彪悍的人，永远站在弱者一边。"[11]

不管调查局对海明威有何看法，哈奇纳说海明威一直为调查局而焦虑，倒是没错。胡佛和他的特工们对作家过去从事的各种"颠覆"活动知之甚少，根本不知道他还跟内务部有过几次会面。他们没有对海明威纠缠至死，但海明威却至死没有忘记他曾为自己热爱的事业做过什么——特别是他自己的反法西斯标签和对卡斯特罗的支持——而且一直焦虑不安，担心那些行动已经让调查局盯上他了。他焦躁地担心被政府监视加重了他的抑郁，导致他最后病入膏肓。他始终无法心安，"知道"联邦特工们一定会来逮捕他，而罪名并非全是妄想。

这位一生叛逆的人讨厌他们所代表的权威。正如海明威始终站在弱者一边，他也始终反对任何（他认为）充当压迫工具的人。从1937年到他生命终结，他为反法西斯，特别是反对欧洲法西斯倾向的病毒性传播，倾尽了全力。那些倾向是最糟糕的权威，不仅压迫弱者，而且扼杀艺术。勇武的作家抨击美国和英国政客们跟他的目标不一致，在美国的一些机构，如调查局和非美活动委员会中，他更是看到了法西斯的蛛丝马迹。在古巴，他激情澎湃地支持革命者推翻现有秩序，却再次发现他自己的政府的目标跟他的全然不同。

他尤其憎恶政府侵犯他的私人生活。从1942年以后，这位天生喜欢阴谋的人一直担心自己被监视。他只要认为调查局破坏他的骗子工厂的工作，就愤而回击，迈阿密的战时审查员查看他的信件则更让他怒不可遏。1944 年，他几乎无法回答陆军督察长提出的关于为什么身为记者却在朗布依埃参加战斗的问题。他讨厌对自己的过去撒谎，他的确参与了军事行动，而不仅仅是一个旁观的记者。

冷战初期，他更加担心政府究竟掌握了他哪些信息，以至于对写作和出版的内容也变得谨慎小心起来。这位曾在 1930 年代"忠实而勇敢地"再现了"时代的艰难风貌"的人，却在 1950 年代开始了对自己的政审。[12]

海明威说政府监视他，因为他曾经是个"不成熟的反法西斯主义者"而认为他不可靠。他从没有提到过政府可能不得不监视他的最佳理由：这位不成熟的反法西斯主义者曾与内务部结盟。他事实上从来没有为苏联人做过间谍，但这一点并不重要；在麦卡锡时代，良善之人常常会因为远比这微不足道的小事遭到各个委员会的传讯。他担心这些秘密会阻碍自己的写作事业绝不是杞人忧天。

海明威对诺贝尔委员会说，写作是孤寂的生涯。他或许可以再加一句，秘密让作家更加孤寂。他本可以跟亲友分享那些秘密，减轻自己的负担，但几乎可以肯定他没有这样做。在写给他最信任的拉纳姆的信中他尚且欲言又止，对盖尔霍恩、玛丽和哈奇纳大概说得就更少了。对联邦政府或公众他自然未曾透露半分。把自己孤立起来——闭门思索那些可能会引起轰动的秘密——代价极其可怕；担忧最终变成了焦虑和妄想。

海明威传记的这一章节是否可能有个不同的结局？许多前共产主义者，像他认识的库斯勒，就曾公开背离了"那位失败的神"。[13] 不止一个曾为内务部做过间谍的美国人就近走入了某个调查局办事处，把自己所知的一切告诉那里的特工，继而公开反对斯大林同志。对某些人来说那是情感宣泄，是摆脱孤立的好办法。但海明威无法谴责共产主义，因为他从来不是个共产主义者，他想不出怎样讲述自己与内务部建立关系这个复杂的故事，让它在任何愿意倾听的人听来合乎情理。此外，他的性格也让他很难背叛以前的同盟：他讨厌"探子"和"叛徒"。

1960 年夏，邦斯尔大使为他指明了一条路：回美国，公开谴责卡斯特罗的过分行径。这会改善他在美国的形象。但那也是几乎不可能的选择。海明威从未放弃过古巴革命。跟其他美国人相比，他对古巴的未来一直怀抱希望，也无法去谴责一位在背包里携带着一本《丧钟为谁而鸣》并推翻了右翼独裁者的游击队长。

他们最后一次在瞭望庄园见面时，海明威没有跟邦斯尔聊太多，他只是提到了自己对美国的爱和对古巴的依恋。虽然他知道大使的意思，却没有坚持说他仍打算按自己的规则生活——他大部分的人生都是那样过来的。正是因为按自己的规则生活，他才创作了一批开拓性的精彩文学作品。他几乎单枪匹马地改变了美国人看待世界的方式，以及抒写自己所见所感的方式。

按照自己的规则生活让他的冒险并没有停留在写作中。从 1937 年到 1960 年，他一直深度参与政治和阴谋，先是为西班牙共和国，然后与苏联人结盟，继而又在二战中为自己的国家而战。冷战开始后，他放低了自己在美国的政治姿态，但在 1950 年代古巴发生的一系列事件中，很难说他只是个被动的看客。

从 1935 年在佛罗里达海滩看到横七竖八的老兵尸体的那天起，政治家海明威就和文学家海明威一样活跃，也一样独立。他基本上一直单打独斗，做自己认为必要的工作，抓住一切可能的机会，1940 年与内务部的招募人戈洛斯见面就是一例。他觉得他可以制定自己的外交政策。和其他成为间谍的权势人物一样，他也自以为可以掌控自己与苏联——以及美国——情报机构的关系。他只对了一半。他出人意料地颇为擅长这份第二职业，却并不像他自己以为的那样是个专家。这位最棒的职业作家，在政治权谋方面不过是个有点天分却过于自信的外行。直到最后时刻，他从未停止过考虑，终有一天他将为自己的秘密冒险付出怎样的代价。

参考文献

原始文件

FBI website
File Number 64-23312 (Ernest Hemingway), in vault.fbi.gov

Franklin D. Roosevelt Presidential Library
Henry Morgenthau, Jr., Diaries

John F. Kennedy Presidential Library
Ernest Hemingway Collection

Hoover Institution Library and Archives, Stanford University
J. Arthur Duff Papers
Joseph Freeman Papers
Myers G. Lowman Papers

Library of Congress
A. E. Hotchner Papers
Alexander Vassiliev Papers
Archibald MacLeish Papers
Communist International Archives
Philip W. Bonsal Papers

Marine Corps History Division, Quantico, VA
John W. Thomason, Jr., Personnel File

National Archives I, Washington, DC
HUAC Files, Records of the House of Representatives (RG 233)

National Archives II, College Park, MD
Alexander Orlov Papers
Department of the Treasury Records (RG 56)
FBI Records (RG 65)
OSS Records (RG 226)

U.S. Navy Records (RG 38)
Department of State Records (RG 59)

National Archives, Kew, England
Gustav Regler Personal File, Records of the Security Service

New York Public Library
Hemingway Legal Files

Princeton University
Firestone Library, Rare Books and Special Collections
Carlos Baker Papers (C0365)
Charles T. Lanham Papers (C0305)
Lanham-Hemingway Papers (C0067)
Scribner's Sons Archive (C0101)
Mudd Library, Rare Books and Special Collections
Charles T. Lanham Papers (MC081)

Rare Books and Manuscripts Library, Columbia University, New York
Herbert L. Matthews Papers
Spruille Braden Papers

Roald Dahl Museum and Story Centre, Buckinghamshire, England
Roald Dahl Correspondence

Special Collections, Georgetown University Library, Washington, DC
Edward P. Gazur Papers

Tamiment Library, New York University
Milton Wolff Papers

Library of the University of California, San Diego
Southworth Spanish Civil War Collection

Virginia Historical Society, Richmond
David K. E. Bruce Papers

Beinecke Rare Book and Manuscript Library, Yale University
Robert Joyce Papers

书和文章

Aaron, Daniel. *Writers on the Left*. New York: Avon, 1961.

Aldrich, Nelson W., ed. *George, Being George*. New York: Random House, 2008.

Andrew, Christopher, and Vasili Mitrokhin. *The Sword and the Shield*. New York: Basic Books, 2001.

Baker, Carlos. *Ernest Hemingway: A Life Story*. New York: Scribner, 1969.

———, ed. *Ernest Hemingway: Selected Letters*. New York: Macmillan, 1989.

Bentley, Elizabeth. *Out of Bondage*. New York: Ivy, 1988.

Bentley, Eric, ed. *Thirty Years of Treason: Excerpts from Hearings Before the House Committee on Un-American Activities 1938–1968*. New York: Thunder's Mouth Press, 1971.

Bessie, Alvah. *Men in Battle*. New York: Chandler & Sharp, 1975.

Bessie, Dan, ed. *Alvah Bessie's Spanish Civil War Notebooks*. Lexington: University Press of Kentucky, 2002.

Billingsley, Kenneth Lloyd. "Hollywood's Missing Movies: Why American Films Have Ignored Life Under Communism." *Reason*, June 2000.

———. *Hollywood Party: How Communism Seduced the American Film Industry in the 1930s and 1940s*. Roseville, CA: Forum, 2000.

Brack, Fred. "Emmett Watson Reminisces." *Seattle Post-Intelligencer*, October 21, 1981.

Braden, Spruille. *Diplomats and Demagogues: The Memoirs of Spruille Braden*. New Rochelle, NY: Arlington House, 1971.

Bradley, Mark A. *A Very Principled Boy: The Life of Duncan Lee, Red Spy and Cold Warrior*. New York: Basic Books, 2014.

Brasch, James D. "Hemingway's Doctor: José Luis Herrera Sotolongo Remembers Ernest Hemingway." *Journal of Modern Literature* 13, no. 2 (July 1986).

Brasch, James D., and Joseph Sigman. *Hemingway's Library: A Composite Record*. Boston: JFK Library Electronic Edition, 2000.

Brian, Denis. *The True Gen*. New York: Grove, 1988.

Briggs, Ellis O. *Proud Servant: Memoirs of a Career Ambassador*. Kent, OH: Kent State University Press, 1998.

———. *Shots Heard Around the World*. New York: Viking, 1957.

Bruccoli, Matthew J., ed. *Conversations with Ernest Hemingway*. Jackson, MS, and London: University Press of Mississippi, 1986.

———, ed. *Hemingway and the Mechanism of Fame*. Columbia: University of South Carolina Press, 2006.

————, ed. *The Only Thing That Counts: The Ernest Hemingway–Maxwell Perkins Correspondence*. New York: Scribner's, 1996.

Capa, Robert. *Slightly Out of Focus*. New York: Random House, 1999.

Carpenter, Iris. *No Woman's World*. Boston: Houghton Mifflin, 1946.

Carr, Virginia S. *Dos Passos: A Life*. New York: Doubleday, 1984.

Carroll, Peter N., and James D. Fernandez, eds. *Facing Fascism: New York & the Spanish Civil War*. New York: NYU Press, 2007.

Carroll, Peter N. *The Odyssey of the Abraham Lincoln Brigade: Americans in the Spanish Civil War*. Stanford, CA: Stanford University Press, 1994.

Castro, Fidel, and Ignacio Ramonet. *Fidel Castro: My Life: A Spoken Autobiography*. New York: Scribner, 2008.

Chamberlin, Brewster. *The Hemingway Log*. Lawrence: University Press of Kansas, 2015.

Charney, David L. "True Psychology of the Insider Spy." *Intelligencer* 18, no. 1 (Fall/Winter 2010).

Churchill, Winston S. *The Second World War*. New York: Houghton Mifflin, 1959.

Cockburn, Claud. *I, Claud*. London: Penguin, 1967.

Conant, Jennet. *The Irregulars: Roald Dahl and the British Spy Ring in Wartime Washington*. New York: Simon & Schuster, 2008.

Conquest, Robert. *The Great Terror: A Reassessment*. New York: Oxford University Press, 2008.

Copeland, Miles. *The Game Player*. London: Aurum Press, 1989.

Costello, John, and Oleg Tsarev. *Deadly Illusions: The KGB Orlov Dossier*. New York: Crown Books, 1993.

Cowley, Malcolm. *The Dream of the Golden Mountains: Remembering the 1930s*. New York: Penguin, 1981.

Craig, R. Bruce. *Treasonable Doubt: The Harry Dexter White Spy Case*. Lawrence: University Press of Kansas, 2004.

DeFazio III, Albert J., ed. *"Dear Papa, Dear Hotch": The Correspondence of Ernest Hemingway and A. E. Hotchner*. Columbia: University of Missouri Press, 2005.

de la Mora, Constancia. *In Place of Splendor*. New York: Harcourt, Brace, 1939.

del Vayo, Julio Alvarez. *Give Me Combat: The Memoirs of Julio Alvarez del Vayo*. Boston: Little, Brown, 1973.

DePalma, Anthony. *The Man Who Invented Fidel: Castro, Cuba, and Herbert L. Matthews of the New York Times*. New York: PublicAffairs, 2006.

Donaldson, Scott. *Archibald MacLeish: An American Life*. Boston and New York: Houghton Mifflin, 1992.

作家、水手、士兵、间谍

Donovan, Robert J. *Conflict and Crisis: The Presidency of Harry S Truman, 1945–1948*. New York: Norton, 1971.

Dmytryk, Edward. *Odd Man Out: A Memoir of the Hollywood Ten*. Carbondale: Southern Illinois University Press, 1996.

Dubois, Jules. *Fidel Castro: Rebel, Liberator, or Dictator?* New York: Bobbs-Merrill, 1959.

Eakin, Hugh. "Stalin's Reading List." *New York Times*, April 17, 2005.

Eby, Cecil B. *Comrades and Commissars: The Lincoln Battalion in the Spanish Civil War*. University Park: Pennsylvania State University Press, 2007.

Ehrenburg, Ilya. *Memoirs: 1921–1941*. Cleveland and New York: World, 1964.

Fensch, Thomas. *Behind Islands in the Stream: Hemingway, Cuba, the FBI, and the Crook Factory*. New York: iUniverse, 2009.

Franqui, Carlos. *Family Portrait with Fidel*. New York: Vintage, 1985.

Fuentes, Norberto. *Hemingway in Cuba*. Secaucus, NJ: Lyle Stuart, 1984.

Fuller, Robert. "Hemingway at Rambouillet." *Hemingway Review* 33, no. 2 (Spring 2014).

Gazur, Edward P. *Alexander Orlov: The FBI's KGB General*. New York: Carroll & Graf, 2001.

Gellhorn, Martha. "Cry Shame." *New Republic*, October 6, 1947.

———. *Travels with Myself and Another*. New York: Penguin, 2001.

Gerogiannis, Nicholas, ed. *Ernest Hemingway: 88 Poems*. New York and London: Harcourt, Brace, Jovanovich, 1979.

Gingrich, Arnold. *Nothing But People: The Early Days at Esquire*. New York: Crown, 1978.

Glantz, David M., and Jonathan House. *When Titans Clashed: How the Red Army Stopped Hitler*. Lawrence: University Press of Kansas, 1995.

Goodman, Walter. *The Committee: The Extraordinary Career of the House Committee on Un-American Activities*. New York: Farrar, Straus, 1968.

Grimes, Larry, and Bickford Sylvester, eds. *Hemingway, Cuba, and the Cuban Works*. Kent, OH: Kent State University Press, 2014.

Groth, John. *Studio: Europe*. New York: Vanguard, 1945.

Gurney, Jason. *Crusade in Spain*. London: Faber & Faber, 1974.

Haberkern, E., and Arthur Lipow, eds. *Neither Capitalism nor Socialism: Theories of Bureaucratic Collectivism*. Alameda, CA: Center for Socialist History, 2008.

Hailey, Jean R. "Maj. Gen. Charles Lanham Dies." *Washington Post*, July 22, 1978.

参考文献

Haines, Gerald K., and David A. Langbart. *Unlocking the Files of the FBI: A Guide to Its Records and Classification System.* Wilmington, DE: Scholarly Resources, 1993.

Haynes, John Earl, Harvey Klehr, and Alexander Vassiliev. *Spies: The Rise and Fall of the KGB in America.* New Haven, CT: Yale University Press, 2009.

Hemingway, Ernest. *The Fifth Column.* New York: Simon & Schuster, 1969.

———. *The Green Hills of Africa.* New York: Scribner, 1935.

———. "'I Saw Murder Done in Spain'—Hemingway's Lost Report." *Chicago Tribune,* November 29, 1982.

———, ed. *Men at War: The Best War Stories of All Time.* New York: Crown, 1942.

———. "Who Killed the Vets?" *New Masses,* September 17, 1935.

Hemingway, Ernest, et al. *Somebody Had to Do Something: A Memorial to James Phillips Lardner.* Los Angeles: James Lardner Memorial Fund, 1939.

Hemingway, Gregory H. *Papa: A Personal Memoir.* Boston: Houghton Mifflin, 1976.

Hemingway, Leicester. *My Brother, Ernest Hemingway.* Sarasota, FL: Pineapple Press, 1996.

Hemingway, Leicester, and Anthony Jenkinson. "A Caribbean Snoop Cruise." *Reader's Digest* 37 (1940).

Hemingway, Mary Welsh. *How It Was.* New York: Ballantine, 1977.

Hemingway, Valerie. *Running with the Bulls: My Years with the Hemingways.* New York: Ballantine, 2005.

Hendrickson, Paul. *Hemingway's Boat: Everything He Loved in Life, and Lost.* New York: Knopf, 2011.

Herbst, Josephine. *The Starched Blue Sky of Spain.* New York: HarperCollins, 1991.

Hickam, Homer H., Jr. *Torpedo Junction: U-Boat War off America's East Coast, 1942.* Annapolis, MD: Naval Institute Press, 1996.

Hicks, Granville. *Where We Came Out.* New York: Viking, 1954.

Hochschild, Adam. *Spain in Our Hearts: Americans in the Spanish Civil War, 1936–1939.* Houghton Mifflin, 2016.

Horne, Gerald. *The Final Victim of the Blacklist: John Howard Lawson, Dean of the Hollywood Ten.* Berkeley: University of California Press, 2006.

Hotchner, A. E. *Hemingway and His World.* New York and Paris: Vendome Press, 1989.

作家、水手、士兵、间谍

———, "Hemingway, Hounded by the Feds." *New York Times Magazine*, July 11, 2011.

———. *Hemingway in Love: His Own Story.* New York: St. Martin's Press, 2015.

———. *Papa Hemingway.* New York: Random House, 1966.

Isaacson, Walter, and Evan Thomas. *The Wise Men.* New York: Touchstone, 1986.

Jenkinson, Sir Anthony. *America Came My Way.* London: Arthur Barker, 1936.

———. *Where Seldom a Gun Is Heard.* London: Arthur Barker, 1937.

Kale, Verna. *Ernest Hemingway.* London: Reaktion Books, 2016.

Kert, Bernice. *The Hemingway Women: Those Who Loved Him—The Wives and Others.* New York: Norton, 1983.

Kessler, Lauren. *Clever Girl: Elizabeth Bentley, the Spy Who Ushered in the McCarthy Era.* New York: Perennial, 2003.

Knight, Amy. *How the Cold War Began: The Igor Gouzenko Affair and the Hunt for Soviet Spies.* New York: Carroll & Graf, 2006.

Knightley, Philip. *The Master Spy: The Story of Kim Philby.* New York: Knopf, 1989.

Koch, Stephen. *The Breaking Point: Hemingway, Dos Passos, and the Murder of José Robles.* New York: Counterpoint, 2005.

———. *Double Lives: Spies and Writers in the Secret Soviet War of Ideas against the West.* New York: Free Press, 1994.

Koestler, Arthur. *Invisible Writing: The Second Volume of an Autobiography, 1932–1940.* New York: Stein & Day, 1984.

———. *Spanish Testament.* London: Gollancz, 1937.

Kowalski, Daniel. *Stalin and the Spanish Civil War.* New York: Columbia University Press, 2004.

Langer, Eleanor. *Josephine Herbst.* Boston: Northeastern University Press, 1994.

Lankford, Nelson. *The Last American Aristocrat: The Biography of Ambassador David K. E. Bruce.* Boston: Little, Brown, 1996.

———, ed. *OSS Against the Reich: The World War II Diaries of Colonel David K. E. Bruce.* Kent, OH: Kent State University Press, 1991.

Lash, Joseph P. *Eleanor: The Years Alone.* New York: Norton, 1972.

Leighton, Frances S. "Letters from Hemingway; Unadulterated, Uninhibited—and Unpublishable." *American Weekly,* May 12, 1963.

Levin, Elizabetha. "In Their Time: The Riddle behind the Epistolary Friendship between Ernest Hemingway and Ivan Kashkin." *Hemingway Review* 32, no. 2 (2013).

Luddington, Townsend, ed. *The 14th Chronicle: Letters and Diaries of John Dos Passos*. New York: Gambit, 1973.

Lynn, Kenneth S. *Hemingway*. Cambridge, MA: Harvard University Press, 1995.

Marshall, S. L. A. *Bringing Up the Rear*. San Francisco: Presidio Press, 1979.

Matthews, Herbert L. *Castro: A Political Biography*. London: Penguin, 1969.

————. "Castro Is Still Alive and Still Fighting in the Mountains." *New York Times*, February 24, 1957.

————. *The Cuban Story*. New York: George Braziller, 1961.

————. *Education of a Correspondent*. New York: Harcourt, Brace, 1946.

————. *Two Wars and More to Come*. New York: Carrick & Evans, 1938.

————. *A World in Revolution: A Newspaperman's Memoir*. New York: Scribner, 1971.

Matthews, Nancie. "Journey to Sierra Maestra: Wife's Version." *Times Talk* 10, no. 7 (March 1957).

McGilligan, Patrick, and Paul Buhle. *Tender Comrades: A Backstory of the Hollywood Blacklist*. New York: St. Martin's, 1971.

Mellow, James R. *Hemingway: A Life Without Consequences*. Boston: Houghton Mifflin, 1992.

Merriman, Marion, and Warren Lerude. *American Commander in Spain: Robert Hale Merriman and the Abraham Lincoln Brigade*. Reno: University of Nevada Press, 1986.

Meyers, Jeffrey. *Hemingway: A Biography*. New York: DaCapo, 1999.

————. *Hemingway: Life into Art*. New York: Cooper Square, 2000.

————. "The Hemingways: An American Tragedy." *Virginia Quarterly Review*, Spring 1999.

Mickelson, Erik D. "Seattle By and By: The Life and Times of Emmett Watson." M.A. Dissertation, University of Montana, 2002.

Moorehead, Caroline. *Gellhorn: A Twentieth-Century Life*. New York: Henry Holt, 2004.

————, ed. *Selected Letters of Martha Gellhorn*. New York: Henry Holt, 2006.

Moreira, Peter. *Hemingway on the China Front: His WWII Spy Mission with Martha Gellhorn*. Washington, DC: Potomac Books, 2007.

Mort, Terry. *The Hemingway Patrols*. New York: Scribner, 2009.

National Security Agency and Central Intelligence Agency. *Venona: Soviet Espionage and the American Response, 1939–1957*. Washington, DC: NSA and CIA, 1996.

North, Joseph. *No Men Are Strangers*. New York: International, 1968.

作家、水手、士兵、间谍

Olmstead, Kathryn S. *Red Spy Queen: A Biography of Elizabeth Bentley.* Chapel Hill: University of North Carolina Press, 2002.

O'Rourke, Sean. *Grace Under Pressure: The Life of Evan Shipman.* Boston: Harvardwood, 2010.

Paporov, Yuri. *Hemingway en Cuba.* Mexico City and Madrid: Siglo Veintiuno Editores, 1993.

Phillips, R. Hart. *The Cuban Dilemma.* New York: Ivan Obolensky, 1962.

Pleshakov, Constantine. *Stalin's Folly.* Boston: Houghton Mifflin, 2005.

Preston, Paul. *We Saw Spain Die.* London: Constable, 2009.

Price, Ruth. *The Lives of Agnes Smedley.* Oxford: Oxford University Press, 2005.

Radosh, Ronald, Mary R. Habeck, and Grigory Sevostianov, eds. *Spain Betrayed: The Soviet Union in the Spanish Civil War.* New Haven, CT, and London: Yale University Press, 2001.

Radosh, Ronald, and Allis Radosh. *Red Star over Hollywood.* San Francisco: Encounter Books, 2005.

Rasenberger, Jim. *The Brilliant Disaster: JFK, Castro, and America's Doomed Invasion of Cuba's Bay of Pigs.* New York: Scribner, 2011.

Regler, Gustav. *Das grosse Beispiel.* 1940; reprint, Cologne, Germany: Kiepenhauer & Witsch, n.d.

———. *Dokumente und Analysen.* Saarbrücken, Germany: Saarbrücker Druckerei und Verlag, 1985.

———. *The Great Crusade.* New York: Longman, Green, 1940.

———. *The Owl of Minerva.* New York: Farrar, Straus, 1960.

Reynolds, Michael S. *Hemingway: The Final Years.* New York: Norton, 1999.

Reynolds, Nicholas. "A Spy Who Made His Own Way: Ernest Hemingway, Wartime Spy." *Studies in Intelligence* 56, no. 2 Extracts (June 2012).

Robinson, Daniel. "'My True Occupation Is That of a Writer': Hemingway's Passport Correspondence." *Hemingway Review* 24, no. 2 (Fall 2005).

Romerstein, Herbert, and Eric Breindel. *The Venona Secrets: Exposing Soviet Espionage and America's Traitors.* Washington, DC: Regnery, 2000.

Rooney, Andy. *My War.* New York: PublicAffairs, 2000.

Sanders, David. "Ernest Hemingway's Spanish Civil War Experience." *American Quarterly* 12, no. 2 (1960).

Sbardellati, John. *J. Edgar Hoover Goes to the Movies: The FBI and the Origins of Hollywood's Cold War.* Ithaca, NY: Cornell University Press, 2012.

Scammell, Michael. *Koestler.* New York: Random House, 2009.

Schoonover, Thomas D. *Hitler's Man in Havana.* Lexington: University Press of Kentucky, 2008.

作家、水手、士兵、间谍

Schoots, Hans. *Living Dangerously: A Biography of Joris Ivens*. Amsterdam: Amsterdam University Press, 2000.

Scott, Phil. *Hemingway's Hurricane*. New York: McGraw-Hill, 2006.

Setlowe, Rick. "Hemingway and Hollywood: For Whom the Camera Rolled." *Los Angeles Times*, October 14, 1979.

Sigal, Clancy. *Hemingway Lives! Why Reading Ernest Hemingway Matters Today*. New York and London: OR Books, 2013.

Smedley, Agnes. *China Correspondent*. London and Boston: Pandora, 1984.

Smith, Richard Harris. *OSS: The Secret History of America's First Intelligence Agency*. Berkeley: University of California Press, 1981.

Stein, Jacob A. "General Buck Lanham, Ernest Hemingway, and That Woman in Venice." *Washington Lawyer*, January 2003.

Stoneback, H. R. "Hemingway's Happiest Summer—'The Wildest, Most Beautiful, Wonderful Time Ever Ever' or, The Liberation of France and Hemingway." *North Dakota Quarterly* 64, no. 3 (Summer 1997).

Straight, Michael. *After Long Silence*. New York: Norton, 1983.

Sweet, Matthew. *The West End Front*. London: Faber & Faber, 2011.

Szurek, Alexander. *The Shattered Dream*. Boulder, CO: East European Monographs, 1989.

Tannenhaus, Sam. *Whittaker Chambers: A Biography*. New York: Random House, 1997.

Thomas, Hugh. *The Spanish Civil War*. Revised by the author. New York: Modern Library, 2001.

Thompson, Hunter S. "What Lured Hemingway to Ketchum?" *National Observer*, May 25, 1964.

Tierney, Dominic. *FDR and the Spanish Civil War*. Durham, NC: Duke University Press, 2007.

Tuchman, Barbara W. *Practicing History*. New York: Knopf, 1981.

Turner, Martha Anne. *The World of John W. Thomason, USMC*. Austin, TX: Eakin Press, 1984.

Tynan, Kathleen, ed. *Kenneth Tynan Letters*. New York: Random House, 1994.

Tynan, Kenneth. "A Visit to Havana." *Holiday* 27, no. 2 (February 1960): 50–58.

———. *Right & Left*. London: Longmans, 1967.

U.S. House of Representatives. *This Is Your House Committee on Un-American Activities*. Washington, DC: U.S. Government Printing Office, 1954.

Vernon, Alex. *Hemingway's Second War: Bearing Witness to the Spanish Civil War*. Ames: University of Iowa Press, 2011.

Viertel, Peter. *Dangerous Friends: At Large with Huston and Hemingway in the 1950s*. New York: Doubleday, 1992.

Villarreal, René, and Raúl Villarreal. *Hemingway's Cuban Son: Reflections on the Writer by His Longtime Majordomo*. Kent, OH: Kent State University Press, 2009.

Watson, Emmett. *My Life in Print*. Seattle: Lesser Seattle, 1993.

Watson, William B. "Investigating Hemingway: The Novel." *North Dakota Quarterly* 60, no. 1 (Winter 1991).

——. "Investigating Hemingway: The Story." *North Dakota Quarterly* 59, no. 1 (Winter 1991).

——. "Investigating Hemingway: The Trip." *North Dakota Quarterly* 59, no. 3 (Summer 1991).

——. "Joris Ivens and the Communists: Bringing Hemingway Into the Spanish Civil War." *Hemingway Review* 18, no. 2 (Fall 1990).

Weinstein, Allen, and Alexander Vassiliev. *The Haunted Wood*. New York: Modern Library, 1999.

Wheelock, John H., ed. *Editor to Author: The Letters of Maxwell E. Perkins*. New York: Scribner's, 1950.

White, Theodore H. *In Search of History*. New York: Harper & Row, 1978.

White, William, ed. *By-Line: Ernest Hemingway*. New York: Touchstone, 1967.

Wilmers, Mary-Kay. *The Eitingons: A Twentieth-Century Story*. London: Faber & Faber, 2010.

Wyden, Peter. *The Passionate War: The Narrative History of the Spanish Civil War*. New York: Simon & Schuster, 1983.

Zheng, Kaimei. "Hemingway in China." *North Dakota Quarterly* 70, no. 4 (2003).

参 考 文 献

致　谢

　　1945 年，海明威获得诺贝尔奖时，他提醒我们，说写作是一种偶尔会被作家组织"淡化"的孤寂生涯。对于写小说的天才来说尤其如此。他仰仗自己的想象力和文字技巧，可说大半个职业生涯都有赖于头脑。对于并非天才、撰写非虚构类作品的某人来说，这也是一个需要长期坐冷板凳的孤寂事业。但有真相需要证实，发现真相又有很多地方需要走访，还有众多学者、档案管理员、图书馆员、编辑和其他研究者的支持。在这个旅程中，很多人与我同行，我很荣幸能感谢他们。

　　刚开始研究时，需要感谢的是我的老友和历史研究同行马克·布拉德利（Mark Bradley）。在他著述有关罗伯特·E. 李（Robert E. Lee）的后裔、曾为苏联人做过间谍的邓肯·李（Duncan Lee）时，我有幸是他的读者团队的一员。在这个过程中，我获益良多，既了解了这一主题，也学习了如何写作。我开始这个项目时，马克不只是投桃报李，我对他感激不尽。中情局博物馆主任托妮·希利（Toni Hiley）在我开始工作时容忍有加，还鼓励我研究下去。我相信这个世界上没有哪位博物馆主任比她更值得为之效力了。"编辑标记"公司的吉尔·R. 休斯（Jill R. Hughes）在助我定稿本书前五章时发挥了至关重要的作用，让我得以借此营销此书。

2012 年，我第一次参加了海明威协会在密歇根州皮托斯基市举行的会议，琼·耶斯佩森·巴塞洛缪（Jean Jespersen Bartholomew）和我在一个小组，我在那里公布了自己的第一批初步发现。我们开始对话，随后是电邮往来，最终成为文学上的合作伙伴。我很快便发现与她合作受益良多。她多年研究海明威，是个海明威的狂热发烧友，也是我无可替代的朋友、读者和编辑，我叫她"JMax"，以纪念海明威与麦克斯·珀金斯的友情。

其他学者也都愿意与我通信并分享资料：丹尼尔·鲁宾逊（Daniel Robinson）欣然给我寄来《信息自由法》（FOIA）的新闻稿副本，政府的人都找不到这种东西了；汉斯·朔茨（Hans Schoots）与我通信讨论尤里斯·伊文思；杰弗里·迈耶斯（Jeffrey Meyers）与我共享了他对海明威律师的研究结果；乔尔·克里斯滕松（Joel Christenson）向我讲述了美国驻哈瓦那大使馆的历史。波士顿二战博物馆的创始人肯尼思·W. 伦德尔（Kenneth W. Rendell）给我寄来了一些信件藏品的副本，对我颇有帮助；在国会图书馆，约翰·海恩斯（John Haynes）详细说明了《间谍》（*Spies*）一书的参考文献，此书是他关于苏联人在美间谍活动的开创性著作，并向我指出有可能找到海明威资料的藏品方向。在国家档案馆，威廉·戴维斯（William Davis）是非美活动委员会档案的优秀向导。我的好友海登·皮克（Hayden Peake）自始至终都是关于情报研究的无价之宝。在华盛顿特区闹市的塔巴德旅馆，团团围坐在一张圆桌周围、自称"塔巴德人"的作家们，在过去两年里大大冲淡了我这个作家的孤寂感。我们阅读和批评彼此的作品，交换消息和参考资料，并给彼此打气。我衷心地感谢卡罗尔·迈耶斯（Carol Meyers）、丹妮尔·波伦（Danielle Polen）和金伯利·威尔逊（Kimberly Wilson）。在我不无沮丧地寻找文学代理人时，他们一直不离不弃——当时我遭到拒绝后都无力自拔。丹妮尔建议我去找位于特区的罗斯－尹公司，那里成了我的主场。安德鲁·西蒙（Andrew Simon）注意到我的手稿，与安娜·斯普劳尔－拉蒂默（Anna Sproul-Latimer）建立起友好的关系，霍华德·尹（Howard Yoon）对我有长远的期望。霍华德为他的作者们包办一切：治疗师、私人辅导、推销员、编辑、导师。理查德·班斯（Richard Bangs）和安东尼·芬奇（Anthony Vinci）这两位朋友耐心倾听我对本书所有令人眼花缭乱的更新，还好心与我分享他们名片整理盒中的联系人。

好心的朋友们阅读并评价了我的全部或部分手稿，并指出了我遗漏或可改进的很多东西，拥有这样的朋友实属有幸。他们是：汤米·桑克顿（Tommy Sancton）、保罗·内文（Paul Nevin）、塞缪尔·库珀－沃尔（Samuel Cooper-Wall）、比尔·福斯特（Bill Foster）、安·托德（Ann Todd），以及我的姐姐玛丽·简·米尔特纳（Mary Jane Miltner）。萨姆和我共处一间办公室一年有余，他总是乐于提供咨询意见和明智的忠告。安和我集思广益，共同拟定了书名。阿比·拉斯明斯基（Abby Rasminsky）是个杰出的侨民／作家／编辑，她在本书最后最难的部分，即如何撰写引言部分，与我合作。

终稿落在威廉·莫罗（William Morrow）出版公司执行总编彼得·哈伯德（Peter Hubbard）的桌上，我对他在出版流程中对作者和手稿的耐心和专业指导永远感激不尽。因为他的稳健处理，以及副总编尼克·安夫利特（Nick Amphlett）、印制编辑戴维·帕尔默（David Palmer）和文字编辑汤姆·皮托尼亚克（Tom Pitoniak）的细致工作，此书的质量得到了大大的提升。媒体关系高级总监夏林·罗森布拉姆（Sharyn Rosenblum）与吉纳·兰齐（Gena Lanzi）一起，从我们相识的那天便热情地推动了这个项目。

2015 年末，我的朋友克里斯蒂·米勒（Kristie

Miller）邀请我一同参加华盛顿传记小组的一次会议，那是我慕名已久的一个才华横溢、彼此支援的团体。乔治梅森大学法学院的桑德拉·艾斯塔斯（Sandra Aistars）教授及其学生们也是如此，他们为作者们举办了一个讲习班。另一个后援团是弗吉尼亚州阿灵顿市的"合作咖啡馆"（CoworkCafé），我在那里舒适的环境中，花了很多时间完成手稿。

拥有欧内斯特·海明威藏品的肯尼迪总统图书馆同样为我提供了帮助。我到那里的第一天，汉娜·杰曼（Hannah German）就带我参观了海明威研究室（场地布置得就像他在古巴的起居室一样）和与之相关的藏品展览，使我的研究从一开始便走上了正轨。在随后的多次拜访中，那里的职员在中午耐心倾听我详细解释自己的想法，还提请我注意某些具体的资料。斯蒂芬·普洛特金（Stephen Plotkin）、迈克尔·德斯蒙德（Michael Desmond）、劳丽·奥斯汀（Laurie Austin）、杰茜卡·格林（Jessica Green）和康纳·安德森（Connor Anderson）都让我少走了弯路。

说到研究，没有谁能比得上玛丽·埃伦·科尔泰利尼（Mary Ellen Cortellini），她遨游互联网，寻找有用的趣闻，那些东西我可永远都找不到。同样，说到反复挖掘和提供海军陆战队的零碎信息，也没有谁能比得上海军陆战队历史部的安妮特·阿默曼（Annette Amerman）。我的好友尼克·韦尔奇（Nick

Welch）好心替我在伦敦国家档案馆查找了一个线索，位于里士满的弗吉尼亚州历史学会的凯蒂（Katie）和佩姬·林赛（Peggy Lindsey）也一样帮忙。我的另一位老友塞缪尔·耶林·扎比茨基（Samuel Yelin Zabicky）博士帮助我查清了1942年墨西哥城的事实。

如果我忘记提到很多研究海明威的学者所做的基础工作，那就太疏忽大意了。第一本传记的作者，普林斯顿大学的卡洛斯·贝克教授在记忆尚未模糊时，以他艰苦的全面研究为我们奠定了基础。贝克之后的传记作者中，我觉得杰弗里·迈耶斯和迈克尔·雷诺兹（可惜我们没有血缘关系）的著作尤其有用。我工作时总是把布鲁斯特·钱伯林（Brewster Chamberlin）非常全面的海明威年谱放在手边。我几乎每天都要在《海明威评论》（Hemingway Review）中查阅一篇资料，在此向那些作者致敬。

海明威学会无论是在网上还是面对面都提供了大量的学术支持，对此我非常感激。国际摄影中心的人，特别是苏珊·卡尔森（Susan Carlson），把查询美妙的老照片变得既容易又有趣。泛美基金会理事道格·米勒（Doug Miller）也同样乐于助人；我与他通信交流过有关美国旗舰航空公司的光辉岁月，这个过程让我很享受。

作为撰写关于情报的文章的中情局前雇员，我必须提交手稿，以便中情局审查其中有无任何保密内容。出版物审查委员会在此过程中一直与我保持联系，为此我想对他们致以谢意。委员会要求我加上如下的标准免责声明：

最后是家事。任何一本关于海明威的书都难免要谈及写作对于工作中的作家有何影响，以及在这个过程中发生的暂时性精神失常。我要向我的妻子贝姬脱帽，为她在整个过程中的乐观容忍而谦卑地鞠躬致敬。

最后一句话。本书中关于事实和解读的任何错误都是我犯下的，且只属于我一个人。

注　释

引　言

1　战情局的档案在华盛顿各处转移，从战情局转到中央情报局再转到国家档案和记录管理局（NARA）的故事见"Records of the Office of Strategic Services (Record Group 226), About the Records,"archives.gov(2016 年 7 月访问)。

2　John Earl Haynes, Harvey Klehr 和 Alexander Vassiliev, *Spies: The Rise and Fall of the KGB in America* (New Haven, CT: Yale University Press, 2009)。

第一章　觉醒：当海水把陆地搅得天翻地覆

1　Anders Österling，文学奖颁奖词, http://www.nobelprize. org/nobel_prizes/literature/laureates/1954/press.html（2015年 10 月访问）。

2　Carlos Baker 编　辑, *Ernest Hemingway: Selected Letters: 1917−1961* (New York: Scribner's, 1979), 420−21n。

3　Elizabetha Levin, "In Their Time: The Riddle behind the Epistolary Friendship between Ernest Hemingway and Ivan Kashkin," *Hemingway Review* 32, no. 2 (2013): 95−108.

4　1935 年 7 月 25 日 Ivan Kashkin 致海明威（EH），见波士顿市肯尼迪总统图书馆，欧内斯特·海明威藏品，"来信"。

5　1935 年 8 月 19 日 EH 致 Ivan Kashkin，见 Baker 编 辑,

Selected Letters, 417。

6 在 1936 年 4 月 19 日写给 Max Perkins 的信中，海明威表示在俄国备受欢迎一事令他十分开心。Matthew J. Bruccoli 编辑，*The Only Thing That Counts: The Ernest Hemingway–Maxwell Perkins Correspondence* (New York: Scribner's, 1996), 242。1946 年 6 月 20 日 EH 致 Konstantin Simonov，见 Baker 编辑，*Selected Letters*, 607–09，其中包括海明威对 Kashkin 的赞扬。

7 1935 年 8 月 15 日 EH 致 Ivan Kashkin，见 Baker 编辑，*Selected Letters*, 418–19。

8 David Sanders, "Ernest Hemingway's Spanish Civil War Experience," *American Quarterly* 12, no. 2 (1960): 136，讨论了这些段落。Bernice Kert, *The Hemingway Women* (New York: Norton, 1983), 273，包括评论界对 *The Green Hills of Africa* 一书所获评论界反应的讨论，"One Trip Across" 于 1934 年首次发表于 *Cosmopolitan*。

9 *Time*, April 26, 1926.

10 引文见 James R. Mellow, *Hemingway: A Life without Consequences* (Boston: Houghton Mifflin, 1992), 473–74。

11 Joseph North, *No Men Are Strangers* (New York: International, 1968), 110.

12 Daniel Aaron, *Writers on the Left* (New York: Avon, 1961), 特别是 172–173 页，提供了关于这些时期的充分描述。

13 佚名，"History of Sloppy Joe's," www.sloppyjoes.com（2015 年 10 月访问）。

14 Phil Scott, *Hemingway's Hurricane* (New York: McGraw-Hill, 2006), 2–3.

15 1935 年 3 月 27 日 John Dos Passos 致 Stewart Mitchell，见 Townsend Luddington 编辑，*The 14th Chronicle: Letters and Diaries of John Dos Passos* (New York: Gambit, 1973), 469。

16 EH, *The Green Hills of Africa* (New York: Scribner's,

1935), 191.

17 1935 年 9 月 7 日 EH 致 Maxwell Perkins，见 Baker 编辑 , *Selected Letters*, 421−22。

18 同上。另见 Bruccoli 编辑，*The Only Thing That Counts*, 226−27。

19 1935 年 9 月 7 日 EH 致 Maxwell Perkins。

20 相关讨论见 Kenneth S. Lynn, *Hemingway* (Cambridge, MA: Harvard University Press, 1995), 454。

21 Aaron, *Writers on the Left*, 325.

22 同 上；Carlos Baker, *Ernest Hemingway: A Life Story* (New York: Scribner's, 1969), 615n。

23 Malcolm Cowley, *The Dream of the Golden Mountains: Remembering the 1930s* (1964; reprint, New York: Penguin, 1981), 292.

24 Baker, *Hemingway*, 279.

25 *New Masses*, September 17, 1935, 3 和 9−10. 海明威后来声称原文的标题 "Who Killed the Vets?" 没有那么浓的火药味，是编辑们改动了标题。Baker, *Hemingway*, 615n。但既然他自己在致 Perkins 的信中使用了 "谋杀" 一词，既然文章本身就是充满火药味的，就很难指责编辑们添油加醋了。直到 1937 年他对那篇文章仍然十分满意，考虑把它收入自己的一部文集，还写信给 Perkins 说 他 想 把 它 变 成 一 本 书。Bruccoli 编 辑，*The Only Thing That Counts*, 250−51。

26 *New Masses*, September 17, 1935, 10.

27 "Catastrophe: After the Storm," *Time*, September 23, 1935, 23.

28 欧内斯特·海明威："Who Killed Vets in Florida? Asks Hemingway," *Daily Worker*, September 13, 1935。

29 Mellow, *Hemingway*, 482.

30 Edward P. Gazur, *Alexander Orlov: The FBI's KGB General* (New York: Carroll & Graf, 2001)："海明威在克格勃（内务部）和情报部眼里不是陌生人，因为他们已

经了解了他的背景……海明威为极左派期刊 *New Masses*
撰写过一篇文章……"

31　这几个人，以及其他同类的案例综述，见 Haynes 等人，
Spies, 196–245。

32　关于这一话题的讨论，可参见 Daniel Kowalski, *Stalin
and the Spanish Civil War* (New York: Columbia
University Press, 2004), 2。

33　Gazur, *Alexander Orlov*, 124. 孤立地依赖记忆而没有原
始文件证明的话，Orlov 和 Gazur 并非关于过去最可信
的见证者。Gazur 报告说他对自己跟 Orlov 的谈话（谈
话发生在他们讨论的事件发生多年之后）做了大量笔
记，并在写书时用到了那些笔记。不过把这一证词放
入当时的背景，并把它跟其他的回忆录、事件和文件
进行比照，Gazur 的可信度就提高了。就这一特定事件
而言，不管内务部或共产国际或两者同时是否在 1935
年关注过海明威这样一个作家，想想 Stephen Koch 的
结论，即共产国际早在 1920 年代中期就"意识到两
人（海明威和 Dos Passos）的存在"了。Koch 没有文
件证据，但他所讨论的间接证据，特别是两位作家在
巴黎的圈子，以及那个圈子跟苏联人的关联，都支持
了 Gazur 的观点。Stephen Koch, *Double Lives: Spies
and Writers in the Secret Soviet War of Ideas against the
West* (New York: Free Press, 1994), 213–14. 关于这些
观点，详情可参考第二章讨论 Gazur 和 Orlov 的文件的
注释。

34　Gazur, *Alexander Orlov*, 124. Orlov 声称内务部当时在
阅读外国报纸的事实与其他报道一致。"干部司（Cadre
Department）是共产国际的一个邪恶的分支……保存着
关于重要的共产主义者的档案"并与内务部协调。1940
年秋，该司注意到一本由 Gustav Regler 撰写的反斯大
林主义的书籍"特别重要"，因为有海明威为它作序。
Hugh Eakin, "Stalin's Reading List," *New York Times*,
April 17, 2005, F19. 内务部后来还将得到一册《丧钟为

谁而鸣》作为其关于海明威的档案资料，那时海明威已经跟苏联人并肩战斗了。见第五章。

第二章　作家与政委：在西班牙参战

1 Hans Schoots, *Living Dangerously, A Biography of Joris Ivens* (Amsterdam: Amsterdam University Press, 2000), 127. 海明威曾在 1938 年 7 月的一篇文章中留下过一份关于遭到炮轰的生动描述，写的或许就是这次炮轰，当敌机对着你的汽车开火，"你要快速转弯到路边，跳出车辆。平躺在地上……口干舌燥"。欧内斯特·海明威，"'I Saw Murder Done in Spain'　—Hemingway's Lost Report", *Chicago Tribune*, November 29, 1982。

2 关于苏联在西班牙的角色的讨论，见 Ronald Radosh, Mary R. Habeck 和 Grigory Sevostianov 编辑, *Spain Betrayed: The Soviet Union in the Spanish Civil War* (New Haven, CT, and London: Yale, 2001) 和 Kowalski, *Stalin and the Spanish Civil War*。关于 Orlov，最好的一般性传记是 John Costello 和 Oleg Tsarev, *Deadly Illusions: The KGB Orlov Dossier* (New York: Crown Books, 1993)。

3 有一个读来非常有趣的对剑桥五杰的描写，见 Philip Knightley, *The Master Spy: The Story of Kim Philby* (New York: Knopf, 1989)。

4 Jason Gurney, *Crusade in Spain* (London: Faber & Faber, 1974), 183.

5 内务部在西班牙的暗杀者头目之一就是负责"建立一个……秘密焚尸炉，以便内务部可以随时处理受害者，让他们彻底消失，什么痕迹也不会留下"。 Christopher Andrew 和 Vasili Mitrokhin, *The Sword and the Shield* (New York: Basic Books, 2001), 74. 两位作者引用了多份资料来证明这个令人吃惊的说法。

6 Radosh 等人, *Spain Betrayed*, xxiii 和 xxiii。

7 Gazur, *Alexander Orlov*, 123–24.

8　J. Bell 标注日期为 1937 年 2 月 24 日的边注，写在海明威同一日期的护照申请上。国务院根据《信息自由法》签发给作者。引文又见 Daniel Robinson, "'My True Occupation Is That of a Writer': Hemingway's Passport Correspondence," *Hemingway Review* 24, no. 2 (2005): 87–94。又见海明威 1938 年 10 月 28 日致 Perkins 的信，见 Baker 编辑, *Selected Letters*, 473–75。海明威在其中说明，有人提供给他一份在一支不具名的法国军队里担任"参谋长"的职位，但他以跟北美报业联盟的 Jack Wheeler 所签的合同，以及他承诺 Pauline 不再参加另一场战争为理由拒绝了。

9　Josephine Herbst, *The Starched Blue Sky of Spain* (New York: HarperCollins, 1991), 150.

10　同上。

11　在 A. E. Hotchner, *Papa Hemingway* (New York: Random House, 1966), 197，一份海明威访谈记录把重点放在了共和国："……我亲眼见到人民书写自己的宪法。这是最后一个在欧洲本土启程的共和国，我相信它。"

12　1937 年 12 月 15 日 EH 致 Maxwell Perkins，见 Baker 编辑, *Selected Letters*, 455。

13　同上书，第 456 页。

14　1937 年 2 月 9 日 EH 致 Pfeiffer 家人，见 Baker 编辑, *Selected Letters*, 457。

15　6 月 28 日 EH 致 Archibald MacLeish（未标注年份，但从上下文来看，大约是 1933 年），位于首都华盛顿国会图书馆 MacLeish 文件 10 号箱。

16　1941 年 3 月 18 日 Archibald MacLeish 致 Whittaker Chambers，国会图书馆 MacLeish 文件 10 号箱。

17　http://library.sc.edu/spcoll/amlit/hemingway/images/spainflames.jpg（2013 年 12 月访问）。

18　Schoots, *Living Dangerously*, 特别是第 71 页。Ivens 至少从 1931 年到 1936 年是荷兰共产党党员。他一生中或许还有其他时候党员身份失效，但他的政治立场从未改变。

19 Cowley, *The Dream of the Golden Mountain*, 233.

20 Ronald Radosh 和 Allis Radosh, *Red Star over Hollywood* (San Francisco: Encounter Books, 2005), 1–2; Arthur Koestler, *Invisible Writing: The Second Volume of an Autobiography, 1932–1940* (New York: Stein & Day, 1984), 251, 381. Koch, *Double Lives*, 其中也有关于 Münzenberg 的生活和工作的概述。

21 Koestler, *Invisible Writing*, 251, 381.

22 Schoots, *Living Dangerously*, 47–48.

23 Scott Donaldson, *Archibald MacLeish: An American Life* (Boston and New York: Houghton Mifflin, 1992), 264.

24 海明威的传记作家 Baker 发明了这个词。Baker, *Hemingway*, 307. 麻省理工学院的历史学家 William B. Watson 则更加激进，写道 Ivens 的作用多少相当于海明威的"案件承办人"，也就是承办某个间谍案件的情报专家。我虽借鉴了很多 Watson 的研究，在一定程度上也信赖他的说法，但认为他在这个问题上言过其实了。海明威的确受到 Ivens 的影响，但从来没有什么案件承办人对他加以相应的控制。此外，Ivens 是党宣人员，不是个间谍。William B. Watson, "Joris Ivens and the Communists: Bringing Hemingway Into the Spanish Civil War," *Hemingway Review* 18, no. 2 (Fall 1990).

25 这些档案都已开放查阅，是共产国际档案 INCOMKA 的一部分，可在国会图书馆欧洲阅览室的终端查阅，2013 年 10 月访问。

26 描述见 Koestler, *Invisible Writing*, 387 等。

27 Wertheim 的故事见 Peter Wyden, *The Passionate War: The Narrative History of the Spanish Civil War* (New York: Simon & Schuster, 1983), 405。Wyden 的资料来源是对 Tuchman 的一次访谈。有趣的是海明威认识或者听说过 Katz，还说自己不喜欢他。Gustav Regler, *The Owl of Minerva* (New York: Farrar, Straus, 1960), 357.

28 Barbara W. Tuchman, *Practicing History* (New York:

Knopf, 1981), 6.

29　James D. Brasch 和 Joseph Sigman, *Hemingway's Library: A Composite Record* (Boston: JFK Library Electronic Edition, 2000), 372.

30　Watson, "Joris Ivens," 13.

31　同上书，第 12 页。

32　同上。更广泛的阐述，见 Schoots, *Living Dangerously*, 123-24。

33　Ilya Ehrenburg, *Memoirs: 1921-1941* (Cleveland and New York: World, 1963), 383.

34　Watson, "Joris Ivens," 13.

35　1937 年 4 月 25 日 Joris Ivens 致 EH，见肯尼迪总统图书馆，欧内斯特·海明威藏品，"来信"。

36　未标注日期，大约是 1937 年 Ivens 致海明威的纸条碎片，开头是"尤里斯口述，汉娜打字"，见肯尼迪总统图书馆，欧内斯特·海明威藏品，"来信"。又见 Baker, *Hemingway*, 313。

37　Denis Brian, *The True Gen* (New York: Grove, 1988), 111. Watson 提出了类似观点，认为因为 Ivens 的关系，海明威首次西班牙之行遇到的人大部分似乎都是共产主义者。这是个有根据的猜测。在他一生的大部分时间，海明威跟来自多个阶层的人打过交道。Ivens 记录的一个电影拍摄日志显示，海明威首次西班牙之行大部分时间都跟摄制组待在一起。但该日志没有解释他所有的时间都在做些什么，即便是首次前往西班牙期间。没有现存的每天记录的日记或日历显示海明威当时在做些什么。同样，因为缺乏详细的证据，很难赞成 Stephen Koch, *The Breaking Point: Hemingway, Dos Passos, and the Murder of José Robles* (New York: Counterpoint, 2005) 中提出的理论，该书推定海明威在西班牙受到了共产主义更多的控制和摆布。在 Koch 看来，海明威是"一个有用的白痴"，也就是说，一个对共产国际言听计从的似懂非懂或稀里糊涂的合作者。在这本书中，Koch 研究了

作家，水手，士兵，间谍

在对 Dos Passos 谈及 Robles 之死这件事上，海明威和 Herbst 到底扮演了什么角色这一复杂而有争议的问题。

38　Luddington 编辑 , *14th Chronicle*, 527。

39　Koch, *Two Lives*, 254–55.

40　Luddington 编辑 , *14th Chronicle*, 528。

41　同上书。

42　Herbst, *Starched Blue Sky*, 150–51.

43　Schoots, *Living Dangerously*, 127.

44　1937 年 4 月 26 日 Joris Ivens 致 EH。

45　引文见 Virginia S. Carr, *Dos Passos: A Life* (New York: Doubleday, 1984), 368. 另见 Herbst, *Starched Blue Sky*, 154。

46　Carr, *Dos Passos*, 372，描写了火车站的场景，并引用了好几个有关这一事件的资料来源。Brewster Chamberlin, *The Hemingway Log* (Lawrence: University Press of Kansas, 2015), 185，认为两人最后对峙是在 5 月 11 日。我还查阅了 1937 年 5 月 10、11、12 和 13 日 *New York Herald Tribune* 巴黎版的航运和天气新闻，其中提到了海明威此次旅行期间在巴黎的活动，并报道说他本人将在 5 月 13 日搭乘"诺曼底"号轮船回美国。

47　Luddington 编辑 , *14th Chronicle*, 496。我引用了海明威关于评论家们的话，意思是他们会严厉批评 Dos Passos，因为一旦批评共和军，他就转为右派，偏离了他们支持的左派正统路线。

48　同上书，第 496 页。

49　Schoots, *Living Dangerously*, 138.

50　电报报文见 Paul Preston, *We Saw Spain Die* (London: Constable, 2009), 106。

51　1938 年 3 月 26 日前后 EH 致 Dos Passos，发表于 Baker 编辑 . *Selected Letters*, 463–64。

52　文章引文见 Alex Vernon, *Hemingway's Second War: Bearing Witness to the Spanish Civil War* (Ames: University of Iowa Press, 2011), 165；对 MacLeish 说的

话见 1943 年 12 月 25 日 EH 致 Archibald MacLeish，存于国会图书馆 MacLeish 文件 10 号箱。

53　Hotchner, *Papa Hemingway*, 132–33.

54　1952 年 10 月 5 日 EH 致 Archibald MacLeish，存于国会图书馆 MacLeish 文件 10 号箱。

55　Adam Hochschild, *Spain in Our Hearts: Americans in the Spanish Civil War, 1936–1939* (New York: Houghton Mifflin, 2016)，特别是第四章，对巴塞罗那的政治和社会气候进行了极好的说明。

56　Hugh Thomas, *The Spanish Civil War*，经作者审校 (New York: Modern Library, 2001), 639 和 680–86. Constancia de la Mora, *In Place of Splendor* (New York: Harcourt, Brace, 1939), 327, 说明了共和军的党派路线。Radosh 等人, *Spain Betrayed*，特别是 171–178 页，对苏联在这次危机中扮演的角色进行了极好的讨论。

57　Thomas, *Spanish Civil War*, 631.

58　Orlov 个人在宁事件中的参与见上书，第 684 页，在 Costello 和 Tsarev, *Deadly Illusions*，特别是 287–291 页中也有详细说明。多年后，当对他所扮演角色的指责浮出水面，Orlov 会对 FBI 讲述一个牵强的为自己寻找借口的版本。他坚称自己与宁之死无关。Gazur, *Alexander Orlov*, 340–46.

59　海明威在 1938 年 3 月 26 日致 Dos Passos 的信中提到了宁。Baker 编辑, *Selected Letters*, 463–64。

60　Chamberlin, *The Hemingway Log*, 187; Schoots, *Living Dangerously*, 129.

61　"Writers Hear Browder at Congress," *Daily Worker*, June 5, 1935; "The Writers' Congress an Outstanding Event," *Daily Worker*, June 4, 1935.

62　同上书，第 130 页。

63　Joseph Freeman, "Death in the Morning," July 11, 1961, 65, 见斯坦福大学胡佛研究中心 Freeman 文件。这是 Freeman 撰写的一篇长文的草稿，他记得自己那天晚上

去找了海明威，为此他一家一家酒吧寻访过去，直到海明威出现。

64 Alvah Bessie, *Men in Battle* (New York: Chandler & Sharp, 1975), 113. 该书首次出版于 1939 年。

65 全文刊载于 *New Masses*, June 22, 1937，其中包括海明威指责法西斯势力肆意炮轰，杀死平民。

66 Baker, *Hemingway*, 314. 另 见 Amanda Vail, *Hotel Florida* (New York: Farrar, Strauss, 2014), 202–3.

67 1937 年 6 月 17 日 Max Perkins 致 EH，见 Bruccoli 编辑, *The Only Thing That Matters*, 251。

68 *New Masses*, June 22, 1937.

69 1938 年 7 月 18 日 EH 致 Ralph M. Ingersoll，存于国会图书馆 MacLeish 文件 10 号箱。

70 未标明日期，大约是 1937 年 Ivens 致海明威的纸条，开头是 "尤里斯口述，汉娜打字"，见肯尼迪总统图书馆，欧内斯特·海明威藏品，"来信"。又见 Baker, *Hemingway*, 313.

71 1937 年 7 月 8 日 Martha Gellhorn 致 Eleanor Roosevelt，见 Caroline Moorehead 编辑, *Selected Letters of Martha Gellhorn* (New York: Henry Holt, 2006), 55.

72 1937 年 8 月 23 日 EH 致 Paul Pfeiffer 夫人，见 Baker 编辑, *Selected Letters*, 459–61。

73 同上。

74 引文见 Schoots, *Living Dangerously*, 130，从原始资料中引用。Dominic Tierney, *FDR and the Spanish Civil War* (Durham, NC: Duke University Press, 2007), 34. Tierney 把这次会面放在罗斯福政策的广泛背景中进行了研究。起初持中立态度的罗斯福最终开始同情那些认为有必要反对德国和意大利干涉西班牙的人。

75 Eleanor Roosevelt, "My Day," *Atlanta Constitution*, July 12, 1937. Roosevelt 注明的日期是 7 月 9 日星期五；文章在接下来的那一周才出现在《宪章》上。

76 1937 年 7 月 8 日 Gellhorn 致 Roosevelt。

77　在 1938 年 7 月 27 日写给 Ralph Ingersoll 的信中，海明威提到他支付了 Pauline 的旅费，请她陪同到西海岸去放映电影。国会图书馆 MacLeish 文件 10 号箱。

78　Rick Setlowe, "Hemingway and Hollywood: For Whom the Camera Rolled," *Los Angeles Times*, October 14, 1979.

79　Schoots, *Living Dangerously*, 131.

80　引　文　见 Marion Merriman 和 Warren Lerude, *American Commander in Spain: Robert Hale Merriman and the Abraham Lincoln Brigade* (Reno: University of Nevada Press, 1986), 201–2。

81　Baker, *Hemingway*, 316.

82　Vernon, *Hemingway's Second War*, 特别是 117 和 130 页。

83　Schoots, *Living Dangerously*, 136. 他的资料来源是对 Gellhorn 的一次访谈。

84　同上书，第 136 页。

第三章　重返西班牙：坚持到底

1　麻省理工学院 Watson 教授就这个故事进行了深入的调查和精彩的讲述。William B. Watson, "Investigating Hemingway: The Story," *North Dakota Quarterly* 59, no. 1 (Winter 1991): 36–68; "Investigating Hemingway: The Trip," *North Dakota Quarterly* 59, no. 3 (Summer 1991): 79–95; and "Investigating Hemingway: The Novel," *North Dakota Quarterly* 60, no. 1 (Winter 1991): 1–39. 又见 Vernon, *Hemingway's Second War*, 169–70。原始资料是 Alexander Szurek, *The Shattered Dream* (Boulder, CO: East European Monographs, 1989), 特别是 143–151 页。Hochschild, *Spain in Our Hearts*, 254–255，引用了 Gellhorn 的日记，写道第一次探访阿尔凡布拉是在九月。

2　1938 年 1 月 28 日 Joris Ivens 致 EH，见肯尼迪总统图书馆，

欧内斯特·海明威藏品，"来信"。

3　可参见 Hans Kohn, "Yesterday's Landmarks," *New York Times*, March 20, 1960. 这是一个杰出的历史学家对 Regler 回忆录的好评，很好地介绍了 Regler 的生活和工作。

4　Regler, *Owl of Minerva*, 203 and 291.

5　同上书，第 263 页。

6　"First-Hand Picture of Conflict in Spain Given by Volunteer Here," *Washington Post*, March 18, 1938.

7　Regler, *Owl of Minerva*, 295.

8　Gurney, *Crusade in Spain*, 54, 183-84 是一个英国士兵对 Marty 的直接描述。

9　Regler, *Owl of Minerva*, 292.

10　同上。

11　同上。

12　Gazur, *Alexander Orlov*, 126-28 讲述了海明威与 Orlov 首次会面的故事。

13　同上书，第 129 页。苏联人不大可能没有注意到这一点：*New Masses* 在 1937 年 6 月 22 日那一期发表了他的演说的一个版本。

14　Gazur, *Alexander Orlov*, 129.

15　Mary-Kay Wilmers, *The Eitingons: A Twentieth-Century Story* (London: Faber & Faber, 2010), 275. Wilmers 的书中有一张 Eitingon 的全身照，后者将在 1940 年安排谋杀托洛茨基的事件。刺杀托洛茨基的就是一个西班牙人，最初是内务部在西班牙内战期间找到的。

16　Gazur, *Alexander Orlov*, 130-31.

17　同上书，131 和 140 页。

18　Dan Bessie 编辑，*Alvah Bessie's Spanish Civil War Notebooks* (Lexington: University Press of Kentucky, 2002), 133。

19　引自 Gazur, *Alexander Orlov* 原始手稿第 23 章第 1 页，收藏于乔治敦大学图书馆特藏，Edward P. Gazur 文

件，与印刷出版的版本稍有出入。说到真正的信仰者海明威，著名作家 Marjorie K. Rawlings 也曾在 1938 年 4 月 23 日致他们共同的编辑 Max Perkins 的信中有过类似说法，她忍不住"怀疑"海明威目前的工作，因为后者"当前的情绪充满了暴烈的党派偏见"。普林斯顿大学图书馆（PUL）Carlos Baker 文件第 11 箱，Rawlings 文件夹。Orlov 有意突出海明威的反法西斯心态，而没有突出他的任何亲共情绪。不过 Orlov 所谓的"真正的信仰者"到底是指什么呢？他的英语口语流利，阅读也无障碍，特别从 1938 年到 1971 年在美国生活了三十多年后。当他说海明威是一个"真正的信仰者"时，他很清楚自己在说什么。"真正的信仰者"这个词最初是由"码头工人哲学家"Eric Hofer 发明的，1950 年代在美国精通政治的知识分子中风行一时，其中必然包括 Orlov。他阅读了大量关于政治的书籍，特别是跟共产主义有关的书籍，且每天仔细阅读 *New York Times*，该报纸的专栏作家们对"真正的信仰者"一词亦熟稔于心。（Orlov 文件中收藏有大量剪报，从中可看出他的阅读习惯。见马里兰州科利奇帕克美国报业联盟 II，Alexander Orlov 文件。）在跟 Gazur 谈论海明威之前，他有可能读过 Hofer 的资料，甚至可能读过 Hofer 的同名书籍。由 Hofer 发明的这个词指代的是那种将自己的个人身份纳入某一政治运动，如共产主义或法西斯主义，或反共产主义或反法西斯主义，且非常投入，到了用情感替代理智的地步。

20　Gazur, *Alexander Orlov*, 138. 只关注海明威的作用是虚伪的。Orlov 省略了苏联的角色，后者显然很成问题：先是为共和国提供物质支持，继而又对极左派发动造成分裂的秘密内部战争，最后又开始限制物资供应。

21　Brian, *True Gen*, 121; Baker, *Hemingway*, 335.

22　Brian, *True Gen*, 121.

23　Preston, *We Saw Spain Die*, 371.

24　North, *No Men are Strangers*, 169.

25　Vernon, *Hemingway's Second War*, 39.

26 Bowers致国务卿, April 2, 1938, 见美国国务院, *Foreign Relations of the United States*, vol. 1 (Washington, DC: U.S. Government Printing Office, 1938), 279。

27 Bessie, *Men in Battle*, 113-16. 另见 Dan Bessie 编辑, *Civil War Notebooks*, 25, 以 及 Vernon, *Hemingway's Second War*, 44, 其中说明 Bessie 的回忆录与海明威的报道一致。

28 转 载 于 Ernest Hemingway, "'I Saw Murder Done in Spain' —Hemingway's Lost Report," *Chicago Tribune*, November 29, 1982. 这篇文章的故事见 William B. Watson, "A Surprise from the Archives," *Chicago Tribune*, November 29, 1982. 其中使用的语言与海明威 1937 年 6 月在卡内基大厅演说时的语言类似。

29 我 参 照 了 David Sanders, "Ernest Hemingway's Spanish Civil War Experience," *American Quarterly* 12, no. 2 (1960) 中的分析, 特别是第 139-140 页。他的文章的总目录发表在 Ernest Hemingway, "Hemingway Reports Spain," *New Republic*, 94, no. 1221 (April 27, 1938), 和 95, no. 1227 (June 8, 1938); 以及 Ernest Hemingway, *By-Line: Ernest Hemingway* (New York: Simon & Schuster, 1967).

30 Vernon, *Hemingway's Second War*, p. 39. Vernon 分析了海明威在战争期间的报道。

31 Lynn, *Hemingway*, 453.

32 Ernest Hemingway, *The Fifth Column* (New York: Simon & Schuster, 1969). 该剧 1940 年在百老汇上演。

33 1952 年 10 月 5 日 EH 致 Ada MacLeish, 海明威通信, 1938-1958, 存于国会图书馆 MacLeish 文件 10 号箱。

34 W. H. Auden, "Spain 1937", Thomas, *The Spanish Civil War*, 333 引用并讨论了这首诗。

35 Ernest Hemingway, "On the American Dead in Spain," 见 Ernest Hemingway 等 人, *Somebody Had to Do Something: A Memorial to James Phillips Lardner* (Los

Angeles: James Lardner Memorial Fund, 1939)。这是一本纪念册，海明威文章的大部分转载于 *New Masses*, February 14, 1939。

36　De la Mora, *In Place of Splendor*, 373. Thomas, *Spanish Civil War*, 830-31, 描述了撤离本身的情景。

37　（1950 ？）Martha Gellhorn 致 David Gurewitsch，见 Moorehead 编辑，*Selected Letters*, 222.

38　同上书，第 222 页。

39　同　上。另　见 Chamberlin, *The Hemingway Log*, 205, 和 Moorehead, *Gellhorn*, 153。

40　引文见 Regler, *Owl of Minerva*, 298。

41　Ehrenburg, *Memoirs*, 387.

第四章　丧钟为共和国而鸣：海明威见证了历史

1　De la Mora, *In Place of Splendor*, 387.

2　Szurek, *The Shattered Dream*, 276-77.

3　1939 年 2 月 6 日 EH 致 Paul Pfeiffer 夫人，见 Baker 编辑, *Selected Letters*, 475-478。

4　同上。

5　1939 年 2 月 7 日 EH 致 Max Perkins，见 Baker 编辑, *Selected Letters*, 478-79。

6　1939 年 2 月 6 日 EH 致 Paul Pfeiffer 夫人。

7　1939 年 2 月 7 日 EH 致 Max Perkins。

8　Thomas, *Spanish Civil War*, 893-901, 包括关于战争的最后关头及其余波的讨论。

9　1938 年 10 月 22 日 Martha Gellhorn 致 Charles Colebaugh，见 Moorehead 编辑, *Selected Letters*, 67-70。

10　1939 年 3 月 23 日 EH 致 Ivan Kashkin，见 Baker 编辑, *Selected Letters*, 480-81。

11　1939 年 2 月 7 日 EH 致 Max Perkins。

12　有 各 种 版 本，包 括 Ernest Hemingway, *The Fifth*

Column 和 *Four Stories of the Spanish Civil War* (New York: Simon & Schuster, 1969)。

13 这个协议又叫作《希特勒－斯大林条约》(Hitler-Stalin Pact) 和《莫洛托夫－里宾特洛甫条约》(Molotov-Ribbentrop Pact)。

14 Aaron, *Writers on the Left*, 376. 大致相同的意思，见 Granville Hicks, *Where We Came Out* (New York: Viking, 1954), 49, 70–71, 80。

15 Regler, *Owl of Minerva*, 353–54.

16 1940 年 3 月 24 日 Jay Allen 致 Archibald MacLeish："欧内斯特给他在巴黎存了一笔钱，以维持他的生计并支付他的费用。"国会图书馆，Archibald MacLeish 文件 1 号箱。Regler 多年的反纳粹历史无关紧要，他曾经是共产主义者则雪上加霜，使得他在包括英国安全局在内的各类机构监控名单中榜上有名，该局注意到海明威为某个潜在的颠覆分子提供了财务支援。英格兰基尤国家档案馆，安全局档案 KV 2/3506, Gustav Regler 博士个人档案。

17 Regler, *Owl of Minerva*, 316.

18 Gustav Regler, *The Great Crusade* (New York: Longman, Green, 1940), 187. 具有讽刺意味的是，这本书是 Whittaker Chambers 从德语翻译而来的，他本人就是个理想幻灭的前共产主义者，在美国调查苏联间谍时是个突出的人物。Chambers 和 Regler 看起来并不相识。

19 同上书，vii–xi。另见 Regler, *Owl of Minerva*, 310–11。

20 可参见 Robert Conquest, *The Great Terror: A Reassessment* (New York: Oxford University Press, 2008), 209 和 409–412，Conquest 在书中讨论了国际纵队人员的命运。大致相同的内容，见 Thomas, *Spanish Civil War*, 926："作为国际纵队的一名成员就像 1919 年在俄罗斯介入了反对布尔什维克一样糟糕。"

21 欧内斯特·海明威为 Regler, *Great Crusade* 作的序，ix. 本书德语原版的措辞更加清晰：该条约是在"苏联对民主国家丧失了全部信心之后"签订的（"*als*

die Sowjetunion jedes Vertrauen in die Demokratien verloren hatte") 。Gustav Regler, *Das grosse Beispiel* (1940 年；重印版，Cologne, Germany: Kiepenhauer & Witsch, 日期不详) , 13–14。

22 海明威不是唯一一个如此解读的人。思考缜密的共产主义者 Granville Hicks 教授写道，对于很多人而言，慕尼黑协定与条约同属背叛，表明斯大林无法依赖英法，因此"他必须用自己的方式收拾希特勒"。Hicks, *Where We Came Out*, 81.

23 Regler, *Owl of Minerva*, 357.

24 同上。

25 同上书，第 296 页。

26 1940 年 5 月 17 日 Martha Gellhorn 致 Clara Spiegel, 见普林斯顿大学图书馆，Carlos Baker 文件 12 号箱，Spiegel 文件夹。

27 1940 年 5 月 17 日 Martha Gellhorn 致 Hortense Flexner 和 Wyncie King，见 Moorehead 编辑，*Selected Letters*, 90。

28 1939 年 12 月 8 日 EH 致 Max Perkins， 见 Baker 编辑，*Selected Letters*, 498。

29 1940 年 5 月 1 日前后 EH 致 Max Perkins，见 Baker 编辑，*Selected Letters*, 505。

30 "Writer's Influence," *Time*, June 24, 1940, 92.　　另　见 Donaldson, *MacLeish: An American Life*, 334–35。

31 1940 年 7 月 13 日 EH 致 Max Perkins， 见 Baker 编辑，*Selected Letters*, 506。

32 1940 年 8 月 15 日 EH 致 Charles Scribner 的信中有所讨论，见 Baker 编辑，*Selected Letters*, 507–10。

33 Hotchner, *Papa Hemingway*, 131. Hotchner 报告的是海明威告诉他的事情。

34 1939 年 3 月 23 日 EH 致 Ivan Kashkin， 见 Baker 编辑，*Selected Letters*, 480–81。

35 Edmund Wilson, "Return of Ernest Hemingway," 转载

于 *Literary Essays and Reviews of the 1930s & 40s* (New York: Literary Classics, 2007), 885。

36 Julio Alvarez del Vayo, *Give Me Combat: The Memoirs of Julio Alvarez del Vayo* (Boston: Little, Brown, 1973), 188.

37 Alvah Bessie, 对 *For Whom the Bell Tolls* 的评论, 见 *New Masses*, November 5, 1940, 25-29.

38 同上。另见 Cecil B. Eby, *Comrades and Commissars: The Lincoln Battalion in the Spanish Civil War* (University Park: Pennsylvania State University Press, 2007), 434-35。

39 Bessie, 评论, 28-29.

40 Brian, *True Gen*, 122-25.

41 Schoots, *Living Dangerously*, 140.

42 Regler, *Dokumente und Analysen*, 51. Regler 和多才多艺的共和军师长 Gustavo Durán 讨论是否应谈及共和军的缺点。Durán 说："我们只有同样说出——关于我们自己的真相, 才能在未来获得担任……领导的权威。"

43 Regler, *Owl of Minerva*, 293.

44 1939 年 12 月 8 日 EH 致 Max Perkins, 见 Baker 编辑, *Selected Letters*, 498-99。

45 Regler, *Owl of Minerva*, 293.

第五章 秘密档案：内务部在行动

1 Robert van Gelder, "Ernest Hemingway Talks of Work and War," *New York Times*, August 11, 1940. 海明威的密友 Arnold Gingrich 在他写完小说后, 也对他乐观到近乎疯狂的心态作出了评价。Arnold Gingrich, *Nothing but People: The Early Days at Esquire* (New York: Crown, 1971), 247.

2 1940 年 7 月 13 日 EH 致 Max Perkins, 见 Baker 编辑, *Selected Letters*, 506。

3 1942 年 10 月 15 日 EH 致 John Hemingway，见肯尼迪总统图书馆，欧内斯特·海明威藏品，"外发信件"。

4 1940 年 10 月 21 日 EH 致 Charles Scribner，见 Baker 编辑，*Selected Letters*，519-20。

5 Martha Gellhorn 致 Hortense Flexner，October 30, 1940，见 Moorehead 编辑，*Selected Letters*，103-6. 她写道，"缅甸公路没希望了。《科利尔》杂志派别人去了，另一个女孩"。同上书，106-107 页，内有后续情况的一条编辑评论。

6 达到"再借款上限"的记录，1941 年，Henry Morgenthau, Jr. 的日记，第一辑：摩根索日记，第 351，239-60 卷，纽约州海德公园，富兰克林·D. 罗斯福总统图书馆。

7 同上。另见 Peter Moreira，*Hemingway on the China Front: His WWII Spy Mission with Martha Gellhorn* (Washington, DC: Potomac Books, 2007), 14-20。关于此次旅行和怀特，Moreira 发掘了很多有趣的真相。然而，他未能为他的论文提出充分可信的理由——比方说，海明威去中国进行间谍任务，此次任务激起了他对战时情报工作的痴迷。我在第六章更详细地探讨了这个主题。

8 1941 年 7 月 30 日 EH 致 Henry Morgenthau, Jr.，见肯尼迪总统图书馆，欧内斯特·海明威藏品，"外发信件"。此信也转载于 Moreira，*Hemingway on the China Front*，201-8。

9 例如参见 Michael Warner，*The Office of Strategic Services: America's First Intelligence Agency* (Washington, DC: CIA, 2000), 3。

10 海明威的态度可以从 1941 年 7 月 30 日 EH 致 Henry Morgenthau, Jr. 的信中推断出来。

11 1940 年 12 月 26 日 EH 致 Hadley Mowrer，见 Baker 编辑，*Selected Letters*，520-21. 海明威致 Hadley 的下一封信于 1941 年 1 月 26 日发自纽约。同上书，第 521 页。1 月 26 日或 27 日，他与 Harry Dexter White 谈话时，几乎可以肯定他是在纽约。Moreira，*Hemingway on the*

China Front, 16 和 214n。

12 多部著作中都描述了 Golos，其中包括 Haynes 等人，
Spies，特别是 496-500 页；Lauren Kessler, *Clever Girl: Elizabeth Bentley, the Spy Who Ushered in the McCarthy Era* (New York: Perennial, 2003); Elizabeth Bentley, *Out of Bondage* (New York: Ivy, 1988), 特别是 65-73 页；以及 Herbert Romerstein 和 Eric Breindel, *The Venona Secrets: Exposing Soviet Espionage and America's Traitors* (Washington, DC: Regnery, 2000), 145-50。

13 写在一张纸条上的话，注明日期为 1928 年 11 月 20 日，记录在调查局的一份标题为 "Jacob Golos 个人文件" 的清单中，1948 年 10 月 13 日，见 Silvermaster 档案，文件 65-14603，第 146 卷，http://education-research.org/PDFs/Silvermaster146.pdf（2014 年 2 月访问）。Golos 的个人文件反映了他的兴趣和生活方式。

14 Alexander Vassiliev, "White Notebook," 123 和 129 页，见国会图书馆，Vassiliev 文件。这些文件有很多版本：手写俄文、俄文打字，以及英文译文。手写的俄文文件是 Vassiliev 的 1993 年到 1995 年内务部／克格勃密文件的抄本。我引用的是英文译文，所引的页码也是译文的页码（见于每页的右上角），而不是 Vassiliev 文本中所引用的页码。这些文件也偶尔在线提供。例如可见于 "Vassiliev 的笔记本"，digitalarchive.wilsoncenter.org（2015 年 10 月访问），其中有对其来源的解释。Haynes 等人，*Spies*，巨细靡遗地探讨了它们的来源和内容。

15 关于这一过程的描述，可见 Kessler, *Clever Girl*, 55-89。

16 Gazur, *Alexander Orlov*, 124-29.

17 Alexander Vassiliev, "Operations in the U.S. in 1941-45"，既未注明日期也无页码，见国会图书馆，Alexander Vassiliev 文件，"Summary Narratives"。这些记述是 Vassiliev 准备的，意在让俄罗斯情报官员审查可能会向

某位西方历史学家公开的情报，后者随后会写下这段历史，并将部分收益与他的俄罗斯搭档分享（正如本章后文中所讨论的那样）。Kathryn S. Olmstead, *Red Spy Queen: A Biography of Elizabeth Bentley* (Chapel Hill: University of North Carolina Press, 2002), 23-26，其中有 Golos 如何招募另一个间谍的精彩描述。

18　Hugh Eakin, "Stalin's Reading List," *New York Times*, April 17, 2005, F19. 海明威的克格勃文件概要写于 1948 年 6 月，其中陈述了克格勃对他的评价。几乎一字不差地印于 Haynes 等人，*Spies*, 154. 正如 Vassiliev 所抄录的那样，原件是 "Report on 'Argo'", 1948 年 6 月 8 日，见 Vassiliev, *Black Notebook*, 89。

19　Bentley, *Out of Bondage*, 107-8.

20　转载于 Matthew J. Bruccoli 编辑，*Hemingway and the Mechanism of Fame* (Columbia: University of South Carolina Press, 2006), 72。

21　1964 年 3 月 5 日 Douglas M. Jacobs 致 Carlos Baker，见普林斯顿大学图书馆，Baker 文件 19 号箱，1940 年文件夹。Jacobs 见证了他们的重逢。

22　Haynes 等人，*Spies*, 153。

23　Eleanor Langer, *Josephine Herbst* (Boston: Northeastern University Press, 1994), 269.

24　（1939 年）1 月 10 日 Joris Ivens 致 EH，见肯尼迪总统图书馆，欧内斯特·海明威藏品，欧内斯特·海明威藏品，"外发信件"。

25　"Report on 'Argo'", 1948 年 6 月 8 日，见 Vassiliev, *Black Notebook*, 89.

26　Haynes 等人，*Spies, 145-46. Spies* 一书中关于"新闻间谍"的一章相当详细地探讨了这个主题，并举例说明了内务部如何利用某些美国新闻记者当间谍，进行诸如从其信源搜集情报，以及作为内务部官员和间谍之间的"保险开关"。记者还可以撰写倾向于苏联政策的文章。但是，这似乎并不符合内务部此时寻求美国记者的初衷。

27 同上书，153 和 574n 页。原件见 Vassiliev, *White Notebook #1*, 29。至少在 1941 年 1 月 23 日，海明威显然是在纽约的朗巴迪酒店。参见 1941 年 1 月 23 日 EH 致 Milton Wolff 的信，纽约大学塔米门特图书馆，Milton Wolff 文件 1 号箱。

28 海明威和 Gellhorn 在安排旅游计划时遇到的困难通常可以解释为他们希望搭乘的席位或铺位短缺。但也可能他们想办法经由苏联前往中国让事情变得更加复杂了。Moreira, *Hemingway on the China Front*, 13–14, 讨论了他们的旅行计划。

29 Vassiliev, "Operations in the U.S." 纽约发给莫斯科的原始记录见 Vassiliev, *Black Notebook*, 90。

30 Vassiliev, "Operations in the U.S."

31 海明威的调查局文件可在 vault.fbi.gov/ernest-miller-hemingway 阅读（2014 年 2 月访问）。

32 Haynes 等人，*Spies*, ix–xx 和 xxvii–liii 分两部分讲述了这个故事。第一部分是 Haynes 和 Klehr 的序言；第二部分是 Vassiliev 的介绍，"How I Came to Write My Notebooks, Discover Alger Hiss, and Lose to His Lawyer."

33 Allen Weinstein 和 Alexander Vassiliev, *The Haunted Wood* (New York: Modern Library, 1999) 一书使用了 Vassiliev 撰写的概述，或多或少是根据外情局的计划。此书的细节和人名少于 Haynes 等人的 *Spies* 一书，后者基于 Vassiliev 的原始笔记。*The Haunted Wood* 一书顺便提到了海明威，但没有提到他是内务部间谍。

34 Costello 和 Tsarev, *Deadly Illusions*。

35 Haynes 等人，*Spies*, xlii。

36 我的分析一般遵从上书，ix–xx 的论点。

37 见第 12 章。

38 Gellhorn 在书中没有提到这个主题，这不能证明什么。我未能查阅波士顿大学戈特利布档案研究中心的 Martha Gellhorn 文件，寻找关于这一主题的任何线索。档案管理员给我的回答是，文件要到 2023 年她去世 25 年后才会解封（尽管某些作者已获准查阅那些资料）。

39　EH 致 Ada MacLeish，日期不详，见国会图书馆，MacLeish 文件，海明威通信 1938–1958。内容表明，海明威是在 1940 年 12 月或 1941 年 1 月写的这封信。

40　1948 年，他会暗示在自己与苏联人的秘密关系中，局面是由他掌控的，说他会去找"一个高层老毛子"，问他想知道些什么，而俄罗斯人会知无不言。1948 年 7 月 28 日 EH 致 Charles T. Lanham，见普林斯顿大学图书馆，Lanham-Hemingway 文件 1 号箱。另见第 12 章的讨论。

41　致"Walter"的电报草稿，盖有"1940 年"的附注，见肯尼迪总统图书馆，欧内斯特·海明威藏品，"外发信件"。1948 年，他会将自己与苏联人的往来和山里人 Jim Bridger 与印第安人在前线的交易相比较。1948 年 7 月 28 日 EH 致 Charles T. Lanham，见普林斯顿大学图书馆，Lanham-Hemingway 文件 1 号箱。另见第 12 章的讨论。

42　这一法律仍然有效。参见 www.fara.gov（2014 年 2 月 21 日访问）。可能性更小的是违反了 1940 年的《史密斯法》，该法认定，鼓吹武装颠覆美国政府即为违法；在美国参加二战之前，武装颠覆美国政府一直被认为是共产主义计划的一部分。

43　"海明威先生向希普利夫人出示了一份在西班牙从事常规报道的合同"，并向她保证这就是他想要做的一切。1937 年 2 月 24 日，J. Bell 在 EH 当日签名的护照申请书上所加的边注。国务院根据《信息自由法》向作者公开。战后，他会说政府因为他是个"不成熟的反法西斯主义者"而认为他不值得信任。见第 11–12 章。

44　Ernest Hemingway, "Old Newsman Writes: A Letter from Cuba"，1943 年 12 月，见 White 编辑，*By-Line*，179–85。

第六章　探还是不探：中国和战争的压力

1　关于战时重庆的精彩描述引自 Theodore H. White, *In Search of History: A Personal Adventure* (New York: Harper & Row, 1978), 67-70, 特别是第 69 页。

2　Martha Gellhorn, *Travels with Myself and Another* (New York: Penguin, 2001), 51-52.

3　同上书，第 52 页。

4　同上书，第 10 页。

5　同上书，第 11 页。

6　同上书，第 12 页。

7　EH 致 Martha Gellhorn，未注明日期但有"1941 年 5 月 16 日后"的记录，见肯尼迪总统图书馆，欧内斯特·海明威藏品，"外发信件"。

8　引文见 Bruccoli 编辑，*Hemingway and the Mechanism of Fame*, 138。

9　Gellhorn, *Travels*, 30.

10　同上书，第 14 页。

11　White 编辑，*By-Line*, 306. 就连悲观的美国共产主义者 Agnes Smedley 都不得不承认，1941 年的香港还是个外国人休闲喝酒的好地方，让他们忘记迫在眉睫的进攻。Agnes Smedley, *China Correspondent* (London and Boston: Pandora, 1984), 360.

12　1947 年 4 月 5 日 EH 致 Bernard Peyton，见普林斯顿大学图书馆，Carlos Baker 文件 11 号箱，Peyton 文件夹，内有他的鸡尾酒配方和声明，说这种配方和日本军队一样，可以打垮殖民地。Smedley, *China Correspondent*, 361，讲述了这个荒诞不经的故事。

13　Smedley, *China Correspondent*, 361.

14　White 编辑，*By-Line*, 305。

15　同上书，第 319 页。

16　Baker, *Hemingway*, 364. 他告知公众，香港"固若金

汤"，如果切断其食物供给就会脆弱不堪。White 编辑，
By-Line, 305。

17 Moreira, *Hemingway on the China Front*, 135.

18 White 编辑，*By-Line*, 316。

19 Moreira, *Hemingway on the China Front*, 210–11.
Gellhorn, *Travels*, 48，报道说他们逗留了"数周"，此
说不太可能。另见 White 编辑，*By-Line, 308*。

20 *Gellhorn, Travels*, 49. 海明威认识的另一个"委员长"
当然就是佛朗哥了。

21 同上书，第 51 页。

22 同上。

23 同上书，第 52–53 页。

24 1941 年 7 月 30 日 EH 致 Henry Morgenthau, Jr.，见
肯尼迪总统图书馆，欧内斯特·海明威藏品，"外发信
件"。转载于 Moreira, *Hemingway on the China Front*,
201–8. 海明威的一位中国翻译说，这个美国人赞扬周恩
来"多才多艺，敏于外交"，尽管他"过分强调了共产
党……在战争中的作用"。Kaimei Zheng, "Hemingway
in China," *North Dakota Quarterly* 70, no. 4 (2003):
184–85.

25 "Report on 'Argo,'" 1948 年 6 月 8 日，见 Vassiliev,
Black Notebook, 89。

26 安排这次会面的欧洲人 Anna Wong 在回忆录中写道，
会面有一个小时左右，对话以海明威为主，而不是周，
这似乎不太可能。Moreira, *Hemingway on the China
Front*, 130. 海明威知道该如何当一个好记者，注意倾听
他的消息提供者不吐不快的话。

27 White 编辑，*By-Line*, 307.

28 引文见 Moreira, *Hemingway on the China Front*, 207。

29 White 编辑，*By-Line*, 317。海明威没有说他是在哪里以
及如何第一次遇到这位官员的。

30 可见 David L. Charney, "True Psychology of the Insider
Spy," *Intelligencer* 18, no. 1 (Fall/Winter 2010): 47–54,

考察了间谍工作的心理状态。

31 "The true gen"是英军俚语，指"真实情况"，意为"内幕"或"完整消息"。

32 1952年10月5日EH致Archibald MacLeish，国会图书馆，MacLeish文件，第10箱，海明威通信1938-1958。海明威试图解释他所承担的压力，以及这些压力如何让他难以应付。1940年8月23日，Gellhorn做了类似的评价，她写道："今年是重要的一年，要写一本书，要离婚，还要决定买一幢房子。……我相信E跟我一样筋疲力尽。"Martha Gellhorn致Charles Scribner，普林斯顿大学图书馆，斯克里布纳之子公司档案778号箱，Gellhorn文件夹。

33 1952年10月5日EH致Ada MacLeish，见国会图书馆，MacLeish文件10号箱，海明威通信1938-1958。

34 1941年4月29日EH致Max Perkins，见Baker编辑，*Selected Letters*，522-23。

35 Baker, *Hemingway*, 364.

36 1966年5月11日William J. Lederer致Carlos Baker，见普林斯顿大学图书馆，Carlos Baker文件19号箱，远东之旅文件夹。

37 EH致Martha Gellhorn，未标注日期但有"1941年5月16日后"的记录，见肯尼迪总统图书馆，欧内斯特·海明威藏品，"外发信件"。另见Baker, *Hemingway*, 364-65.

38 EH致Martha Gellhorn，未标注日期但有"1941年5月16日后"的记录。

39 1941年7月30日EH致Henry Morgenthau, Jr.。

40 White编辑，*By-Line*, 303-14。

41 1941年7月30日EH致Henry Morgenthau, Jr.。提及此前在华盛顿的一次会谈中"我们谈论过"，说明那次会谈相当短暂。早些时候，海明威转达了他的问候，并祝愿Morgenthau在"这些艰难时期"工作顺利，这说明他希望能取悦Morgenthau。1941年5月29日Harry

Dexter White 致 Henry Morgenthau, Jr., 谈及 "海明威和 Bond 对中国交通的评价", 罗斯福总统图书馆, Morgenthau 日记。财政部曾请求海明威考察中国的交通网络, 海明威对此没多大兴趣, 将此任务委托给一个名叫 H. L. Bond 的泛美航空公司官员。1966 年 4 月 15 日 H. L. Bond 致 Carlos Baker, 见普林斯顿大学图书馆, Carlos Baker 文件 19 号箱, 远东之旅文件夹。

42　1966 年 4 月 15 日 H. L. Bond 致 Carlos Baker, 提出了另一个可能的谈话主题以及海明威乐于提出建议。

43　1941 年 7 月 30 日 EH 致 Henry Morgenthau, Jr.。两星期后, White 向 Morgenthau 概述了此信。1941 年 8 月 14 日 Harry Dexter White 致 Henry Morgenthau, Jr., 罗斯福总统图书馆, Morgenthau 日记, "海明威先生关于中国的信件摘要"。

44　1941 年 7 月 30 日 EH 致 Henry Morgenthau, Jr.。

45　Haynes 等人, *Spies*, 258. 该资料来源中有一篇关于 White 作为苏联间谍的活动证据的精彩总结 (258–62)。R. Bruce Craig, *Treasonable Doubt: The Harry Dexter White Spy Case* (Lawrence: University Press of Kansas, 2004), 对于 White 的行为给出了善意的解释。

46　John H. Wheelock 编辑, *Editor to Author: The Letters of Maxwell E. Perkins* (New York: Scribner's, 1950), 包含 Thomason 早至 1927 年所收到的信件。1940 年 1 月, Perkins 巧遇 Sweeny, 认为他 "相如其人" (153)。

47　Baker, *Hemingway*, 365. 从 1940 年夏到 1943 年 3 月, Thomason 在海军情报局供职, 主要负责拉丁美洲。弗吉尼亚州匡提科市, 海军陆战队历史部, 军官资格记录, "Thomason, John W. Jr. 记录"; Martha Anne Turner, *The World of John W. Thomason, USMC* (Austin, TX: Eakin Press, 1984), 311。

48　Gellhorn, *Travels*, 53.

49　1941 年 6 月 3 日或 4 日 John W. Thomason 致 Maxwell Perkins, 见 Carlos Baker 文件 19 号箱, 1941 年文件夹。

第七章 骗子工厂：一场秘密的陆战

1　Leddy 向华盛顿汇报了有关美国盖世太保的评论。1942年 10 月 8 日 LegAtt 致局长，转载于 Thomas Fensch, *Behind Islands in the Stream: Hemingway, Cuba, the FBI, and the Crook Factory* (New York: iUniverse, 2009), 13–16。相同的文件载于调查局网站 vault.fbi.gov/ernest-miller-hemingway（2014 年 7 月访问）。Joyce 在其未出版的回忆录中描述了这次午夜遭遇。他没有点名 Guest 或 Leddy，但他的描述无疑表明了他们的身份。Robert Joyce 回忆录见耶鲁大学图书馆，Robert Joyce 文件（MS 1901）1 号箱，5、50 文件夹。

2　海明威在某些报道中描述了古巴的湾流和生活，其中包括 "Marlin off the Morro: A Cuban Letter," *Esquire*, 1933 年秋；"Out in the Stream: A Cuban Letter," *Esquire*, 1934 年 8 月；和 "On the Blue Water: A Gulf Stream Letter," *Esquire*, 1936 年 4 月。三个叙述均转载于 White 编辑，*By-Line*。

3　Spruille Braden, *Diplomats and Demagogues: The Memoirs of Spruille Braden* (New Rochelle, NY: Arlington House, 1971), 285.

4　1945 年 2 月 20 日 Braden 致 George Messersmith，纽约市哥伦比亚大学珍本及手稿图书馆，Spruille Braden 文件，1945 年外交通信。

5　1941 年 8 月 14 日海明威致 Prudencio de Pereda，见 Baker 编辑，*Selected Letters*, 526。

6　可参见 Constantine Pleshakov, *Stalin's Folly* (Boston: Houghton Mifflin, 2005), 86–87。

7　Winston S. Churchill, *The Second World War* (New York: Houghton Mifflin, 1959), vol. 1, 159. 这是其回忆录的精简版。

8　可参见 David M. Glantz 和 Jonathan House, *When Titans*

Clashed: How the Red Army Stopped Hitler (Lawrence: University Press of Kansas, 1995)，特别是第53和292页。

9　可参见 Mark A. Bradley, *A Very Principled Boy* (New York: Basic Books, 2014), 124-25 的讨论。比较起来，美国人的二战死亡人数约为407000人。

10　Joseph Freeman，1941年8月关于德国入侵苏联的无题文章，见斯坦福大学胡佛研究所，Joseph Freeman 文件111号箱，4号文件夹。

11　1941年11月27日莫斯科中心致纽约，引文见 Vassiliev, *White Notebook*, 30。

12　耶鲁大学图书馆 Joyce 文件1号箱。海明威向 Joyce 出示电报时，Joyce 未能记录，但这可能发生在1941年夏到1943年中他们俩都在古巴之时。

13　可见上书，55-56页中他的赞美之词，和1946年6月20日 EH 致 Konstantin Simonov，见 Baker 编辑，*Selected Letters*, 607。

14　1941年12月11日 Hemingway 致 Maxwell Perkins，见 Baker 编辑，*Selected Letters*, 531。

15　同上。

16　1941年12月12日海明威致 Charles Scribner，见 Baker 编辑，*Selected Letters*, 432-33。Martha 下一次致信 Scribner 是写在汽车旅馆的信纸上的。1941年12月13日 Martha Gellhorn 致 Charles Scribner，见普林斯顿大学图书馆，斯克里布纳之子公司档案778号箱，Gellhorn 文件夹，"欧内斯特·海明威相关通信"。

17　1942年3月5日 Martha Gellhorn 和 EH 致 "Bill" Davis，肯尼迪总统图书馆，欧内斯特·海明威藏品，Gellhorn 个人文件。自16世纪以来，斗牛便是墨西哥常见的体育活动。墨西哥城迄今仍有一个活跃的斗牛场。

18　Regler, *Owl of Minerva*, 356-57.

19　同上书，第357页。Regler 补充说海明威不信任的只有"我的众多诽谤者中的一位，此人……（在未来的）1953年被其所在的政党吊死在布拉格"。这里非常有趣地提到了 Otto Katz，他是共产国际的特工，西班牙内战期间曾为 Willi Münzenberg 工作，并曾试图招募 Barbara Wertheim（即后来的 Barbara Tuchman）。海明威和 Katz 在哪里相遇，海明威又为何不信任他？

20 Regler, *Owl of Minerva*, 357. 正如一位研究海明威的学者所指出的，这次爆发与他 1937 年试图与 Dos Passos 恢复联络不无相似之处。Chamberlin, *The Hemingway Log*, 185.

21 Regler, *Owl of Minerva*, 357.

22 1947 年 2 月 13 日 EH 致 "Miss Craipeau"，见肯尼迪总统图书馆，海明威藏品，"外发信件"。从海明威的信件中未能进一步确定 "Miss Craipeau" 的身份，看起来她给海明威寄了有关苏联的一篇文章和一本书，而他对两者都做出了评论。Craipeau 很可能与法国托派分子 Yvan Craipeau 有关，后者是有关苏联的多本书籍的作者。例如，Yvan Craipeau 在 1937 年的文章 "The Fourth International and the Russian Counterrevolution"，见 E. Haberkern 和 Arthur Lipow 编辑，*Neither Capitalism nor Socialism: Theories of Bureaucratic Collectivism* (Alameda, CA: Center for Socialist History, 2008), 25–39。

23 1941 年 7 月 17 日 Martha Gellhorn 致 Charles Colebaugh，见 Moorehead 编辑，*Selected Letters*, 112–13。

24 同上。

25 Ross E. Rowell, "Attaché Report"，1939 年 9 月 25 日，见马里兰州科利奇帕克市国家档案和记录管理局第二档案馆，美国海军记录（RG 38），4 号书架，29 号隔层，第 15 排，370 号堆区，27 号箱。

26 1942 年 7 月 29 日 J. Edgar Hoover 致 Adolf Berle，见 RG 38，1 号书架，19 号隔层，第 14 排，370 号堆区，239 号箱。

27 Hayne D. Boyden，情报报告，1940 年 8 月 6 日，见 RG 38，4 号书架，29 号隔层，第 15 排，370 号堆区，27 号箱。Gellhorn 在一封信中转述了同样的事件：

"他（纳粹）满口大放厥词，直到 E 叫他（出去），然后他就消失了。"1940 年夏 Martha Gellhorn 致 Charles Scribner，普林斯顿大学图书馆，斯克里布纳之子公司档案 778 号箱。

28 耶鲁大学图书馆，Joyce 文件 1 号箱，5、45 号文件夹。

29 同上书，第 46 页。

30 同上书。Joyce 及其上司 Braden 大使甚至认为，海明威是打压苏联在拉丁美洲的政治宣传热情的合适人选。Joyce 给海明威的一个备注给人以这种印象，日期不详（很可能在 1942 年夏），见肯尼迪总统图书馆，欧内斯特·海明威藏品，"来信"。另见 Braden, *Diplomats and Demagogues*, 302–3。

31 Carlos Baker, "Information from Robert Joyce"，1963 年 11 月 17 日，见普林斯顿大学图书馆，Carlos Baker 文件，1942 年文件夹。

32 Ellis O. Briggs, *Proud Servant: Memoirs of a Career Ambassador* (Kent, OH: Kent State University Press, 1998), 174.

33 Braden, *Diplomats and Demagogues*, 283.

34 同上。

35 1942 年 10 月 8 日 LegAtt 致局长，转载于 Fensch, *Behind Islands in the Stream*, 13–16.

36 耶鲁大学图书馆，Joyce 文件 1 号箱，1、50 号文件夹。

37 Braden, *Diplomats and Demagogues*, 283.

38 1942 年 10 月 8 日 LegAtt 致局长。

39 耶鲁大学图书馆，Joyce 文件 1 号箱，5、47–48 号文件夹。R–42 大概就是海明威在古巴的忠诚随从 Winston Guest。

40 同上。

41 耶鲁大学图书馆，Joyce 文件 1 号箱，5、54 号文件夹。

42 D. M. Ladd, "Memorandum for the Director RE: Ernest Hemingway"，1943 年 4 月 27 日，转载于 Fensch, *Behind Islands in the Stream*, 30.

43 1942 年 11 月 20 日 Braden 致 L. Duggan，马里兰州科利奇帕克市国家档案和记录管理局第二档案馆，国务院记录（RG 59），文件编号 852.01。另见 1944 年 3 月 7 日 Braden 致 Hemingway，哥伦比亚大学珍本及手稿图书馆，Spruille Braden 文件："你所从事的高度机密的情报活动……极有价值……你的背景、经验和能力让你有了独特的积累，因而你的解读……可以协助我们评估某些事态的发展。"

44 1942 年 10 月 8 日 LegAtt 致 局 长， 转 载 于 Fensch, *Behind Islands in the Stream*, 13–16。

45 D. M. Ladd, "Memorandum for the Director RE: Ernest Hemingway"，1942 年 12 月 17 日， 转 载 于 Fensch, *Behind Islands in the Stream*, 21–23。

46 同上，以及 Leddy, "Memorandum",1943 年 6 月 13 日，转载于 Fensch, *Behind Islands in the Stream*, 50。

47 耶鲁大学图书馆，Joyce 文件 1 号箱，第 5、50 号文件夹。

48 同上书，第 50 页。海明威在大约同时期给他兄弟的信中展示了相似的态度，他向这个年轻人讲解了情报和新闻之间的差别。1941 年 6 月 28 日 EH 致 Leicester Hemingway，见 Leicester Hemingway, *My Brother, Ernest Hemingway* (Sarasota, FL: Pineapple Press, 1996), 300–1。

49 J. Edgar Hoover, "RE: Ernest Hemingway"，1942 年 12 月 17 日， 转 载 于 Fensch, *Behind Islands in the Stream*, 25。

50 C.H. Carson, "Memorandum for Mr. Ladd Re: Intelligence Activities of Ernest Hemingway in Cuba"，1943 年 6 月 13 日，以及 J. Edgar Hoover, "Memorandum for Mr. Tamm [and] Mr. Ladd"，1942 年 12 月 19 日，两篇文章均转载于 Fensch, *Behind Islands in the Stream*，27 和 57 页。

51 J. Edgar Hoover, "Memorandum for Mr. Tamm [and] Mr. Ladd"，1942 年 12 月 19 日。Hoover 1943 年的一条备注命令其属下"给我有关欧内斯特·海明威的备忘

录"，证明了 Hoover 本人对作家的兴趣。局长办公室备忘录，日期不详，大概完成于 1943 年 2 月或 3 月，见 vault.fbi.gov/ernest-miller-hemingway（2014 年 7 月访问）。当年早些时候，海明威反对一位名叫 Edward Knoblaugh 的调查局特工，Hoover 此举大概是对这个行动的回应。海明威通过一封冗长的详细备忘录，历数那人在西班牙内战期间有同情法西斯的嫌疑，试图劝说 Braden 大使把 Knoblaugh 从哈瓦那遣送回国。1943 年 2 月 10 日 EH 致 Spruille Braden，见肯尼迪总统图书馆，欧内斯特·海明威藏品，"外发信件"。大使起初同意了，随后却自食其言，但显然是在海明威为自己的阶段性胜利而扬扬得意之后。Baker, *Hemingway*, 380-81; Fensch, *Behind Islands in the Stream*, 60.

52 耶鲁大学图书馆，Joyce 文件 1 号箱，5、54-55 号文件夹。

53 1942 年 10 月 9 日 LegAtt 致局长，转载于 Fensch, *Behind Islands in the Stream*, 17-18。

54 引文见 C. H. Carson, "Memorandum for Mr. Ladd Re: Intelligence Activities of Ernest Hemingway in Cuba", 1943 年 6 月 13 日，转载于 Fensch, *Behind Islands in the Stream*, 51。

55 她的妹夫 Michael Straight 后来被揭穿是剑桥大学内务部间谍圈子中唯一的美国人，第八章结尾处有所提及。苏联的间谍头子 Orlov 在那次行动中也发挥了作用。

56 耶鲁大学图书馆，Joyce 文件 1 号箱，5、54 号文件夹。1942 年 10 月 9 日 LegAtt 致局长，重印于 Fensch, *Behind Islands in the Stream*, 17-18，报告说大使以海明威的名义向华盛顿方面说情，以保证 Durán 的工作是"为了协助海明威先生这一特殊目的"。

57 耶鲁大学图书馆，Joyce 文件 1 号箱，5、54-55 号文件夹。

58 Baker, "Information from Robert Joyce", 1963 年 11 月 17 日。

59 耶鲁大学图书馆，Joyce 文件 1 号箱，5、55 号文件夹。据调查局说："海明威的组织被解散了，其工作于 1943

年 4 月 1 日终止。" 1943 年 4 月 21 日 LegAtt 致局长,转载于 Fensch, *Behind Islands in the Stream*, 28。

第八章 "皮拉尔"号与海战:我国政府的一名秘密特工

1 *Pilar* 航海日志,见肯尼迪总统图书馆,欧内斯特·海明威藏品,"其他资料"。亦转载于 Terry Mort, *The Hemingway Patrols* (New York: Scribner, 2009), 185–88。

2 Gregory H. Hemingway, *Papa: A Personal Memoir* (Boston: Houghton Mifflin, 1976), 88. Gregory 声称在那个特定的日子,他正在船上,但这大概是道听途说。勤奋的年代考据者认为他当天在基韦斯特。Chamberlin, *The Hemingway Log*, 240.

3 1950 年 6 月 3 日 EH 致 Lillian Ross,见普林斯顿大学图书馆,Carlos Baker 文件 19 号箱,1942 年文件夹。

4 见 EH, "First Poem to Mary in London," Nicholas Gerogiannis 编辑,*Ernest Hemingway, 88 Poems* (New York: Harcourt, Brace, Jovanovich, 1979), 104。

5 *Pilar* 航海日志。

6 1949 年 1 月 5 日 EH 致 Charles T. Lanham (CTL),见普林斯顿大学图书馆,Lanham-Hemingway 文件 1 号箱。

7 Paul Hendrickson, *Hemingway's Boat: Everything He Loved in Life, and Lost* (New York: Knopf, 2011), 9.

8 同上书,第 74 页。

9 见第一章。

10 1941 年 6 月 28 日 EH 致 Leicester Hemingway,转载于 Leicester Hemingway, *My Brother, Ernest Hemingway*, 300–301。

11 Ernest Hemingway 编辑,*Men at War: The Best War Stories of All Time* (New York: Crown, 1942). Baker, *Hemingway*, 371, 描述了 Crown 如何请求海明威编辑

这本书，以及海明威如何计划"倚重（其朋友 Perkins，Thomason 和 Sweeny 的）编辑和军事经验"。

12　EH 编辑，*Men at War*, xi。

13　同上，第 xxiii 页。Smedley 在回忆录里写了几段关于她与海明威会谈的情况。见第六章，更笼统的情况见 Ruth Price, *The Lives of Agnes Smedley* (Oxford: Oxford University Press, 2005)。

14　EH 编辑，*Men at War*, xx。

15　同上书，第 xxvii 页。

16　1948 年 4 月 9 日 EH 致 Malcolm Cowley，见肯尼迪总统图书馆，欧内斯特·海明威藏品，"外发信件"。

17　Braden, *Diplomats and Demagogues*, 283–84.

18　1948 年 12 月 15 日 EH 致 Alfred Rice，见 Baker 编辑，*Selected Letters*, 654–56。

19　Gregory Hemingway, *Papa*, 70.

20　1948 年 6 月 28 日 EH 致 Malcolm Cowley，见肯尼迪总统图书馆，欧内斯特·海明威藏品，"外发信件"。

21　Leicester Hemingway, *My Brother, Ernest Hemingway*, 223. 我无法记录 Jenkinson 的海军情报任务。那大概是在英国海军情报部门的工作。欧内斯特·海明威与 Jenkinson 的第一次接触可能是 1937 年这个英国人访问基韦斯特之时。Jenkinson 与 Joris Ivens 也有联系。1938 年，Jenkinson 在为 *London Daily Sketch* 报道新闻期间，和 Ivens 在中国相遇，并开始与海明威通信谈论远东的情况。见 Chamberlin, *The Hemingway Log*, 202。

22　Sir Anthony Jenkinson, *America Came My Way* (London: Arthur Barker, 1936)，以及 *Where Seldom a Gun Is Heard* (London: Arthur Barker, 1937)。

23　1948 年 11 月 15 日 EH 致 Charles T. Lanham，见普林斯顿大学图书馆，Lanham-Hemingway 文件 1 号箱。

24　Leicester Hemingway, *My Brother, Ernest Hemingway*, 223.

25　同上。

26　1940 年 3 月 19 日 Leicester Hemingway 致 EH，见 Norberto Fuentes, *Hemingway in Cuba* (Secaucus, NJ: Lyle Stuart, 1984), 316–18.

27　Leicester Hemingway, *My Brother, Ernest Hemingway*, 223.

28　可参见 1940 年 5 月 1 日 EH 致 Anthony Jenkinson，见 Fuentes, *Hemingway in Cuba*, 318–19。

29　Leicester Hemingway 和 Anthony Jenkinson, "A Caribbean Snoop Cruise," *Reader's Digest* 37 (1940): 128。

30　同上。

31　1942 年 3 月 24 日 T. J. Wilkinson 致 William J. Donovan，见国家档案和记录管理局第二档案馆，战情局记录（RG 226），92 号条目，信息协调办公室／战情局中央文件，"Leicester Hemingway" 文件夹。

32　1940 年 7 月（日期不详）EH 致 Grace Hemingway，见 Leicester Hemingway, *My Brother, Ernest Hemingway*, 297。海明威不是在写给母亲的信中对 Leicester 表示客气。他还在战后写给好友的一封信中赞扬了后者的工作。见 1948 年 11 月 25 日 EH 致 Charles Lanham，普林斯顿大学图书馆，Lanham-Hemingway 文件。

33　见第七章。

34　可参见 Ross E. Rowell, "Attaché Report"，1940 年 1 月 27 日，见国家档案和记录管理局第二档案馆，RG 38，海军情报局文件，第 4 排，29 号隔层，第 15 排，370 号堆区，27 号箱，"专论型文件"。

35　Homer H. Hickam, Jr., *Torpedo Junction: U-Boat War off America's East Coast, 1942* (Annapolis, MD: Naval Institute Press, 1996), 159, 291.

36　1942 年 1 月 30 日 George S. Messersmith 致 Laurence Duggan，国家档案和记录管理局第二档案馆，国务院文件（RG 59）4649 号箱，国务院（DoS）标识符 837.24。Messersmith 是 Braden 的前任大使。两个月后

的一个类似的情报提到古巴附近的一次沉船。1942 年 3 月 27 日 Ellis O. Briggs 致 Philip W. Bonsal，国家档案和记录管理局第二档案馆，DoS 文件 3220 号箱，DoS 标识符 800.20237。

37　1941 年 6 月 28 日 EH 致 Leicester Hemingway，见 Leicester Hemingway, *My Brother, Ernest Hemingway*, 300。

38　同上书，第 224 页。

39　1941 年 6 月 28 日 EH 致 Leicester Hemingway。

40　Braden, *Diplomats and Demagogues*, 283. Braden 给人的印象是这段对话发生在骗子工厂关张之后；实际上，两次行动有相当长时间的重叠。

41　同上书，283-84 页。

42　同上。

43　EH, "Notes 1935-1944"，日期不详，见肯尼迪总统图书馆，欧内斯特·海明威藏品，"其他资料"。

44　Ellis Briggs, *Shots Heard Round the World: An Ambassador's Hunting Adventures on Four Continents* (New York: Viking 1957), 55-60. 1942 年，Briggs 是大使馆的一名高阶军官并参加了这次协商。另见 1942 年 11 月 9 日无名氏致 EH，肯尼迪总统图书馆，欧内斯特·海明威藏品，第二次世界大战，"加勒比海潜艇战"的一个备注，提及了 Thomason "与你在哈瓦那的谈话"。海明威本人在战后回信给 Malcolm Cowley，谈及了"无友行动"。见 1948 年 4 月 9 日和 1948 年 6 月 28 日 EH 致 Malcolm Cowley，见肯尼迪总统图书馆，欧内斯特·海明威藏品，"外发信件"。

45　Briggs, *Shots Heard Round the World*, 58-59.

46　1948 年 4 月 9 日 EH 致 Malcolm Cowley。

47　1942 年 11 月 9 日 EH 致 Robert Joyce，见肯尼迪总统图书馆，欧内斯特·海明威藏品，"外发信件"。另见 1949 年 1 月 13 日 EH 致 Don Saxon，见普林斯顿大学图书馆，Carlos Baker 文件 11 号箱。"布谷"或"布谷鸟"

两种写法均出现在海明威的信中，或许是 Boyden 作为海军飞行员的非正式但永久性的呼叫代号。

48 Briggs, *Shots Heard Round the World*, 59-60. 2014 年 8 月 18 日，来自海军陆战队历史部历史参考处的一份电子邮件提供了有关 Saxon 工作的基本信息。

49 1943 年 5 月 18 日 Hayne D. Boyden 致有关人士，见肯尼迪总统图书馆，欧内斯特·海明威藏品，EH 博物馆藏品，"来信"。

50 1942 年 11 月 2 日 EH 致 Hayne D. Boyden，见肯尼迪总统图书馆，欧内斯特·海明威藏品，"外发信件"。

51 1948 年 6 月 28 日 EH 致 Malcolm Cowley。

52 同上。

53 1943 年 9 月 21 日法律专员办公室致调查局局长，见 Fensch, *Behind Islands in the Stream*, 87-89。该文件只提到了"保密线人……396 号"，表明意在保护他的身份免为局外人所知。无论为了什么原因，海明威似乎对他跟 396 号说话的内容非常小心，不对他讲任何有争议的话。

54 1943 年 6 月 26 日 Martha Gellhorn 致 EH，见 Moorehead 编辑，*Selected Letters*, 145。

55 Baker, *Hemingway*, 381.

56 1948 年 6 月 28 日 EH 致 Malcolm Cowley。

57 1942 年 12 月 10 日条目，二战日记，加勒比海前线，1942 年 4 月至 1943 年 12 月，国家档案和记录管理局第二档案馆，RG 38，美国海军作战部长办公室记录。Michael Reynolds, *Hemingway: The Final Years* (New York: Norton, 1999), 72-81，引用了类似的信息并详细讲述了"无友行动"的故事。

58 1944 年 3 月 7 日 Spruille Braden 致 EH，见哥伦比亚大学珍本及手稿图书馆，Spruille Braden 文件，"分类通信"。战后，海明威提到他曾把该信件交给律师保管。1948 年 12 月 15 日 EH 致 Alfred Rice，见 Baker 编辑，*Selected Letters*, 655。

59　1944 年 3 月 21 日 EH 致 Spruille Braden，见哥伦比亚大学珍本及手稿图书馆，Spruille Braden 文件，"分类通信"。

60　1943 年 5 月 5 日前后 EH 致 Archibald MacLeish，见 Baker 编辑，*Selected Letters*，544–46。几个月后，他致信 Max Perkins，说他"不会跟任何人交换（他）现在的工作"。1943 年 8 月 2 日 EH 致 Maxwell Perkins，见上书，547–48 页。

61　Leicester Hemingway, *My Brother, Ernest Hemingway*, 229–30.

62　同上书，第 230 页。

63　Vassiliev 文件中 1948 年文件总结相关句子是："在 1943 年 9 月，'阿尔戈'还在哈瓦那时，有一幢乡间庄园，我们的员工接触了他，在他动身前往欧洲前只见了他两次。"Vassiliev, *Black Notebook*, 89.

64　可参见他关于苏联的战时评论，记录见耶鲁大学图书馆，Joyce 文件 1 号箱，5、55–56 号文件夹。

65　Michael Straight, *After Long Silence* (New York: Norton, 1983), 129–30.

66　同上。

67　Vassiliev, *Black Notebook*, 89.

第九章　挺进巴黎：勇猛如野牛

1　Nelson Lankford 编辑，*OSS Against the Reich: The World War II Diaries of Colonel David K. E. Bruce* (Kent, OH: Kent State University Press, 1991), 160; 1955 年 6 月 12 日 David Bruce 致 EH 的附件，见肯尼迪总统图书馆，欧内斯特·海明威藏品，"来信"。另见 Robert Fuller, "Hemingway at Rambouillet," *Hemingway Review* 33, no. 2 (Spring 2014): 68–70。

2　Lankford 编辑，*OSS Against the Reich*, 160。

3　1944 年 8 月 27 日 EH 致 Mary Welsh (MW)，见 Baker 编辑，*Selected Letters*, 564。

4　1955 年 6 月 12 日 David Bruce 致 EH。

5　1942 年 3 月 4 日 Martha Gellhorn 致 Clara Spiegel，见普林斯顿大学图书馆，Carlos Baker 文件 12 号箱 Spiegel 文件夹。

6　Moorehead 编辑，*Selected Letters*，149–60。

7　Joyce 描述了他从外事处离职的情况，见耶鲁大学图书馆，Joyce 文件 1 号箱，6、1 号文件夹。他的战情局个人记录中还包括与他申请并服务于战情局有关的材料。国家档案和记录管理局第二档案馆，战情局文件，Robert P. Joyce 个人文件。

8　1944 年 3 月 16 日 Joyce 致 Shepardson，中情局据《信息自由法》公开的信息。这封信中提到了 1944 年 2 月 9 日 Joyce 致 Shepardson 的早先信息的内容，该信息不在其他消息之中。这些信息后来被移交马里兰州科利奇帕克市的国家档案和记录管理局，我在那里无法找到它们。我在这份《信息自由法》公开资料中找到了该资料，此事显然发生在 1983 年 2 月，由学者 Daniel Robinson 提供。

9　1944 年 2 月 14 日 McBaine 致 Shepardson，中情局据《信息自由法》公开的信息。

10　1944 年 3 月 16 日 Joyce 致 Shepardson，中情局据《信息自由法》公开的信息。

11　1944 年 4 月 6 日 Magruder 致 Shepardson，中情局据《信息自由法》公开的信息。

12　同上。Buxton 的备注与 Magruder 给 Shepardson 的备忘录在同一页上。

13　1944 年 4 月 21 日 Bigelow 致 Shepardson，中情局据《信息自由法》公开的信息。

14　1944 年 5 月 1 日 Shepardson 致 Joyce，国家档案和记录管理局第二档案馆，战情局文件，条目 99，53 号箱，"中东行动战场（METO）邮包审查"（1944 年 2 月 1 日至 5 月 27 日）。这是现场收到的杂项通信概要，其中并不包括与海明威有关的其他信息。

15　Baker, *Hemingway*, 385.

16　Moorehead, *Gellhorn*, 212.

17　Kert, *The Hemingway Women*, 391-92.

18　Jennet Conant, *The Irregulars: Roald Dahl and the British Spy Ring in Wartime Washington* (New York: Simon & Schuster, 2008), 描述了他的工作。

19　1943 年 10 月 19 日 Roald Dahl 致"亲爱的妈妈", 英格兰白金汉郡, 罗尔德·达尔博物馆与故事中心 (RDMSC)。

20　1944 年 3 月 21 日 Roald Dahl 致"亲爱的妈妈", RDMSC。

21　1965 年 7 月 28 日 Roald Dahl 致一位不知姓名的收信人 (大概是 Carlos Baker) 的信件草稿, RDMSC。

22　1944 年 4 月 28 日 Martha Gellhorn 致 Eleanor Roosevelt, 见 Moorehead 编辑, *Selected Letters*, 160-61。

23　1965 年 7 月 28 日 Roald Dahl 致一位不知姓名的收信人 (大概是 Carlos Baker) 的信件草稿, RDMSC。拳击手 是 George Brown。Baker, *Hemingway*, 386.

24　Matthew Sweet, *The West End Front* (London: Faber & Faber, 2011), 91.

25　可见上书, 特别是 82-92 页。

26　Vassiliev, *Black Notebook*, 89. 引文另见 Haynes 等人, *Spies*, 154。

27　EH, "Voyage to Victory", 见 White 编辑, *By-Line*, 340-41。

28　1953 年 3 月 16 日 EH 致 Charles Poore, 见普林斯顿大 学图书馆, Carlos Baker 文件 11 号箱; 1946 年 6 月 20 日 EH 致 Konstantin Simonov 见 Baker 编辑, *Selected Letters*, 607-9。

29　H. R. Stoneback, "Hemingway's Happiest Summer— 'The Wildest, Most Beautiful, Wonderful Time Ever' or, The Liberation of France and Hemingway," *North Dakota Quarterly* 64, no. 3 (Summer 1997): 184-220, 是关于该主题的文学的一篇无出其右的评论, 本身也是

一篇出色的作品。我还有赖于 Reynolds, *Hemingway: The Final Years*, 特别是 101-9 页。

30 引文见 Baker, *Hemingway*, 404.

31 1953 年 3 月 16 日 EH 致 Charles Poore, 见普林斯顿大学图书馆, Carlos Baker 文件, Poore 文件夹。

32 EH, "Battle for Paris", 见 White 编辑, *By-Line*, 365. 另一个可靠的来源是 1944 年 8 月 27 日 EH 致 MW, 见肯尼迪总统图书馆, 欧内斯特·海明威藏品, "外发信件"。

33 Richard Harris Smith, *OSS: The Secret History of America's First Intelligence Agency* (Berkeley: University of California Press, 1981), 191.

34 Robert Capa, *Slightly Out of Focus* (New York: Random House, 1999), 179.

35 1955 年 6 月 12 日 David Bruce 致 EH, 见肯尼迪总统图书馆, 欧内斯特·海明威藏品, "来信"。Bruce 把他为"一位作家"(可能是 Denis Brian 或 Malcolm Cowley) 撰写的关于朗布依埃的回忆手稿附在信后。

36 引文见 Nelson Lankford, *The Last American Aristocrat: The Biography of Ambassador David K. E. Bruce* (Boston: Little, Brown, 1996), p. 155. 另见 Lankford 编辑, *OSS Against the Reich*, 160。

37 S. L. A. Marshall, *Bringing Up the Rear* (San Francisco: Presidio Press, 1979), 101. 本书转载了关于 1944 年的一篇文章, 该文章首次发表于 1961 年。

38 Lankford 编辑, *OSS Against the Reich*, 160。

39 1965 年 12 月 13 日 David Bruce 致 Carlos Baker, 见里士满市弗吉尼亚历史学会, David Bruce 文件。

40 Lankford 编辑, *OSS Against the Reich*, 166。

41 Miles Copeland, *The Game Player* (London: Aurum Press, 1989), 55. Copeland 是一名战情局军官, 他于 8 月 21 日抵达旅馆。海明威的略有不同的版本见 EH, "Battle for Paris", 见 White 编辑, *By-Line*, 369。

42 1948 年 11 月 8 日 EH 致 CTL, 见普林斯顿大学图书馆,

Lanham-Hemingway 文件。

43 同上。

44 1955 年 6 月 12 日 David Bruce 致 EH。

45 1965 年 11 月 23 日 David Bruce 致 Carlos Baker，见里士满市弗吉尼亚历史学会，David Bruce 文件。"我……偶尔会见到他发狂，特别是在他喝了太多酒以后。"

46 Lankford 编辑，*OSS Against the Reich*，168。

47 EH，"How We Came to Paris"，见 White 编辑，*By-Line*，374。

48 1955 年 6 月 12 日 David Bruce 致 EH；Lankford 编辑，*OSS Against the Reich*，169. 另见 1953 年 3 月 16 日 EH 致 Charles Poore，其中包括他找到了两条通向巴黎的备用路线的声明，"在那些路线上，你们只需打两场仗"。普林斯顿大学图书馆，Carlos Baker 文件 11 号箱，Poore 文件夹。

49 1944 年 8 月 23 日 David Bruce 致 EH，见肯尼迪总统图书馆，欧内斯特·海明威藏品，"来信"。

50 Andy Rooney，*My War* (New York: PublicAffairs, 2000), 205。

51 Lankford 编辑，*OSS Against the Reich*，171。资料来源是 Bruce 的战时日记。

52 同上书，172-173 页。Bruce 并未特别声明海明威是否跟他一起登上了凯旋门，但从他的日记和其他资料来源看，几乎可以肯定的是，作家在他登凯旋门之前和之后都跟他在一起。

53 引文见 A. E. Hotchner，*Hemingway and His World* (New York and Paris: Vendome Press, 1989), 162。

54 Lankford 编辑，*OSS Against the Reich*，174。

55 Marshall，*Bringing Up the Rear*，95. Iris Carpenter，*No Woman's World* (Boston: Houghton Mifflin, 1946), 113, 描述了解放后丽兹酒店的食物。Mary Welsh Hemingway (MWH) 在 *How It Was* (New York: Ballantine, 1977), 144 中也做了同样的描述。

56 关于这一主题的精彩讨论，见 Fuller, "Hemingway at Rambouillet," 66–80。

57 Marshall, *Bringing Up the Rear*, 101. 这种野牛在亚洲很常见。

58 1955 年 6 月 12 日 David Bruce 致 EH。

59 EH, "Battle for Paris," 383.

第十章　在前线：伟大的反法西斯战争进入最后几个月

1 EH, "War in the Siegfried Line"，见 White 编辑，*By-Line*，392。

2 Reynolds, *Hemingway: The Final Years*, 111–12, 很好地讲述了这些故事。

3 MWH, *How It Was*, 143.

4 1944 年 9 月 11 日 EH 致 MW，见 Baker 编辑，*Selected Letters*，506。

5 MWH, *How It Was*, 184.

6 1948 年 11 月 12 日 EH 致 Helen Kirkpatrick，见 Baker 编辑，*Selected Letters*，652。

7 Jacob A. Stein, "General Buck Lanham, Ernest Hemingway, and That Woman in Venice," *Washington Lawyer*, January 2003.

8 同上。

9 1948 年 11 月 12 日 EH 致 Helen Kirkpatrick，见 Baker 编辑，*Selected Letters*，652。

10 1948 年 6 月 9 日 EH 致 Raymond O. Barton，见 Baker 编辑，*Selected Letters*, 640. 另见 Reynolds, *Hemingway: The Final Years*, 222, 其中引用了海明威的声明，说他三次被推荐获颁卓越服役十字勋章。

11 战争部，FM 30-26：美国军队随军记者上战场的规定（华盛顿哥伦比亚特区：战争部，1942 年），2。

12 引文见 Reynolds, *Hemingway: The Final Years*, 116。

13 同上。

14 1944 年 9 月 13 日 EH 致 MW，见 Baker 编辑，*Selected Letters*, 568。

15 Baker, *Hemingway*, 434.

16 同上书，第 438 页。Lanham 在战后写给海明威的信件中写到了这个事件。1954 年 11 月 6 日和 1960 年 3 月 9 日 CTL 致 EH，见肯尼迪总统图书馆，欧内斯特·海明威藏品，"来信"。

17 这一事件有各种版本：Reynolds, *Hemingway: The Final Years*, 123; Stoneback, "Hemingway's Happiest Summer," 204; 和 Baker, *Hemingway*, 438. Stoneback 和 Baker 都依赖于 Walton 的第一手证词。

18 Baker, *Hemingway*, 439.

19 同上书，439–440 页。

20 1948 年 12 月 15 日 EH 致 Alfred Rice，见 Baker 编辑，*Selected Letters*, 656。

21 1945 年 4 月 14 日 EH 致 MW，见 Baker 编辑，*Selected Letters*, 584。

22 1948 年 4 月 9 日和 1948 年 4 月 13 日 EH 致 Malcolm Cowley，见肯尼迪总统图书馆，海明威研究藏品，"外发信件"。

23 1945 年 4 月 2 日 EH 致 CTL，见 Baker 编辑，*Selected Letters*, 578–581。 海明威的沮丧或许是 1944 年战役的激烈经历后的一种创伤后压力综合征（PTSD）。在他致 Lanham 的另一封信里，他描述了一种明显的 PTSD 症状：在家醒来时，不知身处何处，还把 Mary 踢醒，告诉她"这个破房子"守不住，他们需要离开。1949 年 1 月 5 日 EH 致 CTL，见普林斯顿大学图书馆，Lanham-Hemingway 文件 1 号箱。

24 1945 年 4 月 14 日 EH 致 CTL，见普林斯顿大学图书馆，Lanham-Hemingway 文件 1 号箱。

25 1945 年 7 月 23 日 EH 致 Maxwell Perkins，见 Baker 编辑，*Selected Letters*, 593–595。

26 EH 致 Konstantin Simonov， 见 Baker 编辑，*Selected*

Letters, 608。1946 年，Lanham 写道，海明威是世上理解他的两个人之一，而他"除了通奸之外"得以放松的唯一方式就是给海明威写信。1946 年 7 月 15 日 CTL 致 EH，见肯尼迪总统图书馆，欧内斯特·海明威藏品，"来信"。

27 1945 年 7 月 23 日 EH 致 Maxwell Perkins，见 Baker 编辑，*Selected Letters*，594。

28 1953 年 5 月 23 日 EH 致 CTL，见普林斯顿大学图书馆，拉纳姆－海明威文件，第 1 箱。在这个段落里，他写信给 Lanham，说他喜欢"干掉德国佬的科学和实践"。

29 Vassiliev, *Black Notebook*, 89; 引文另见 Haynes 等人，*Spies*, 154。

第十一章 "心里发毛"：既非战争，也非和平

1 1945 年 10 月 10 日 Mary Lanham 致 EH，见肯尼迪总统图书馆，欧内斯特·海明威藏品，"来信"。

2 9 月 22 日，Lanham 夫妇再次来访。见 1945 年 9 月 28 日 EH 致 MW，见 Baker 编辑，*Selected Letters*，601-3。

3 1964 年 6 月 1 日 Mary Lanham 致 Carlos Baker，见普林斯顿大学图书馆，Baker 文件 20 号箱，1945 年文件夹。这是我关于本故事的主要资料来源。

4 照片见普林斯顿大学图书馆，Lanham-Hemingway 通信 1 号箱。

5 引文见 Bruccoli 编辑，*Hemingway and the Mechanism of Fame*，90。

6 这一叙述来自 Amy Knight, *How the Cold War Began: The Igor Gouzenko Affair and the Hunt for Soviet Spies* (New York: Carroll & Graf, 2005)，特别是 32-35 页。

7 P. J. Philip, "Soviet Embassy Ex-Aide Gave Tip On Leak of Canada's Science Data," *New York Times*, February 19, 1946.

8 可参见 Walter Isaacson 和 Evan Thomas, *The Wise Men*

(New York: Touchstone, 1986), 357。

9   1946 年 2 月 21 日 EH 致 CTL，普林斯顿大学图书馆，
    Lanham-Hemingway 文件 1 号箱。

10 演 说 全 文 见 Winston S. Churchill, "Mr. Churchill's
    Address Calling for United Effort for World Peace,"
    New York Times, March 6, 1946。

11 1946 年 6 月 20 日 EH 致 Konstantin Simonov，见 Baker
    编辑，*Selected Letters*, 607-9。

12 1946 年 6 月 30 日 EH 致 CTL，见普林斯顿大学图书馆，
    Lanham-Hemingway 文件 1 号箱。

13 同上。

14 1948 年 1 月 17 日 EH 致 CTL，普林斯顿大学图书馆，
    Lanham-Hemingway 文件 1 号箱。

15 1947 年 2 月 13 日 Hemingway 致 "Miss Craipeau"，见
    肯尼迪总统图书馆，欧内斯特·海明威藏品，"外发信
    件"。Craipeau 的名字不得而知，显然给海明威寄了关
    于苏联的一本书和一篇文章，或许还问了他的反应如
    何。另见第七章中关于这封信的讨论。

16 Harold Strauss, "The Riddle of Moscow's Trials," *New
    York Times*, May 25, 1941. 这是一片关于 *Darkness at
    Noon* 的评论。

17 Edward Dmytryk, *Odd Man Out: A Memoir of
    the Hollywood Ten* (Carbondale: Southern Illinois
    University Press, 1996), 14-15.

18 Kenneth L. Billingsley, "Hollywood's Missing Movies:
    Why American Films Have Ignored Life Under
    Communism," *Reason*, June 2000, 以 及 Billingsley,
    *Hollywood Party: How Communism Seduced the
    American Film Industry in the 1930s and 1940s*
    (Roseville, CA: Forum, 2000)。

19 Koestler, *Invisible Writing*, 451. Koestler 和海明威有很
    多共同的朋友。

20 "Smashing of Fascist Spy Nest," *Daily Worker*, June 16,

1937.

21　Harold Denny, "Many Doubts Rise in Russia on Guilt of Eight Generals," *New York Times*, June 25, 1937. 如今，Tukhachevsky 被指控的罪名不成立，他唯一的罪状只是功高震主，身为优秀的军队领袖，有朝一日会让斯大林黯然失色。在 1930 年代和 1940 年代，美国有三种关于清洗的常见解读。特别是在战争期间，一些美国人——如前任驻苏联大使 William Davis——愿意相信被指控的人有罪，斯大林在对付真正的敌人。另一种看法是怀疑这些审判秀不过如此，但承认美国对此无甚可为，也不应有何作为。这在战争期间很合理；苏联可以任意处置它自己的公民。第三种看法是支持丘吉尔，保留谴责那位独裁者的权利，他的过度嗜血与希特勒相比有过之而无不及。可参见 Ronald Radosh 和 Allis Radosh, *Red Star over Hollywood* (San Francisco: Encounter Books, 2005), 94-95 中的讨论。

22　1948 年 1 月 17 日 EH 致 CTL，见普林斯顿大学图书馆，Lanham-Hemingway 文件 1 号箱。

23　同上。关于大背景，可参见 Joseph P. Lash, *Eleanor: The Years Alone* (New York: Norton, 1972), 82-89 对于多少有些同情苏联人的自由主义者的讨论。当 Wallace 越来越无视苏联人的罪责，就连 Eleanor 也不得不与他分道扬镳了。

24　Robert J. Donovan, *Conflict and Crisis: The Presidency of Harry S Truman, 1945-1948* (New York: Norton, 1971), 284.

25　关于这一时期有很多讨论。我认为特别有帮助的是 Bradley, *A Very Principled Boy*; Sam Tannenhaus, *Whittaker Chambers: A Biography* (New York: Random House, 1997); 和 Walter Goodman, *The Committee: The Extraordinary Career of the House Committee on Un-American Activities* (New York: Farrar, Straus, 1968)。

26 Eric Bentley 编 辑，*Thirty Years of Treason: Excerpts from Hearings Before the House Committee on Un-American Activities 1938-1968* (New York: Thunder's Mouth Press, 1971), 57。纳粹同情者是战前该委员会的主要目标。

27 此事发生在 1996 年。见国家安全局和中央情报局，*Venona: Soviet Espionage and the American Response, 1939-1957* (Washington, DC: NSA and CIA, 1996)。

28 美 国 众 议 院，*This Is Your House Committee on Un-American Activities* (Washington, DC: U.S. Government Printing Office, 1954), 17。

29 Goodman, *The Committee*, 204。

30 Bentley 编辑，*Thirty Years of Treason*, 84, 91-92。

31 Martha Gellhorn, "Cry Shame," *New Republic*, October 6, 1947。

32 Bentley 编辑，*Thirty Years of Treason*, 86。

33 同上书，第 106 页。

34 Hanns Eisler, "Statement on Leaving the USA," March 27, 1948, 见 www.eislermusic.com（2015 年 6 月 9 日访问）。

35 Dmytryk, *Odd Man Out*, 39.

36 John Sbardellati, J. *Edgar Hoover Goes to the Movies: The FBI and the Origins of Hollywood's Cold War* (Ithaca, NY: Cornell University Press, 2012), 特 别 是 197-208 页，是对共产主义颠覆的恐惧，以及适用于大多数平庸电影的标准的精彩讨论。另见 Billingsley, "Hollywood's Missing Movies" 和 *Hollywood Party*, 特别是 282 页。共产党希望通过好莱坞十人这样的党员来影响美国电影的内容。他们的确取得了某种程度上的成功，只是与委员会想象的不一样。除了少数例外，好莱坞并没有拍摄美化共产主义或苏联的电影。好莱坞十人能做的是尽量让好莱坞不拍关于列宁或斯大林及其反人性罪行的严肃电影。1941~2015 年，好莱坞出品了第三帝国的无数电影，让希特勒的可怕世界观历久弥新。但在某种程度上是受到十人的影响，几乎没有描写斯大林及其凶残偏执狂的电影：很少或几乎没有电影涉及他所导致的饥荒或他下令进行的清洗，或是他在西伯利亚建立的成群的集中营。

37　可参见 Gerald Horne, *The Final Victim of the Blacklist: John Howard Lawson, Dean of the Hollywood Ten* (Berkeley: University of California Press, 2006), 195。

38　同上书，特别是 35–36 页。

39　同上，以及 Dmytryk, *Odd Man Out*, 21。

40　Bentley 编辑，*Thirty Years of Treason*, 154 和 158–59。

41　James D. Brasch 和 Joseph Sigman, *Hemingway's Library: A Composite Record* (Boston: *JFK Library* Electronic Edition, 2000). 作者们根据主题为书籍做了索引，关于间谍活动的书籍在第 403 页；战情局在第 423 页；俄罗斯和苏联在第 429 页；特务组织在第 430 页；调查局在第 435 页。清单里至少有两本书是关注于 Bentley 和 Chambers 揭发的高调间谍 Alger Hiss 的案件的。Bentley 的书未列出，而 Chambers 的著名回忆录 *Witness* 出现在瞭望庄园的书架上。

42　1947 年 3 月 28 日 EH 致 CTL，见普林斯顿大学图书馆，Lanham-Hemingway 文件 1 号箱。1948 年 4 月 15 日，他以类似的观点评论说，他不喜欢 Truman 和 Forrestal 的很多政策。1948 年 4 月 15 日 EH 致 CTL，见 Baker 编辑，*Selected Letters*, 634。

43　好莱坞十人之一的 Edward Dmytryk 在回忆录中解释说，这句话"在战前、战争期间和战后很久都被用作主要的忠诚调查指南。……这意味着在……（珍珠港之后）反对……墨索里尼的意大利或希特勒的德国的任何人……都没有问题。但在 1941 年 12 月 7 日之前反对同样政权的人就显然是极端和危险的左派人士，因为当时只有共产党人才会以官方立场抵制法西斯主义的传播"。Dymtryk, *Odd Man Out*, 3.

44 1947 年 3 月 28 日 EH 致 CTL。

45 可参见（1）1946 年 6 月 19 日和（2）1948 年 1 月 13 日
CTL 致 EH，见肯尼迪总统图书馆，欧内斯特·海明威
藏品，"来信"，其中（1）Lanham 为其对苏联人的忍耐
设定了明确的界限，（2）谈及他的政治偏好。鉴于信件
往还所需的时间，EH-CTL 的通信往往看似杂乱无章，
仿佛他们的信件本身乃至信件的内容都是相互交叉的。

46 可参见调查局，"North American Spanish Aid
Committee, An Internal Security Case"，1941 年 3 月
12 日，国家档案和记录管理局第二档案馆，调查局记录
（RG 65）1176 号箱，文件 100-HQ-7058。

47 见 "Memo from the Office of the Director"，未注明日
期，见 vault.fbi.gov/ernest-miller-hemingway（2014
年 7 月访问）。这段备忘录出现在 1942 年 12 月的条
目之后，1943 年 4 月的条目之前。备忘录中有备注
"4/27/43 memo Dir"，表明备忘录是在 Hoover 的要求
之下准备的。

48 D. M. Ladd，"Memorandum for the Director Re: Ernest
Hemingway," April 27, 1943, vault.fbi.gov/ernest-
miller-hemingway（2014 年 7 月访问），转载于 Fensch,
Behind Islands in the Stream, 30–31。

49 该档案可在调查局的网站上全文阅读 vault.fbi.gov/
ernest-miller-hemingway（2015 年 8 月访问）。随着文
件或文件的部分内容的解密，调查局在其网站上偶尔还
会添加内容，使它成为比 Fensch 的书 *Behind Islands in
the Stream* 更好的资源，Fensch 的书转载了 2009 年可阅
读的大部分文件。编号 6423312 的文件看起来是海明威
的专属文件。见 Gerald K. Haines 和 David A. Langbart,
*Unlocking the Files of the FBI: A Guide to Its Records
and Classification System* (Wilmington, DE: Scholarly
Resources, 1993), 特别是第 63 页，解释了类别 64，声
称该类别包括"一个与欧内斯特·海明威有关的文件"。
没有证据表明调查局为海明威开立了任何其他文件。相

信我，我查阅和咨询了很多次!

50　关于不同的观点，见 Jeffrey Meyers, *Hemingway: Life into Art* (New York: Cooper Square, 2000), 109, 以及本书后记中的讨论。

51　关于"欧内斯特·海明威"的纸条备忘录，1955 年 7 月 20 日，vault.fbi.gov/ernest-miller-hemingway（2015 年 8 月访问），转载于 Fensch, *Behind Islands in the Stream*, 96–98. 如果调查局调查过海明威，那么它就会试图证明他犯了罪，就会有一个不同的文件编号。该文件会长得多。例如，Joris Ivens 的调查局文件长达 650 页。Schoots, *Living Dangerously*, 169. 多年以后，Hoover 告诉他的属下，说他并不认为海明威有任何共产主义倾向。在 1964 年 1 月 6 日 Quentin Reynolds 致 J. Edgar Hoover 的信中，Hoover 手迹的边评见 vault.fbi.gov/ernest-miller-hemingway（2015 年 8 月访问）。换句话说，调查局认为海明威偶尔是个讨厌鬼，特别是 1942 年和 1943 年在古巴期间，但不是个共产主义者，更不用提共产党间谍了。另见尾声中的讨论。

52　1949 年 1 月 5 日 EH 致 CTL，见普林斯顿大学图书馆，Lanham-Hemingway 文件 1 号箱: Hemingway 告诉 Lanham，从 1942 年到 1944 年，他的消息来源是"一个当审查员的小孩"。

53　"铜星勋章嘉奖令"，未标明日期，见肯尼迪总统图书馆，欧内斯特·海明威藏品，"其他资料"，"第二次世界大战"文件夹。

54　1947 年 7 月 1 日 EH 致 CTL，见普林斯顿大学图书馆，Lanham-Hemingway 文件 1 号箱。

55　同上。海明威后来说他的铜星勋章是"他们能给平民的最高级别的垃圾"。1948 年 12 月 15 日 EH 致 Alfred Rice，见 Baker 编辑，*Selected Letters*, 656。

56　1947 年 9 月 3 日 EH 致 CTL，见普林斯顿大学图书馆，Lanham-Hemingway 文件 1 号箱。1947 年 夏，George Kennan 为了"美国针对苏联的政策成为有耐心却坚定的长期政策，谨慎遏制俄罗斯的扩张倾向"而发表了他的著名文章，国会也在讨论是否该根据马歇尔计划向西欧提供经济援助。

57　1948 年 4 月 15 日 EH 致 CTL，见 Baker 编辑，*Selected Letters*，634。

58　1947 年 10 月 29 日 EH 致 Charles Scribner，见 Baker 编辑，*Selected Letters*，630。

59　海明威对"chickenshit"一词的简写，他很喜欢这个名词或形容词。1947 年 11 月 27 日 EH 致 CTL，见普林斯顿大学图书馆，Lanham-Hemingway 文件 1 号箱。

60　同上。他在 1949 年 7 月 22 日 EH 致 Charles Scribner 的信中说了类似的话，见 Baker 编辑，*Selected Letters*，659。

61　见华盛顿特区国家档案和记录管理局，众议院（RG 233）记录，非美活动委员会，291 号箱，131 号箱及头目姓名索引，个人姓名文件，海明威条目。非美活动委员会开始工作，从某种线索——或许是一篇新闻文章，或某个涉案公民，或政府的其他部门——一路追查下去。如果线索看上去很有希望，委员会就指定 12 个调查员中的一位或多位进行初步调查。调查员包括一些前特务和调查局特工，他们可以请求在职业生涯中建立起关系的联系人提供帮助。一旦搜集了足够的信息，调查员就会将其发现呈交主席，后者会与委员会的其他成员协商，并决定是否举行正式的听证会。关于这个过程的描述，见美国众议院，*This Is Your House Committee on Un-American Activities*。

62　Radosh 和 Radosh，*Red Star over Hollywood*，203，205，216.

63　同上书，第 216 页。

64　引文见 Donaldson，*Archibald MacLeish*，398。他后来公然反对 McCarthy。同上书，426-429 页。

65　引文见 Peter N. Carroll，*The Odyssey of the Abraham Lincoln Brigade: Americans in the Spanish Civil War*

(Stanford, CA: Stanford University Press, 1994), 73。

66 John A. Kneip, "Evaluation of Milton Wolff"（在表格 2725 上，日期不详，大约在 1945 年），国家档案和记录管理局第二档案馆，Wolff 个人文件。

67 1953 年，美国和西班牙签署一个协议，联合反对苏联人。Franco 直到 1975 年死后才放开手中的权力。

68 Carroll, *The Odyssey of the Abraham Lincoln Brigade*, 279-90, 是对 Wolff 战后活动的精彩描述。

69 1941 年 1 月（日期不详）EH 致 Milton Wolff, 转载于 Baker, *Hemingway*, 357。

70 1941 年 1 月 23 日 EH 致 Milton Wolff, 见纽约大学塔米门特图书馆，Milton Wolff 文件 1 号箱。

71 Peter Viertel, *Dangerous Friends: At Large with Huston and Hemingway in the 1950s* (New York: Doubleday, 1992), 11. Viertel 声称是从海明威那里听到这个故事的。

72 1946 年 7 月 26 日 EH 致 Milton Wolff. 信件副本由私人收藏家提供。特别是在战后，"旅"一词取代了部队番号里原来的"营"一词。

73 海明威在致 Wolff 的信中提到了这个电话。同上。Wolff 也在致 Carlos Baker 的信中提到此事。1964 年 3 月 9 日 MW 致 Carlos Baker, 见普林斯顿大学图书馆，Carlos Baker 文件 13 号箱。

74 1946 年 7 月 26 日 EH 致 Milton Wolff。

75 Irving Fajans, 海明威的磁带录音，1947 年 2 月，见普林斯顿大学图书馆，Carlos Baker 文件 20 号箱，1947 年文件夹。Wolff 对这次交易的描述，见 Milton Wolff, "We Met in Spain," *American Dialogue* 1, no. 2 (October-November 1964): 8-9。

76 1947 年 5 月 27 日 Milton Wolff 致 EH, 见肯尼迪总统图书馆，欧内斯特·海明威藏品，欧内斯特·海明威博物馆，"其他资料"。

77 Chamberlin, *The Hemingway Log*, 264-65, 认为海明威 1947 年 9 月在其他地方。

第十二章　冷战：不再豪言壮语

1　引文见 Kessler, *Clever Girl*, 159。

2　C. P. Trussell, "Woman Links Spies to U.S. War Offices and the White House," *New York Times*, July 31, 1948.

3　Golos 和 Bentley 的关系始于 1938 年。她记得是在 1941 年 7 月开始做中间人工作的。

4　美国众议院，*Hearings before the Committee on Un-American Activities (Second Session, 1948)* (Washington, DC: Superintendent of Documents, 1948), sec. 526. 另见 Kessler, *Clever Girl*, 63–64。

5　Elizabeth Bentley, *Out of Bondage* (New York: Devin-Adair, 1951), 65. 本书在 *McCall's* 杂志的 1951 年 5、6 和 7 月号上连载。

6　1948 年 7 月 28 日 EH 致 CTL，见普林斯顿大学图书馆，Lanham-Hemingway 文件 1 号箱。他后来写道，他曾在西班牙与一个苏联高官对话，后者为了让他能准确报告，愿意向他展示"一切是如何运作的"。1952 年 10 月 14 日 EH 致 Bernard Berenson，见 Baker 编辑，*Selected Letters*, 789。

7　1948 年 11 月 27 日 EH 致 CTL，见普林斯顿大学图书馆，Lanham-Hemingway 文件 1 号箱。

8　1951 年 1 月 8 日 EH 致 CTL，见普林斯顿大学图书馆，Lanham-Hemingway 文件 1 号箱。

9　Craig, *Treasonable Doubt*, 276.

10　Ben Steil, "Red White: Why a Founding Father of Postwar Capitalism Spied for the Soviets," *Foreign Affairs*, March-April 2013, 提供了 White 案的精彩总结，于我而言，在大多数方面比 Craig *Treasonable Doubt* 要令人信服。这本书是基于 Vassiliev 的内务部文件，得出的结论与 Steil 的一样。见 Haynes 等人，*Spies*, 258–62，结论说"证据是压倒性的。……White 在 1930 年代

协助苏联军事情报部门，从 1943 年到 1945 年协助克格勃，而在他本人的国会证词中做了伪证"。

11 1948 年 11 月 24 日 EH 致 CTL，见普林斯顿大学图书馆，Lanham-Hemingway 文件 1 号箱。

12 1948 年 11 月 26 日 EH 致 CTL，见普林斯顿大学图书馆，Lanham-Hemingway 文件 1 号箱。

13 1948 年 12 月 22 日 EH 致 CTL，见普林斯顿大学图书馆，Lanham-Hemingway 文件 1 号箱。

14 "M'Carthy's Charge Is Denied by Duran," *New York Times*, March 15, 1950. McCarthy 此次的指控有一些事实成分。Durán 从来不做任何极端之事，但他曾是个同路人，也曾短期担任过共和军军事情报部门的负责人，该部门主要是在内务部的控制之下。他的连襟 Michael Straight 是苏联间谍一事恐怕更是雪上加霜。

15 同上。同一个故事中包含了 Draden 为 Durán 的辩护词。

16 引文见 Kessler, *Clever Girl*, 211。

17 Elizabeth Bentley, "I Joined the Underground with the Man I Loved," *McCall's*, June 1951; Elizabeth Bentley, "How I Was Used by the Red Spy Ring," *McCall's*, July 1951; 和 Elizabeth Bentley, "I Met Tragedy and Disillusion," *McCall's*, August 1951. 正如上文所述，她的回忆录以书籍的形式于当年出版。Bentley, *Out of Bondage*.

18 可参见 Haynes 等人, *Spies*, 543。

19 "Operational Letter," July 3, 1950, 见 Vassiliev, *Black Notebook*, 95。

20 同上。多年以后，在内务部的秘密档案中，研究者 Vassiliev 看到一个有关的"华盛顿情报站受命在 1948–1950 年再次接触的特工名单……（该名单中）包括'阿尔戈'，"其身份是"著名记者，1941 年招募"，"尚未提供过有价值的情报"。Vassiliev, *Black Notebook*, 81 和 83 页。

21 1951 年 1 月 8 日 EH 致 CTL，见普林斯顿大学图书馆，Lanham-Hemingway 文件 1 号箱；Hotchner, *Papa Hemingway*, 69。

22　1949 年 1 月 5 日 EH 致 CTL，见普林斯顿大学图书馆，Lanham-Hemingway 文件 1 号箱。

23　1950 年 8 月 8 日 Milton Wolff 致 EH，见肯尼迪总统图书馆，欧内斯特·海明威藏品，"来信"。美国的政策转向与佛朗哥合作，反对苏联人。关于 Wolff 对这个政策的反应，可参见 Carroll, *The Odyssey of the Abraham Lincoln Brigade*, 293; Peter N. Carroll 和 James D. Fernandez, *Facing Fascism: New York and the Spanish Civil War* (New York: NYU Press, 2007), 180–81。

24　1950 年 5 月 7 日 EH 致 Milton Wolff，见纽约大学塔米门特图书馆，Milton Wolff 文件。这次意外让海明威难以忘怀，他还向 Hotchner 讲过此事。Hotchner, *Papa Hemingway*, 68.

25　1950 年 5 月 7 日 EH 致 Wolff。Evan Shipman 是海明威支持个别老兵的一个有趣的例子，他在 1950 年写信给海明威，说他"非常孤独"的政治立场是因为他曾在西班牙服役。当年晚些时候他生病后，海明威在古巴照顾了他。见 Sean O'Rourke, *Grace Under Pressure: The Life of Evan Shipman* (Boston: Harvardwood, 2010), ch. 11。

26　Milton Wolff, "We Met in Spain," *American Dialog* 1, no. 2（1964 年 10 月至 11 月）。

27　1950 年 8 月 8 日 Milton Wolff 致 EH。

28　Wolff, "We Met in Spain."

29　1950 年 5 月 8 日 EH 致 Joseph McCarthy，见 Baker 编辑，*Selected Letters*, 693. 这不是海明威在 1950 年起草的唯一一封愤怒的信，但很可能没有寄出。见 Chamberlin, *The Hemingway Log*, 279 中的讨论。

30　Baker 编辑，*Selected Letters*, 693。

31　1948 年 6 月 29 日 EH 致 Charles Scribner, Jr.，见 Baker 编辑，*Selected Letters*, 641。

32 1951 年 3 月 25 日 EH 致 A. E. Hotchner，见 Albert
   J. DeFazio III 编辑，*"Dear Papa, Dear Hotch": The
   Correspondence of Ernest Hemingway and A. E.
   Hotchner* (Columbia: University of Missouri Press,
   2005), 119。学者 Richard K. Sanderson 对于 *Men at
   War* 的前言提出了类似的看法，他分析了海明威观念
   的转变，认为这与政治气候的变化一致。"Cold War
   Revisions of Hemingway's *Men at War*," *Hemingway
   Review* 20, no. 1 (Fall 2000): 29-60.

33 可参见 1957 年 8 月 28 日 Alfred Rice 致 Vojtech
   Strnad，见纽约公共图书馆，海明威法律文件 4 号箱。

34 Viertel, *Dangerous Friends*, 252.

35 Koestler 的倡议发生在 1950 年。Michael Scammell,
   Koestler (New York: Random House, 2009), 372, 639n.

36 EH, *Across the River and Into the Trees* (New York:
   Scribner, 1950), 70.

37 《星期六评论》和 Kazin 的评论引文见 Hendrickson,
   Hemingway's Boat, 331-35。

38 "Books: On the Ropes," *Time*, 1950 年 9 月 11 日。

39 引文见 Hendrickson, *Hemingway's Boat*, 334-35.
   Hendrickson 大概是第一个发表海明威信件草稿的人。另
   见 Chamberlin, *The Hemingway Log*, 279.

40 1950 年 10 月 1 日华盛顿情报站致中心，见 Vassiliev,
   Black Notebook, 96. 这条信息包含了一条有趣的注释，
   说海明威仍与如今在 *Daily Worker* 工作的 Joe North 保
   持着"友好的关系"，这位记者曾敦促海明威为 *New
   Masses* 写 1935 年飓风的文章，或许还把海明威介绍给
   了 Golos。

41 Vassiliev, *Black Notebook*, 81, 提到了标明日期为 1949
   年 12 月 23 日的一份名单，其中把海明威描述为 1941
   年招募、尚未提供有价值的情报的著名特工。他是当时
   "重新取得联系"的特工之一。同一个信息来源的第 83
   页上有一个类似的注释。

第十三章 没有操纵空间：成熟的反法西斯主义者在古巴和凯彻姆

1　MWH, *How It Was*, 569. 他的回忆录是这个段落的第一手资料。

2　Fuentes, *Hemingway in Cuba*, 273. 武器也有可能是留到将来某个时刻用的，或许甚至是留作二战使用的，而他保留着它们是因为他就爱收藏杂物，或是因为他不想一条道走到黑。但是，他大概在 1947 年被人怀疑支持反对 Trujillo 的远征军后，清除了他的战时军火库。

3　MWH, *How It Was*, 569.

4　同上。Gregorio 告诉 Fuentes，说他是 Castro 的长期支持者。Fuentes, *Hemingway in Cuba*, 273.

5　引 文 见 Larry Grimes 和 Bickford Sylvester 编 辑，*Hemingway, Cuba, and the Cuban Works* (Kent, OH: The Kent State University Press, 2014), 29。

6　可 参 见 Clancy Sigal, *Hemingway Lives! (Why Reading Ernest Hemingway Matters Today)* (New York and London: OR Books, 2013), ch. 13。

7　Anders Österling, 文学奖颁奖词。

8　来自肯尼迪总统图书馆，欧内斯特·海明威藏品，欧内斯特·海明威博物馆 "2013 号资料"。诺贝尔奖委员会里都是瑞典人和挪威人。

9　EH, "诺贝尔奖获奖演说"，转载于 Matthew J. Bruccoli 编 辑，*Conversations with Ernest Hemingway* (Jackson, MS, and London: University Press of Mississippi, 1986), 196。

10　引文见 Chamberlin, *The Hemingway Log*, 293。

11　可参见 Reynolds, *Hemingway: The Final Years*, 特别是 280 页。

12　1947 年 10 月 24 日 EH 致 CTL，见普林斯顿大学图书馆，Lanham-Hemingway 文件 1 号箱。尽管他声称自己只是向策划者提出了建议，但他还是担心可能的后果，因而逃到迈阿密去躲了几天，直到情况明朗，古巴政府不想再质疑他的作用为止。Chamberlin, *The Hemingway Log*, 266. Yuri Paporov 采访在古巴的海明威密友，见 *Hemingway en Cuba* (Mexico City and Madrid: Siglo Veintiuno Editores, 1993), 87–105, 表明海明威的作用不止是提供建议和推荐而已。Fuentes, *Hemingway in Cuba*, 253–54, 引用了 Herrera 的声明，说海明威"为此……提供了一笔资金"。

13　Anthony DePalma, *The Man Who Invented Fidel: Castro, Cuba, and Herbert L. Matthews of the New York Times* (New York: PublicAffairs, 2006); Herbert L. Matthews, *The Cuban Story* (New York: George Braziller, 1961).

14　见第三章。

15　引文见 DePalma, *The Man Who Invented Fidel*, 60。

16　引文见 Bruccoli 编辑，*Hemingway and the Mechanism of Fame*, 60。

17　1961 年 11 月 15 日 HLM 致 Carlos Baker，见普林斯顿大学图书馆，Carlos Baker 文件 22 号箱。另见 DePalma, *The Man Who Invented Fidel*, 65; Chamberlin, *The Hemingway Log*, 287; Matthews, *The Cuban Story*, 299。

18　Matthews, *The Cuban Story*, 15–45, 描述了 Matthews 的探险，另见 DePalma, *The Man Who Invented Fidel*, 79–92. 引文见第 80 页和 81 页，以及 Matthews 手迹的一幅插图。

19　De Palma, *The Man Who Invented Fidel*, 80; Nancie Matthews, "Journey to Sierra Maestra: Wife's Version," *Times Talk* 10, no. 7 (March 1957).

20　Matthews, *The Cuban Story*, 44. 另见 DePalma, *The Man Who Invented Fidel*, 91。

21　引文见 Hunter S. Thompson, "What Lured Hemingway

to Ketchum?" *National Observer*, May 25, 1964。

22 Fuentes, *Hemingway in Cuba*, 272. James D. Brasch, "Hemingway's Doctor: José Luis Herrera Sotolongo Remembers Ernest Hemingway," *Journal of Modern Literature* 13, no. 2 (July 1986): 185-210, 提 供 了 Herrera 的一幅肖像。

23 Paporov, *Hemingway en Cuba*, 390-91; Fuentes, *Hemingway in Cuba*, 270. Paporov 和古巴学者 Norberto Fuentes 两人都直接引用了 Herrera 的原话。两本书的标题相似，多少有些重叠，但内容不尽相同。

24 Paporov, *Hemingway en Cuba*, 391.

25 Matthews, *The Cuban Story*, 299.

26 Fuentes, *Hemingway in Cuba*, 272, 引用了 Herrera 的证词。

27 引 文 见 Kenneth Tynan, *Right & Left* (London: Longmans, 1967), 336。1959 年，Tynan 采 访 了 Castro。古巴领导人声称自己至少读过四遍《丧钟为谁而鸣》。Fidel Castro 和 Ignacio Ramonet, *Fidel Castro: My Life: A Spoken Autobiography* (New York: Scribner, 2008), 209。

28 DePalma, *The Man Who Invented Fidel*, 99; Herbert L. Matthews, "Castro Is Still Alive and Still Fighting in the Mountains," *New York Times*, February 24, 1957.

29 DePalma, *The Man Who Invented Fidel*, 109.

30 同上书，第 109 页。

31 1957 年 4 月 4 日 Milton Wolff 致 Herbert L. Mathews，见哥伦比亚大学珍本及手稿图书馆，Matthews 文件 1 号箱。四天后，Matthews 回复说："我理解你想在彻底老糊涂以前做点什么的感受，因为那正是我过去的想法，现在也是如此。……" 1957 年 4 月 10 日 Matthews 致 Wolff，Matthews 文件 1 号箱。

32 基于海明威本人当时提供的信息，这个故事的最佳资料来源似乎是 "Hemingway Dog Slain," *New York Times*,

August 22, 1957。

33 René Villarreal 和 Raúl Villarreal, *Hemingway's Cuban Son: Reflections on the Writer by His Longtime Majordomo* (Kent, OH: Kent State University Press, 2009), 123。

34 "Hemingway Dog Slain." 这个故事的另一个版本是 MWH, *How It Was*, 566, 其中提到"当晚有人开枪射击我们的狗 Machakos"。Machakos 是肯尼亚的一个地名,是海明威的朋友、巨兽猎手 Percival 的家乡。

35 Fuentes, *Hemingway in Cuba*, 62.

36 同上书,第 62 页。

37 1958 年 9 月 18 日 EH 致 CTL,见普林斯顿大学图书馆,Lanham-Hemingway 文件 1 号箱。

38 1958 年 8 月 23 日 EH 致 Layhmond Robinson,见肯尼迪总统图书馆,欧内斯特·海明威藏品,"外发信件"。这是海明威手写编辑的一份打字稿。他还写信给 Hotchner,说 Rice 干了"我明令禁止的事情",还把"烂摊子"甩给了他的客户。1958 年 8 月 26 日 EH 致 A. E. Hotchner,见 DeFazio 编辑,*Dear Papa, Dear Hotch*, 232。

39 Jeffrey Meyers, "The Hemingways: An American Tragedy," *Virginia Quarterly Review*, Spring 1999, 273. Meyers 讨论了海明威与 Rice 时好时坏的关系。

40 "Hemingway Would Bar Reprints," *Washington Post and Times Herald*, August 6, 1958.

41 1951 年 3 月 25 日 EH 致 A. E. Hotchner,见 DeFazio 编辑,*Dear Papa, Dear Hotch*, 119。

42 关于 Rice 的描述见 1958 年 9 月 18 日 EH 致 CTL,见普林斯顿大学图书馆,Lanham-Hemingway 文件。与记者的对话见 Layhmond Robinson, "Hemingway Says He Will Drop Suit, Asserts That Political Fear Did Not Spur Attempt to Bar Reprint of Stories," *New York Times*, August 7, 1958. Rice 认为 *Esquire* 实际上有权转载那些

故事。见 1957 年 7 月 30 日 Alfred Rice 致 EH，见肯尼迪总统图书馆，欧内斯特·海明威藏品，"来信"。有鉴于此，他显然决定依靠政治言论，也就是他在电话里听到的海明威的政治言论。关于这个故事的一个略有不同的版本，见 Meyers, *Hemingway*, 516。海明威声称 Rice 给了他意外一击有一定的误导性，因为 Rice 在提交了法庭文件后，给他发了一份简要的电报。Rice 补充说，听证会将于五天后举行。1958 年 8 月 1 日 Alfred Rice 致 EH，见肯尼迪总统图书馆，欧内斯特·海明威藏品，"来信"。

43 Robinson, "Hemingway Says He Will Drop Suit."

44 1958 年 8 月 23 日 EH 致 Layhmond Robinson。

45 "The Old Man and the Fee," *Wall Street Journal*, August 8, 1958, Arnold Gingrich, "Scott, Ernest, and Whoever," *Esquire*, December 1966, 324 中也有所提及。Gingrich 和 Hemingway 是多年好友，但 Gingrich 从未听海明威再度提及这次不幸。另见 "Hemingway's Suit," *Washington Star*, August 11, 1958：这些故事反映了 "他对那个时期的情感，但现在，即便他还仍怀有同样的情感，却显然唯愿自己当时能以不同的方式来写作那些故事"，一种可以 "确保它们再也不会回来纠缠他" 的方式。

46 MWH, *How It Was*, 568.

47 1958 年 7 月 1 日 EH 致 William D. Horne 先生和夫人，见 Baker 编辑，*Selected Letters*, 884. Matthews 在他的报道中谴责了这种做法。见 Herbert L. Matthews, "Castro's Kidnapping Shows War Is Still On; But Methods He Uses Have Cost Him Support of Friends in US," *New York Times*, July 6, 1958。

48 MWH, *How It Was*, 569, 571.

49 这是我根据当时情况所做的解读，也是 Michael Reynolds 等学者的看法。可参见 Reynolds, *Hemingway: The Final Years*, 312, 以及 Chamberlin, *The Hemingway*

Log, 307。

50　MWH, *How It Was*, 569.

51　同上书，572-573 页。

52　1958 年 11 月 24 日 EH 致 Patrick Hemingway，见 Baker 编辑，*Selected Letters*, 888. "双方都残暴"的评价大概反映了他对 Castro 的手下进行政治绑架的看法。

53　Jules Dubois, *Fidel Castro: Rebel, Liberator, or Dictator* (New York: Bobbs-Merrill, 1959), 363.

54　DePalma, *The Man Who Invented Fidel*, 141-43, 是对这些事件的生动描述，我主要依赖于这些资料。

55　MWH, *How It Was*, 579. 他会在 1960 年写给 Lanham 的一封信中使用很多相同的话。见 1960 年 1 月 12 日 EH 致 CTL，见 Baker 编辑，*Selected Letters*, 899。

56　MWH, *How It Was*, 579. 尚不清楚 *Times* 是否引用了这句话。我努力查找过这句话的出处，却空手而归。

57　1959 年 1 月 7 日 EH 致 Gianfranco Ivancich，见 Baker 编辑，*Selected Letters*, 890。这是对拉丁语 "sic transit gloria mundi"（世界荣耀不再）的戏仿。"hijo de puta" 的一种翻译是 "狗娘养的"。

58　1959 年 1 月 24 日 EH 致 L. H. Brague, Jr.，见 Baker 编辑，*Selected Letters*, 891-92。类似的影响，见 John Crosby, "Peppery Radio Station Puts Zip into News," *Washington Post and Times Herald*, February 9, 1959. Crosby 说，二月初，他正 "坐在家里一边想着心事，一边听着纽约热闹的独立（电台）WNEW 的广播，播音员切进来播送了对作家和偶尔是革命家的欧内斯特·海明威的采访录音。海明威被问到对古巴革命的看法……他说他对此非常高兴。……"

59　1959 年 2 月 2 日 EH 致 Gianfranco Ivancich，见肯尼迪总统图书馆，欧内斯特·海明威藏品，"外发信件"。

60　Carlos Franqui, *Family Portrait with Fidel* (New York: Vintage, 1985), 17.

61　R. Hart Philips, "Cuban Show Trial of Batista Aides

Opens in Stadium," *New York Times*, January 23, 1959.

62 可 参 见 "Havana-Trials Make Roman Holiday," February 2, 1959（文件编号 1567.21），来自英国百代新闻社的档案（2015 年 7 月和 2016 年 9 月分别访问了 youtube.com）。

63 Fred Brack, "Emmett Watson Reminisces," *Seattle Post-Intelligencer*, October 21, 1981; Emmett Watson, *My Life in Print* (Seattle: Lesser Seattle, 1993), 66–68.

64 Watson, *My Life in Print*, 68–69. Watson 相当详细地描述了当时的情况：他如何没在谈话过程中做记录，而是等谈话一结束便立即打字记录下来，他如何向海明威展示笔记（而后者拒绝核查），以及他如何从一个共同的朋友那里听说海明威喜欢那篇文章，并对 Watson 准确引用了他的话"如释重负"。

65 同上书，第 70 页。

66 Emmett Watson, "Hemingway on Cuba and Castro," *Seattle Post-Intelligencer*, March 9, 1959, 转 载 于 Watson, *My Life in Print*, 69–74. 新闻通讯社选中了这个故事，它出现在世界各地的报纸上，有的是节选版。可参见 Emmett Watson, "Hemingway Defends Cuban Trials," *Milwaukee Sentinel*, March 11, 1959。关于对海明威的革命公正性观点（这种观点随着时间的推移只是变得略为保守）的早期思考，见 1947 年 2 月 13 日 EH 致 "Miss Craipeau"，肯尼迪总统图书馆，欧内斯特·海明威藏品，"外发信件"，讨论见第七章。

67 Watson, *My Life in Print*, 69.

68 1959 年 3 月 31 日 EH 致 William Seward，见普林斯顿大学图书馆，Carlos Baker 文件 12 号箱。

69 1959 年 3 月 30 日 EH 致 Jack Hemingway，见普林斯顿大学图书馆，Carlos Baker 文件 22 号箱。信件的笔迹是 Mary 的。

70 Tynan, *Right & Left*, 62.

71 这个段落基于 Herrera 医生之子 Robert Herrera 的证词，

他曾在瞭望庄园干各种杂活。海明威一家回来时，他去机场接他们，并与海明威讨论了革命的情况。Paporov, *Hemingway en Cuba*, 396–97.

72　1959 年 4 月 30 日 Kenneth Tynan 致 Bill 和 Annie Davis，见 Kathleen Tynan 编 辑，*Kenneth Tynan Letters* (New York: Random House, 1994), 232–33。他从古巴归来后便写了这封信，并附上了对海明威赞扬 Castro 的评论。另见 Kenneth Tynan, "A Visit to Havana," *Holiday* 27, no. 2 (February 1960): 50–58。

73　Tynan, *Right & Left*, 334. 最后，行刑中止了，无人参加。这个故事的一个有些混乱不清的二手版本见 Nelson W. Aldrich 编 辑，*George, Being George* (New York: Random House, 2008), 145–46。

74　1959 年 4 月 11 日 Kenneth Tynan 致 Terence Kilmartin，见 Tynan, *Letters*, 231–32。对于当时情况的描述，见 Tynan, *Right & Left*, 335–36。

75　Paporov, *Hemingway en Cuba*, 397.

76　Vázquez Candela 是 报 纸 *Revolución* 的 编 辑 之 一。他和 Herrera 两人的证词都被记录下来，转载于 Paporov, *Hemingway en Cuba*, 398–99。另见 Fuentes, *Hemingway in Cuba*, 275。他引用了关于这次会面的一篇文章: Euclides Vázquez-Candela, "Hemingway Worried About Cuba and Fidel," *Cuban Gazette* 2, no. 13 (February 13, 1963), 我未能找到这篇文章。

77　Paporov, *Hemingway en Cuba*, 398.

78　同 上 书，第 399 页。Reynolds, *Hemingway: The Final Years*, 322–23, 是对同一次会面的精彩描写。Reynolds 指出，海明威为此次会面所准备的笔记就在肯尼迪总统图书馆他的档案文件之中。

79　Franqui, *Family Portrait with Fidel*, 31–32, 是一个内部人士对这些事件的描述，此人报告，Castro 听取了他从一家美国公共关系公司那里买来的建议。

80　Franqui 似乎创造了"菲德尔英语"一词。同上书，第

31 页。"笨拙而清晰"之说来自 Tynan。Tynan, *Right & Left*, 336. 另见 R. Hart Phillips, *The Cuban Dilemma* (New York: Ivan Obolensky, 1962), 72。

81　Franqui, *Family Portrait with Fidel*, 32。

82　我这一段文字的资料来源是 Baker, *Hemingway*, 547-48。

83　1941 年，Davis 在墨西哥也曾接待过海明威，后者在那里参加了几次斗牛并拜访了 Gustav Regler。

84　MWH, *How It Was*, 598.

85　"Ernest Hemingway Again in Cuba Arrives," *Revolución*, November 5, 1959（转载于 Fuentes, *Hemingway in Cuba*, 274）。另见 "Hemingway Back in Cuba," *New York Times*, November 6, 1959："海明威先生告诉新闻记者，他充分同情 Fidel Castro 首相的政权。"当数天后被问及详细的看法时，海明威无话可说。"Hemingways Plan Sun Valley Visit," *Washington Evening Star*, November 10, 1959.

86　引文见 1959 年 11 月 6 日哈瓦那大使馆致华盛顿国务院，现存于海明威的调查局文件中，转载于 Fensch, *Behind Islands in the Stream*, 100-101。

87　同上。在给 Buck Lanham 的信中，他声称"扬基佬"一说是断章取义。"说你不是个扬基帝国主义者，而是个圣方济各德保拉小子，跟宣布放弃美国国籍不是一码事。"1960 年 1 月 12 日 EH 致 CTL，见 Baker 编辑，*Selected Letters*, 899。他还很关心自己在美国的名声，以至于给八卦专栏作家 Leonard Lyons 寄去了一份"正确的"信息。同上。

88　海明威致信 Lanham，说他们要在爱达荷度过飓风时期，其余的时间待在古巴。同上。

89　Herbert L. Matthews, *Castro: A Political Biography* (London: Penguin 69), 156. Matthews 特别提及，他在 1960 年 3 月之旅后写下的备忘录中记录了这种印象。此前，Mary 曾致信 Matthews，代表她自己和海明威赞扬

了他"可靠的分析"以及"为革命所作的辩护"。1960
年1月27日MH致Herbert L. Matthews，见哥伦比亚
大学珍本及手稿图书馆，Matthews文件。

90　1960年1月12日EH致CTL，见Baker编辑，*Selected
Letters*, 899. Matthews后来阐明了类似的分析，他
在1961年写给海明威的一封信里也称之为"长远眼
光"。1961年1月2日Herbert L. Matthews致EH，
见哥伦比亚大学珍本及手稿图书馆，Matthews文件。
Joseph Alsop, "Hemingway's Guest at a Cockfight,"
Washington Post and Times Herald, March 9, 1960, 描
述了他访问哈瓦那时的气氛，在哈瓦那住了几十年的
*Times*通讯记者Ruby Phillips也是如此。见Phillips,
The Cuban Dilemma, ch. 14。

91　1960年1月12日EH致CTL。

92　Valerie Hemingway, *Running with the Bulls: My Years
with the Hemingways* (New York: Ballantine, 2005),
116, 是这次会面的第一手资料。另见1960年3月16
日Mary Hemingway致CTL，见普林斯顿大学图书
馆，Lanham-Hemingway文件1号箱。Mary叙述了
Matthews的来访，并说尽管政权越来越处于政治和经
济上的危险境地，当地的风景却依然"迷人"。像海明
威一样，她强调这不只是皇宫换岗，而是一次真正的革
命。会面大概发生在Matthews提议的3月8日。1960
年2月1日Herbert L. Matthews致MWH，见哥伦比亚
大学珍本及手稿图书馆，Matthews文件2号箱。

93　谈话后，Matthews做了记录，说他和海明威继续就古
巴政治达成一致的意见。引文见Fuentes, *Hemingway
in Cuba*, 428。另见1961年11月15日Herbert L.
Matthews致Carlos Baker，见普林斯顿大学图书馆，
Carlos Baker文件22号箱。

94　Castro说他在"革命的第一年"与海明威进行了"两次
相当简短"的对话。Castro和Ramonet, *Fidel Castro:
My Life*, 592。

95　Valerie Hemingway, *Running with the Bulls*, 119。

96　Castro 和 Ramonet, *Fidel Castro: My Life*, 1。

97　Paporov, *Hemingway en Cuba*, 402.

98　同上书，第 402 页。

99　Hotchner, *Papa Hemingway*, 235.

100　1960 年 7 月 6 日 EH 致 Charles Scribner, Jr.，见 Baker 编辑，*Selected Letters*, 906. Bonsal 在回忆录中赞许地引用了海明威反对削减配额的论点。Philip W. Bonsal, *Cuba, Castro, and the United States* (Pittsburgh: University of Pittsburgh Press, 1971), 151.

101　1959 年 1 月 24 日 EH 致 L. H. Brague, Jr.，见 Baker 编辑，*Selected Letters*, 891-92。Matthews 也觉得 Bonsal 平易近人，哪怕两人的意见不总是一致。见 1959 年 7 月 9 日 Herbert L. Matthews 致 Nancie Matthews，见哥伦比亚大学珍本及手稿图书馆，Matthews 文件 2 号箱。

102　Valerie Hemingway, *Running with the Bulls*, 106-7, 是这次会面和一周后另一次会面的第一手资料。她认为与 Bonsal 的这些谈话发生在四月，并写道它们就发生在他被召回之前。然而，Bonsal 最后一次被召回是在 1960 年 10 月，当时海明威不在这个国家。Bonsal 的回忆录中说，大使馆从七月开始建议美国公民离开古巴，此次会面更有可能发生在那个时候。Bonsal, *Cuba, Castro, and the United States*, 167. 另见 Villarreal 和 Villarreal, *Hemingway's Cuban Son*, 133, 文中说美国外交人士施压让海明威离开古巴，并暗示这几次会面均发生在夏季，Mary Hemingway 也如此认为，她在谈完六月的天气之后讨论了这个问题。MWH, *How It Was*, 613.

103　1959 年 11 月 6 日哈瓦那大使馆致华盛顿国务院，现存于海明威的调查局文件中，转载见 Fensch, *Behind Islands in the Stream*, 100-101。

104　Valerie Hemingway, *Running with the Bulls*, 106.

105 同上书，第 107 页。

106 同上。

107 可参见 Bonsal, *Cuba, Castro, and the United States*, 51：
"我在哈瓦那的头几个星期，努力通过尽可能多的渠道
传达了善意，并准备好了就该政权愿意提出的任何事
项进行严肃的谈判。"这个信息见国会图书馆 Philip W.
Bonsal 文件 1 号箱，同时也记录了他联系 Castro 的前
期尝试。

108 Castro 提到海明威的好话见 Fidel Castro, "Statements,"
Revolución, July 9, 1960（转载于 Fuentes, *Hemingway
in Cuba*, 427）。海明威把这份剪报保存在瞭望庄园的
文件之中，并在具体的语句下划线强调。

109 *New York Times* 报道，Castro 特别提及了海明威。R.
Hart Phillips, "Havana Rejects Seizure Protest," *New
York Times*, July 9, 1960.

110 Paporov, *Hemingway en Cuba*, 399, 声称 Castro 引用
了海明威接受 Emmett Watson 采访时的话，显然就是这一
次或七月的另一次会面场合。Paporov 的书里没有脚注，
我读遍了 Castro 当月全部讲话的乏味记录，最终也未能确
认他的话。

111 Hotchner, *Papa Hemingway*, 243.

112 同上书，第 242 页。

113 这篇文章既在 1960 年作为杂志文章发表，也作为单
行本出版了。Ernest Hemingway, *The Dangerous Summer*
(New York: Scribner, 1984).

114 MWH, *How It Was*, 614.

115 Paporov, *Hemingway en Cuba*, 434, 引用了他的朋
友 Mario Menocal 的话，这位朋友陪同海明威去了机
场。查找 1960 年 7 月的美国新闻，会发现他成功入境
古巴，没有引起任何注意。1960 年 9 月，海明威致信
Matthews，澄清了"报道说他（海明威）对 Fidel '不
再抱有幻想'，古巴革命一错再错"。Matthews, *The
Cuban Story*, 299. Matthews 所指的那封信大概就是

1960 年 9 月 13 日 EH 致 Herbert L. Matthews，见哥伦比亚大学珍本及手稿图书馆，Matthews 文件 2 号箱。在那封信里，海明威告诉 Matthews，说他不该听信对他的观点的二手报道，而他，海明威，告诉 *Saturday Review* 的编辑，说 Matthews 才是最有资格报道古巴情况的人。

116　MWH, *How It Was*, 614.

117　Baker, *Hemingway*, 554.

118　同上。

119　Meyers, *Hemingway*, 546–50, 就海明威在梅奥诊所期间的情况进行了很好的讨论。A. E. Hotchner, *Hemingway in Love: His Own Story* (New York: St. Martin's Press, 2015), 157–58, 反映了海明威对他的医生们的态度。Jeffrey Meyers, "The Hemingways: An American Tragedy," *Virginia Quarterly Review*, Spring 1999, 267–79, 汇报了他的印象，Mary 授权进行治疗，而海明威的医生们却没有将治疗的过程充分告知她。这与 Gregory Hemingway 所记录的他与梅奥诊所医生（大概是 Rome 大夫）的对话一致，后者几乎什么都没有告诉他。Gregory Hemingway, *Papa*, 115–16.

120　Hotchner, *Papa Hemingway*, 280.

121　这个段落我完全依靠上书，264–99 页；Baker, *Hemingway*, 555–64; 以及 Reynolds, *Hemingway: The Final Years*, 317–59。

122　Hotchner, *Hemingway in Love*, 162.

123　MWH, "Christmas 1960 Note to Self," 引文见 Reynolds, *Hemingway: The Final Years*, 351。

124　1961 年 1 月 13 日明尼阿波利斯负责特工致调查局局长，见 vault.fbi.gov/ernest-miller-hemingway（2015 年 8 月访问）。学者们认为调查局跟踪海明威到了梅奥诊所，这是他们"控制、嘲笑和诋毁他的失败尝试"的亮点之一。Meyers, *Hemingway*, 109. 正如我在别处提到的那样，我对此事的解读与他人不同。如果调查局跟踪了海明威，他的文件会远远长于 124 页——充满了详细的现场监视报告，以及"政府所在地"（Hoover 喜欢如此称呼华盛顿）的指导。

125　1961 年 1 月 13 日明尼阿波利斯负责特工致调查局局长。

126　1961 年 1 月 16 日 EH 致 CTL，见普林斯顿大学图书馆，Lanham-Hemingway 文件 1 号箱。

127　1961 年 1 月 2 日 Herbert L. Matthews 致 EH，见哥伦比亚大学珍本及手稿图书馆，Matthews 文件 2 号箱。

128　1961 年 1 月 16 日 EH 致 CTL，见普林斯顿大学图书馆，Lanham-Hemingway 文件 1 号箱。

129　同上。我只能推测这是指 1960 年 2 月苏联外交部长 Anastas Mikoyan 到瞭望庄园对海明威的礼节性拜访，说要支付苏联十年来欠海明威的版权费。1960 年 2 月 29 日 MWH 致 Clara Spiegel，见普林斯顿大学图书馆，Carlos Baker 文件 12 号箱；1961 年 11 月 19 日 MWH 致 Alfred Rice，见纽约公共图书馆，海明威法律文件 6 号箱。其他的信件反映了他对古巴的困扰心情。1 月 16 日，他对儿子 Patrick 评论说，古巴的事件"远比你读到的还要复杂得多"，翌日，他写信给鱼友 Thomas Shevlin 说，尽管瞭望庄园还完好无损，但"古巴前景渺茫"。1961 年 1 月 16 日 EH 致 Patrick Hemingway，见 Baker 编辑，*Selected Letters*, 911–12; 1961 年 1 月 17 日 EH 致 Thomas Shevlin，见普林斯顿大学图书馆，Carlos Baker 文件 12 号箱。

130　1961 年 2 月 20 日 Herbert L. Matthews 致 EH，见哥伦比亚大学珍本及手稿图书馆 Matthews 文件 2 号箱。

131　引文见 Jim Rasenberger, *The Brilliant Disaster* (New York: Scribner, 2011), 252, 是关于此次入侵和当时局势的一篇最新的资料来源。

132　"Communique by Castro," April 21, 1961, *New York Times*.

133　Rasenberger, *Brilliant Disaster*, 313.

134　MWH, *How It Was*, 631. 她后来疑惑计划者是从哪里得到的情报，说服他们相信行动会成功的。是来自"第12杯双倍朗姆酒的杯底吗？" 1961 年 10 月 20 日 MWH 致 CTL，见普林斯顿大学图书馆，Charles T. Lanham 文件 1 号箱。

135　1961 年 5 月 9 日 CTL 致 EH，见肯尼迪总统图书馆，欧内斯特·海明威藏品，"来信"。

136　MWH, How It Was, 631. Reynolds, Hemingway: The Final Years, 354, 认为海明威的精神状态与猪湾事件有关。Reynolds 说第一个指出这一点的是海明威研究同行学者 Susan Beegel。我做的年谱和他的略有不同。我关注的是地面战斗的日期，这部分的行动最广为人知。

137　描述见 Reynolds, *Hemingway: The Final Years*, 354. 这些内容在他去世后以 *A Moveable Feast* 之名出版。

138　MWH, *How It Was*, 630 对此有所描述。

139　同上书，第 633 页。

140　Villarreal 和 Villarreal, *Hemingway's Cuban Son*, 134. Villarreal 在 1961 年 6 月底收到此信并将其默记心间。原件散佚。

141　MWH, *How It Was, 635, 和 Baker, Hemingway*, 563, 是当天事件的第一手资料。

142　据 Lanham 说，Mary 告诉他，海明威在生命中的最后一个下午曾反复阅读他最近的来信，这个细节被一个细心的讣告作者写进了讣文里。Jean R. Hailey, "Maj. Gen. Charles Lanham Dies," *Washington Post*, July 22, 1978. 同样的说法也出现在 Frances S. Leighton, "Letters from Hemingway; Unadulterated, Uninhibited — and Unpublishable," *American Weekly*, May 12, 1963. 两个资料均无脚注，但这个说法相当可信。1961 年夏，Mary 和 Lanham 谈论并写了大量有关 Lanham 致信欧内斯特的内容。可参见 1961 年 11 月 21 日 CTL 致 MH，见普林斯顿大学图书馆，燧石图书馆 Charles T. Lanham 文件 1 号箱。

143　Lanham 写给海明威的最后一批信件的副本，日期为 1961 年 6 月 5 日和 6 月 28 日，内容大致相同。第一封信寄到罗切斯特，第二封寄到太阳谷。普林斯顿大学图书馆，燧石图书馆 Charles T. Lanham 文件 3 号箱。

144　MWH, *How It Was*, 635–36.

尾声：计算隐秘的代价

1　可参见 Meyers, *Hemingway*, 565–66。

2　Watson, *My Life in Print*, 75.

3　转载于上书，第 76–77 页。

4　关于海明威与 Mary 的关系，以及他在梅奥诊所的治疗的深入研究，见 Meyers, "The Hemingways: An American Tragedy," 267–79。或是在众说纷纭中，见 Gregory Hemingway, *Papa*, 特别是 114–19 页，以及 Hotchner, *Papa Hemingway*, 特别是 277–303 页。

5　A. E. Hotchner, "Hemingway, Hounded by the Feds," *New York Times Magazine*, July 11, 2011.

6　同上。

7　同上。

8　vault.fbi.gov/ernest-miller-hemingway（2015 年 8 月访问）。这个段落概括了我在第 11 章对这份文件的讨论。

9　因为海明威是以 George Saviers 之名在诊所登记的，他担心调查局或许想知道他究竟在隐藏什么。见第 13 章的讨论。

10　1964 年 1 月 6 日 Quentin Reynolds 致 J. Edgar Hoover，见 vault.fbi.gov/ernest-miller-hemingway（2015 年 8 月访问）。杰出的记者 Reynolds 显然与 Hoover 关系很好，并乐于以 Mary 的名义写信。

11　同上。Reynolds 信件里 Hoover 笔迹的边评。

12　这句话来自：Anders Österling, 文学奖颁奖词。

13　Koestler 一本书的标题。Arthur Koestler 等人，*The God That Failed: A Confession* (New York: Harper Brothers, 1949)。

索 引

（索引页码为英文原书页码，即本书边码）

作家、水手、士兵、间谍

作家，水手，士兵，间谍

作家、水手、士兵、间谍

作家、水手、士兵、间谍

作家、水手、士兵、间谍

图书在版编目（CIP）数据

作家、水手、士兵、间谍：欧内斯特·海明威的秘密历险记，1935-1961 /（美）尼古拉斯·雷诺兹（Nicholas Reynolds）著；马睿译. -- 北京：社会科学文献出版社，2018.10

书名原文：Writer, Sailor, Soldier, Spy: Ernest Hemingway's Secret Adventures, 1935-1961

ISBN 978-7-5201-3209-1

Ⅰ.①作… Ⅱ.①尼… ②马… Ⅲ.①海明威（Hemingway, Ernest 1899-1961）－生平事迹 Ⅳ.①K837.125.6

中国版本图书馆CIP数据核字（2018）第174854号

作家、水手、士兵、间谍
欧内斯特·海明威的秘密历险记，1935—1961

著　者 / 〔美〕尼古拉斯·雷诺兹（Nicholas Reynolds）
译　者 / 马　睿

出版人 / 谢寿光
项目统筹 / 段其刚　　　　　责任编辑 / 周方茹

出　版 / 社会科学文献出版社·独立编辑工作室（010）59367151
　　　　　地址：北京市北三环中路甲29号院华龙大厦　邮编：100029
　　　　　网址：www.ssap.com.cn
发　行 / 市场营销中心（010）59367081　59367018
印　装 / 北京盛通印刷股份有限公司

规　格 / 开本：787mm×1092mm 1/32
　　　　　印张：16.25　插页：1.25　字数：286千字
版　次 / 2018年10月第1版　2018年10月第1次印刷
书　号 / ISBN 978-7-5201-3209-1
著作权合同登记号 / 图字01-2017-6803号
定　价 / 79.00元

本书如有印装质量问题，请与读者服务中心（010-59367028）联系